● 汉 ● 语 ● 教 ● 学 ● 名 ● 家 ● 讲 ● 坛 ●

汉语语法新解

吕必松 著

北京语言大学出版社
BEIJING LANGUAGE AND CULTURE
UNIVERSITY PRESS

©2015北京语言大学出版社，社图号15093

图书在版编目（CIP）数据

汉语语法新解 / 吕必松著. —— 北京：北京语言大学出版社，2015.6
ISBN 978-7-5619-4194-2

Ⅰ.①汉… Ⅱ.①吕… Ⅲ.①汉语－语法－研究 Ⅳ.①H14

中国版本图书馆CIP数据核字(2015)第108995号

汉语语法新解
HANYU YUFA XIN JIE

排版制作：	北京创艺涵文化发展有限公司
责任印制：	姜正周

出版发行：北京语言大学出版社

社　　址：北京市海淀区学院路15号，100083
网　　址：www.blcup.com
电子信箱：service@blcup.com
电　　话：编 辑 部 8610-82303647/3592/3395
　　　　　国内发行 8610-82303650/3591/3648
　　　　　海外发行 8610-82303365/3080/3668
　　　　　北语书店 8610-82303653
　　　　　网购咨询 8610-82303908
印　　刷：保定市中画美凯印刷有限公司

版　　次：2015年6月第1版　　　印　　次：2015年6月第1次印刷
开　　本：787毫米×1092毫米　1/16　印　　张：17.75
字　　数：313千字
定　　价：48.00元

PRINTED IN CHINA

序

潘文国

吕必松先生是我国著名的语言学家与语言教育家，是对外汉语教学学科的拓荒者、创始者和曾经的领导者，也是我十分敬重的前辈学者。他多年来孜孜兀兀，为我国的语言研究、对外汉语学科建设和教学研究作出了卓越贡献。退休以后犹笔耕不辍，在亲自实践的同时致力于理论的探索与思考，终于在八十高龄之际推出了这本令人耳目一新的《汉语语法新解》。这本书的份量并不算太大，但捧在手上，竟有一种沉甸甸的感觉。无他，这是因为它有着历史的厚度、反思的高度、理论的深度和实用的强度。这是一个对国家、对中国语言学、对汉语作为第二语言教育有着浓厚感情的老知识分子在晚年发出的来自心灵深处的呐喊，值得每个在中国从事语言研究特别是从事对外汉语教学或国际汉语教育研究的学者和老师们阅读和思考。

在二十世纪的中国语言学者中，我曾经怀着敬意高度赞扬过两位先生：一位是王力，一位是徐通锵。除了他们的学术成就之外，我最佩服的是两位先生勇于解剖自我、甚至不惜否定昔日之我的反思和进取精神。王力先生在汉语音韵学研究中，曾经三度修正他对《切韵》体系性质的认识，从三十年代的单一体系说到六十年代的折中调和说到八十年代彻底的综合体系说。徐通锵先生衰年变法，公开放弃了他自己与叶蜚声先生合编的、风行国内高校二十年的教材《语言学纲要》中的观点，高举字本位理论大旗，不怕孤立，毅然决然地站到了流行体系的对立面。他们二位为我们树立了真正的知识分子勇于探索、坚持真理的崇高风范。而如今，在吕必松先生身上，我们又看到了第三位这样令人不由得肃然起敬的知识分子的高大形象。作为原北京语言学院院长、国家汉办首任主任、中国对外汉语教学学会和世界汉语教学学会首任会长吕必松先生，门生弟子遍天下，中国的对外汉语教学学科几乎就是他一手创立的，从总体设计到具体教科书的编纂，从教科项目的规划到教学法的研讨，无不凝聚着他的心血，背后都有着他的身影。本来他完全可以躺在功劳簿上，享受后辈对他的仰望和膜拜；然而他却不，偏偏在进入晚年、在摆脱了行政事务和其他俗务的拖累之后，一头钻进了科研的天地，对自己钟爱一生的事业进行了一般人难以理解的深刻反思。他不但推翻了自己倡导、而且在全国全世界已持续推行几十年、影响已难以估量的对外汉语教学"路子"，而且提出了一条与之完全不同的崭新的"路子",自己把自己放到了整个对外汉语教学主流的对立面,这需要何等的学术勇气与政治勇气!这使那些习惯于因循守旧、穿新鞋走老路、以不变应万变的"学者"和教师们几乎无地自容,同时将他们逼到了一个两难的境地:要么跟着吕先生指出的新方向,开拓对外汉语教学的新路子;要么还沿着老路走,但他必须要有足够的能力和水平来批判、否定吕先生提出的新思考,否则就不配称为一个有责任、有担当的知识分子和教育者。

吕先生的学术勇气来源于他对中国语言学、对中国对外汉语教学事业的无限热爱与忠诚,也来源于他对学术、对真理无止境的追求。本书不同于以往任何对外汉语语法与对外汉语教材的地方是在理论上的深刻思考,从语言观和语法观的高度,对对外汉语教学语法从哲学基础上进行了思考。一百多年了,我们的语言研究以及语言教学研究,已经习惯了跟着西方的路子走,以西方人的思考代替我们自己的思考,以西方的观点、方法、路子作为我们转手照搬的不二法门。从来没有或者极少想过要有自己的语言哲学、语法哲学、语言教学路子,遇到问题只会觉得我们跟西方跟得还不够紧、还不够新,因而要"不断引进"西方的"科学"理念和方法,从而在"跟着转"(吕叔湘语)的路上越走越不亦乐乎。看到了与西方不同的路子和想法,反而要视为奇谈怪论、荒诞不经,以至出现了像吕必松先生近年来那样被他一手创建的对外汉语教学界看作另类的咄咄怪事。好在在这本书里,吕先生在反思的基础上首先就论述了他的理论思考过程。从这一角度看,本书的第一章实在非常重要,说是本书的"纲"或灵魂也无以为过。数十年来,汉语语法和对外汉语教学语法的书籍已经出过了不知凡几,试问诸位看到过有以这样的一章开头的吗?恐怕不曾有过。就凭这一章,我敢说它就已占据了一个新的制高点,使本书不仅成为一部对外汉语教学语法著作,还是一部汉语哲学、汉语语法哲学和汉语语法理论的重要著作。学习语法、教授语法,不但要知其然,还要知其所以然,还要知其所以所以然,这本书就是一个范本。我们一直鼓励对外汉语一线教师不但要有实践,也要多学一点理论,还要自己着手尝试一下研究理论。这本书可以说就提供了一个合适的样本,既可以指导他们实践,还可以促进他们思考,更可以推动他们进行新的探索。

本书的语言哲学思考和语法哲学思考,归根到底可以归结为一个词:字本位。字本位理论的诞生,已有二十多年了。许多人以为字本位理论只是某些学者脑子一拍,想出来的一个别出心裁的新名堂。其实不然。如果说词本位的种种理论(词类本位、句本位、词组本位、语素本位、小句本位等)还主要是现代汉语语法学界内部的人们在不同时期、不同背景下提出来的话，字本位却是不同领域、不同方向的学者几乎在同一时期"不约而同"地提出来的。例如，徐通锵先生原先的主攻方向是普通语言学和历史语言学，我本人的方向是对比语言学和传统语文学，汪平先生是方言学，鲁川先生是中文信息处理，孟华先生是文字学，戴汝潜先生是语文课程教学，程雨民先生是英语语言学，杨自俭先生是对比语言学和翻译学，等等。而提出的时间都是在二十世纪九十年代不到十年的时间里。这本身就是个异数，除了"殊途同归""水到渠成"外实在没有别的理由可以解释。而在这些学者中，吕必松先生的介入尤其重要。一来，相对于很多只从事理论研究的人来说，他来自于实践第一线，而且是影响最大的对外汉语教学第一线；二来，他本来就是语法学界词本位阵营的领袖之一，是"既得利益者"。说起来，所有的字本位学者都是喝词本位的奶长大的，但浸润之深像吕先生那样的还不多见，因此他的"反戈一击"对字本位支持者来说特别有鼓舞意义。在本书的"附录"里，吕先生回顾了他的思想转变历程：如何从"词本位"到"字本位"再到"组合汉语"，这是一个用心在做学问的学者的心路历程，对我们的启发实在太大了。

  从词本位到字本位和组合汉语，这是一个回归传统的过程，一个外来思想本土化的过程，也是一个去"去中国化"的过程。中国的语言研究不是孤立的，其中无法回避的三个关系便是古今关系、中外关系及理论和应用关系。知外而不知中、知今而不知古，是最应该努力避免的。由于当代的汉语和汉语教学理论是建立在当代西方语言理论和语言教学理论之上的，因此新理论的出现，必然会对现有理论提出挑战。本书提出的第一个挑战就是语言与文字的关系问题。文字是不是语言？文字研究是不是语言研究？语言与文字的关系究竟如何？教汉语要不要教汉字？怎么教汉字？作者形象地把字词关系比喻为扣衣服的第一粒扣子，第一粒扣子扣错了，以后就只能满盘皆输。可以说这是一个牵一发而动全身的关键问题。这个问题解决了，就满盘皆活了。而这个问题的解决，需要在语言哲学和语言学理论上发起一场革命。这要有勇气，还要有底气。底气就是对中外古今理论的掌握、丰富的语言研究实践以及语言教学实践。

  作为一本理论思考非常深刻的书，本书在理论上有许多重要发现，精彩之处随处可见。这里仅举几个最主要的方面。

  第一是发现并强调基本单位对语言研究和语言教学的重要意义。作者接受并发展了徐通锵先生等的字本位理论，强调字词之别是汉语与英语等语言的基本区别所在，是"衣服的第一粒扣子"，是语言组织的"基因"。并且从他数十年的丰富教学经验总结出，学和教汉语必须从字开始，包括对外国人的汉语教学。

第二是强调"二合"和"直接组合"。如果说揭橥字本位是徐通锵等人的贡献，则强调"二合"、强调"直接组合"就主要是吕必松先生的贡献。"层层组合"符合系统论的基本思想，是所有语言系统的共同特点，但是发现从最小的声韵组合一直到句子乃至更大的单位都可以用二合来解释，这可能主要是汉语才有的特点。而这是符合中国自《易经》以来就已形成的哲学精神和思维方式的。"二合"使汉语的组织更显规律化、简易化，对分析、理解和教学都有重要的意义。"直接"则是以汉字为基本单位的汉语与以词为基本单位的拼音文字语言的更重要、更本质的区别之一，汉语的音节直接表义，汉语的字形也直接表义，汉语的各级单位都可直接组合，无须借助任何变形或添补零挂件的手段，这是造成汉语之为汉语的本质动因之一。吕先生更据此而提出了"组合型语言"与"变合型语言"两种语言类型的对立。这一主张更具有普通语言学的意义，是中国学者对普通语言学的丰富和补充。从根本上来说，"组合型语言"也许不过是西方学者提出的"孤立语"的另一种说法，但两者视点不同。"孤立语"的说法只强调基本构成成分的孤立性和静止状态，而"组合型"的说法更强调基本粒子组合的过程和动态，因而更能反映语言的本来面貌，比孤立型的说法更好。"变合型"则包含了西方语言类型学里的屈折型与黏着型，它们的共同特点是要通过各种变换（词语变形或添加零挂件）再进行组合。吕先生的两分法显然比原来的三分法更简洁，也更能体现世界两大语言类型（汉语与非汉语）间的最大区别。这个区别划清楚了，非汉语语言之间的区别就可以在别的标准基础上进一步划分。

第三是提出了语言语体和语用语体的区分。作者主张"口语"和"书面语"是语言语体的概念，而"口头语言"和"书面语言"是语用语体的概念。口头交际一般使用"口语"，但是也可能使用"书面语"。例如讲课、做学术报告、进行专业性谈话等虽然都是口头表达，但是也使用书面语或书面语成分。书面交际一般使用"书面语"，但是也可能使用"口语"。例如，给亲人和好友的信函、小说和剧本中的对话等。这一区分是个意义可大可小的发现。往小里说，这只是对于语言学理论中习见的"口语"体和"书面语"体区分的进一步补充和发挥，使之更符合实际语言使用的复杂情况。往大里说，这却从根本上解决了字作为语言基本单位的又一个实际问题。在字本位理论发展过程中，在难以否认字的重要性的情况下，有人会强调说"字"只是古代汉语的基本单位，或者至多只是现代汉语书面语的基本单位，对口语分析不适用。吕先生的发现却以客观语言的事实雄辩地证明了字也必须是现代汉语口头语言的基本单位。这对于字本位理论有十分重要的实际意义。

第四是从对外汉语教学的角度对汉语拼音化提出了挑战。一百多年来，汉语改革的仁人志士把汉字看作中国落后挨打的罪恶渊薮，前仆后继地要"废除汉字"，走拼音化道路，即使在实践上已经一再碰壁，还坚持认为它在初等教学和对外国人的汉语教学上有无法取代的作用，是汉语教学必需的"拐棍"。而现在，在对外汉语教学领域浸润最久、最有发言权的吕必松先生却以他五十多年的亲身实践和理论反思告诉我们，此路非也，用汉语拼音的方法教汉语只会引起误导。为什么？吕先生从字本位理论和直接组合理论出发告诉我们，汉语是用音节直接表义的，不是通过音素的拼缀合成音节再表义的，用西方文字拼音的方法会带来汉语学习的许多问题，包括开始学习的困难和纠正发音的困难。因此，吕先生提出了对外汉语教学在开始阶段就直接用汉字教汉语语音的新主张，他为此还组织和进行过试验。对几十年来习惯"拼音领先"的对内对外汉语教学的人来说，这一主张不但离经叛道，而且简直匪夷所思。因而它必然产生振聋发聩的效果，将对国内儿童的母语教学和海内外对外汉语教学带来难以估量的影响。

第五是理论结合实际的精神。语言学界和语言教学界从名称上听起来应该息息相关，但实际上往往是互相割裂、互不往来的。搞理论的不大参加实践，搞实践的较少关注理论，这在国内外均是如此。拿字本位与词本位之争来说，主张词本位的几乎全是搞纯理论研究的，他们的教学实践对象主要是大学生和研究生，对中小学生则是将建立在词本位基础上的现代汉语理论体系作为"知识"强行灌注，而不关心其后果如何。字本位研究者中主要也是搞理论的。以我本人为例，虽说也担任了多年对外汉语专业的负责人，但并没有足够的一线教学的经验。好在我们有几位长年在一线实践的学者，例如戴汝潜先生多年来一直在主持和开展小学语文教学的实验，而吕必松先生更是对外汉语教学的理论家和实践家。因此本书的又一个特点是非常实用（作者本人也把它叫作"实用语法"），从第二章开始以后的诸章，几乎可以用来直接指导编写教材，这是一般理论书所做不到的。本来，作者著此书，就有一个非常明确的实用目标：解决对外汉语教学中实际遇到的"汉字难学、汉语难学"问题。作者认为这双"难"的症结在于此前以他本人为代表的对外汉语教学法体系的本质是"简单问题复杂化"，是人为造成的结果。其要害是无视汉字教学的意义，把汉字当作词汇的附属品和图画或单纯符号，从而由汉字教学无序导致汉语教学无序。解铃还须系铃人，他觉得由他自己以前一手造成的问题他有责任自己来纠正，因此发愤数十年，希望从根本上扭转这一不正确、不正常的"路子"，而代之以更符合汉语实际和教学者使用的新"路子"。这才促使他在做了理论上的探索与阐述之后，还要不厌其烦地以示例的方法说明在新的思路下，汉语的教学语法应该是个什么样子。当然，由于篇幅限制，这几章的内容只能采取举例形式，而没有充分展开，这是因为考虑到如果太详细，会在一定程度上冲淡本书的理论探索意义。但这些"例解"提纲挈领，要言不烦，举例精当，为后人补充发挥提供了充分的余地，可说是行其所当行，止其所当止。

当然，本书也有一些可商榷之处，例如"词"和"词法"的名称，虽然作者重新做了界定，但总觉得容易跟现行体系的"词"概念相混淆，会带来理解和使用上的不便。

总而言之，这是一部在哲学上有探索、在理论上有发明、在实用上有价值的好书，值得向汉语理论研究者、对内对外汉语教学的实践者推荐。

吕先生著书既成，来信嘱我为之作序。先生是我的师辈，我又曾是他领导的对外汉语教学界的一名小卒，不敢推辞，因此写了上面这些话。但也不敢说是作序，只是写下我学习这本书的一些初步体会，供读者诸君参考而已。

2015 年 3 月 5 日元宵佳节

目 录

第一章　语法概述　1

第一节　什么是语法　/3

一、什么是语法　/3

1. 语法就是语言的生成规则

2. 语法的性质和类别

2.1　固有语法和著述语法

2.2　理论语法、实用语法和描写语法

二、语法与语言的生成机制　/6

1. 什么是语言的生成机制

2. 语法与语言的生成机制

3. 语言的生成机制与语言基本单位的特性

三、汉语的生成机制与汉语语法　/8

1. 汉语生成机制的主要特点

1.1　字本位

1.2　组合生成

1.3　二合机制

2. 汉语的生成机制与汉语语法

第二节　汉语语法的主要特点　/22

一、字本位语法　/22

1. 字本位语法与词本位语法

2. "词"义新解

二、字法基础语法　/24

1. 什么是字法基础语法

2. 字义与语法

三、一线制语法　/26

1. 什么是一线制语法

2. 汉语语法为什么是一线制语法

四、怎样分析汉语的语法结构　/28

 1. 什么是语法结构

 2. 为什么要分析语法结构

 3. 怎样分析汉语的语法结构

  3.1　形式结构和语义结构

  3.2　组合层次和组合关系

  3.3　形式结构和语义结构的统一

  3.4　组合层次直接表现组合关系

  3.5　组合层次和组合关系的概括性

  3.6　停顿和重音的语法作用

第三节　汉语的字类和词类　/40

 一、字、词、短语和结构　/40

 二、汉语的字类和词类　/42

  1. 字类

  2. 词类

 三、短语例解　/47

  1. 数量名短语

  2. 动数量短语

  3. 趋向短语

  4. "得"字短语

   4.1　"动得动"格式

   4.2　"动得静"格式

   4.3　"静得动"格式

   4.4　"静得很""静得多"格式

  5. "在"字短语

  6. "为"字短语

  7. "对"字短语

7.1　"对名动"格式

　　　7.2　"对名静"格式

　　　7.3　"对动动"格式

　　8. 主述短语

第四节　汉语的象态范畴和状态表示法　/57

　一、**什么是象态范畴**　/57

　　1. 现象和状态

　　2. 动态和静态

　　3. 状态虚字

　二、**为什么要研究象态范畴**　/58

　三、**状态表示法例解**　/59

　　1. 发生态

　　　1.1　动作发生态

　　　1.2　事件发生态

　　　1.3　发生态的否定式

　　2. 变化态

　　　2.1　变化态的作用和表示法

　　　2.2　变化态的否定式

　　　2.3　变化态和发生态的鉴别

　　3. 保持态

　　　3.1　保持态的作用和表示法

　　　3.2　保持态的否定式

　　4. 经历态

　　　4.1　经历态的作用和表示法

　　　4.2　经历态的否定式

　四、**状态表示法跟字义的关系**　/65

　　1. 状态虚字由表示现象义的"实字"发展而来

　　2. 状态动词的构成对动字有选择性

3. 状态表示法对时间字词有选择性

第五节 语言的系统特征与汉语研究 /69

一、关于系统和系统特征 /69
1. 什么是系统
2. 系统的层次性
3. 什么是系统特征

二、语言系统和语言的系统特征 /70
1. 什么是语言系统
2. 什么是语言的系统特征
3. 为什么说语言系统也包括文字系统

三、用系统观念研究汉语 /74
1. 系统观念人皆有之
2. 提高用系统观念研究汉语的自觉性
3. 推动汉语研究和汉语教学在互动中共同发展

第二章 字法 79

第一节 什么是字法 /81

一、什么是字法 /81

二、汉语音节语音结构的生成方式 /81
1. 汉语音节的生成元素
2. 汉语音节语音结构的生成方式

三、汉字字形结构的生成方式 /85
1. 汉字字形的生成元素
2. 汉字字形结构的生成方式

第二节 "字"的特性 /89

一、汉语音节的特性 /89
1. 汉语音节是汉语语音表达和识别的基本单位
2. 汉语音节是原本性发音单位

3. 汉语音节具有双重身份

　　　4. 语言音节是口头汉语的基本认知单位

　二、汉字的特性　/93

　　　1. 汉字是整体转写语言音节的文字

　　　2. 汉字是形音义统一体

　　　3. 汉字是书面汉语的基本认知单位

第三节　汉字的部件　/99

　一、什么是汉字部件　/99

　二、汉字部件的类型　/100

　　　1. 整字部件和非整字部件

　　　2. 基本部件、基本复合部件、多重复合部件

　三、汉字部件的作用　/102

　　　1. 担任义符

　　　2. 担任音符

　　　3. 担任义符兼音符

　　　4. 充当记号

　四、汉字部件的定名和定称　/103

　　　1. 什么是定名和定称

　　　2. 定名和定称的原则和方法

　　　3. 部件的名称

　　　4. 部件的称说

　　　5. 关于非整字部件的读音

第四节　汉字的造字原理　/110

　一、与口头汉语的科学匹配　/110

　　　1. 是口头汉语特点的直接反映

　　　2. 保证了基本单位的一致性和视、说、听的一致性

　　　3. 使众多方言的存在不影响书面汉语的统一

4. 使现代汉语能够跟古代汉语保持有效的传承关系

二、区别性和节约性的科学统一 /112

1. 汉字的区别性

2. 汉字的节约性

三、形音义的科学统一 /115

1. 形音义的统一

2. 形声字音符的类型

四、汉字表义和表音方法的独特优势 /120

1. 汉字表义方法的独特优势

2. 汉字表音方法的独特优势

  2.1 什么是文字的表音方法

  2.2 汉字的表音方法

  2.3 语音学习难易程度的客观标准

第三章 词法 127

第一节 什么是词法 /129

一、什么是词法 /129

二、词法与构词法 /129

第二节 名词组合规则例解 /131

一、"名名结构"名词 /131

1. 并列关系

2. 限中关系

二、"名动结构"名词 /133

1. 限中关系

2. 主述关系

三、"数名结构"名词 /135

四、"动名结构"名词 /135

五、"动动结构"名词 /136

六、"静名结构"名词　/136

　　七、"静动结构"名词　/137

　　八、"附加式"名词　/137

　　九、"重叠式"名词　/138

第三节　动词组合规则例解　/140

　　一、"动动结构"动词　/140

　　　　1. 并列关系

　　　　2. 限中关系

　　　　3. 动受关系

　　　　4. 动结关系

　　　　5. 动补关系

　　　　6. 连动关系

　　　　7. 连锁关系

　　　　8. 主述关系

　　二、"动名结构"动词　/144

　　　　1. 动受关系

　　　　2. 动结关系

　　三、"动数结构"动词　/146

　　四、"动静结构"动词　/147

　　　　1. 动结关系

　　　　2. 动补关系

　　五、"名动结构"动词　/148

　　　　1. 主述关系

　　　　2. 限中关系

　　六、"静动结构"动词　/149

　　七、"状动结构"动词　/150

　　八、"重叠式"动词　/150

　　　　1. 动字重叠

2. 动词重叠

第四节　静词组合规则例解　/153

一、"静静结构"静词　/153

　　1. 并列关系

　　2. 限中关系

　　3. 静补关系

二、"静名结构"静词　/155

三、"静数结构"静词　/155

四、"静动结构"静词　/155

　　1. 限中关系

　　2. 静补关系

五、"名静结构"静词　/155

　　1. 主述关系

　　2. 限中关系

六、"状静结构"静词　/156

七、"动名结构"静词　/157

八、"重叠式"静词　/158

　　1. AA 式

　　2. ABB 式

　　3. ABAB 式

　　4. AABB 式

第五节　数词组合规则例解　/160

一、数字　/160

二、数词　/161

　　1. 基本数词

　　2. 基本复合数词

　　3. 多重复合数词

三、数词的生成方式与汉语生成机制的关系 /164
第六节　词语组合规则的多样性特点 /165
一、词语生成方式的多样性 /165

二、词语组合关系的多样性 /166

三、词义结构特点的多样性 /167

第四章　句法结构和基本句例解　169
第一节　关于句法结构 /171
一、怎样研究汉语的句法结构 /171

二、主述结构和基本句 /172

　　1. 什么是主述结构

　　2. 主述结构的生成方式和组合关系的主要特点

第二节　是非句、存在句和有无句 /176
一、是非句 /176

　　1. 什么是"是非句"

　　2. "是非句"的否定式

　　3. "是非句"的时间表示法

　　4. "是非句"的变化态

二、存在句 /179

　　1. 什么是"存在句"

　　2. "存在句"的否定式

　　3. "存在句"的时间表示法

　　4. "存在句"的变化态

三、有无句 /180

　　1. 什么是"有无句"

　　2. "有无句"的否定式

　　3. "有无句"的时间表示法

　　4. "有无句"的状态表示法

第三节 描述句、叙事句和比较句 /184

一、描述句 /184

1. 什么是"描述句"
2. "描述句"的否定式
3. "描述句"的时间表示法
4. "描述句"的状态表示法

二、叙事句 /186

1. 什么是"叙事句"
2. "叙事句"的语义结构特点

三、比较句 /187

1. 用"比"的"比较句"
2. 用"一样、相同"的"比较句"
3. 用"跟（和、与、同）……一样"的"比较句"

第四节 主动句和被动句 /190

一、主动句 /190

1. 什么是"主动句"
2. "主动句"的否定式
3. "主动句"的时间表示法
4. "主动句"的状态表示法

二、被动句 /192

1. 无标记被动句
   - 1.1 "无标记被动句"的生成方式和语义结构特点
   - 1.2 "无标记被动句"的否定式
   - 1.3 "无标记被动句"的时间表示法
2. 有标记被动句
   - 2.1 "有标记被动句"的生成方式和语义结构特点
   - 2.2 "有标记被动句"的否定式
   - 2.3 "有标记被动句"的时间表示法

第五节 "把"字短语和"把"字句 /197

一、"把"字短语 /197

 1. 处置式"把"字短语

 2. 对待式"把"字短语

 3. 致使式"把"字短语

二、"把"字句 /201

 1. 什么是"把"字句

 2. "把"字句的语义结构特点

  2.1 处置式"把"字句的语义结构特点

  2.2 对待式"把"字句的语义结构特点

  2.3 致使式"把"字句的语义结构特点

三、"把"字句的条件 /204

四、"把"字句教学 /205

第五章 复合句的生成方式和复合句例解 207

第一节 复合句的生成方式和组合层次 /209

一、复合句的生成方式 /209

二、复合句的分句 /210

三、复合句的组合层次 /212

第二节 并列复句、递进复句、转折复句 /215

一、并列复句 /215

 1. 基本并列复句

 2. 多重并列复句

二、递进复句 /217

 1. 基本递进复句

  1.1 用"不但……而且"连接前后分句

  1.2 用"而且"连接后面的分句

  1.3 用"既……又"连接前后分句或前后分句中的相关成分

2. 多重递进复句

三、转折复句 /220

1. 基本转折复句

　　1.1　用"虽然……但是"连接前后分句

　　1.2　用"但是"连接后面的分句

　　1.3　用"虽然……可是"连接前后分句

　　1.4　用"可是"连接后面的分句

2. 多重转折复句

第三节　因果复句、条件复句、假设复句　/225

一、因果复句 /225

1. 基本因果复句

　　1.1　用"因为……所以"连接前后分句

　　1.2　用"因为"连接分句

　　1.3　用"所以"连接分句

　　1.4　用"就"连接后面的分句

　　1.5　无标记基本因果复句

2. 多重因果复句

　　2.1　有标记多重因果复句

　　2.2　无标记多重因果复句

二、条件复句 /229

1. 基本条件复句

　　1.1　用"只有……才"连接前后分句

　　1.2　用"才"连接后面的分句

　　1.3　用"只要……就"连接前后分句

　　1.4　用"只要"连接分句

　　1.5　用"要……就要"连接前后分句

2. 多重条件复句

三、假设复句 /233
　　　　1. 基本假设复句
　　　　　　1.1 用"如果……就"连接前后分句
　　　　　　1.2 用"就是……也"连接前后分句
　　　　2. 多重假设复句
　第四节　连动复句、连锁复句、主述复句　/236
　　一、连动复句　/236
　　　　1. 基本连动复句
　　　　2. 多重连动复句
　　二、连锁复句　/237
　　　　1. 基本连锁复句
　　　　2. 多重连锁复句
　　三、主述复句　/239
　　　　1. 基本主述复句
　　　　2. 多重主述复句

附录1　汉字笔画表　245

附录2　组合汉语形成的教学背景和理论背景　247

附录3　沉痛哀悼徐通锵先生　259

后　记　262

第一章 语法概述

第一节　什么是语法

第二节　汉语语法的主要特点

第三节　汉语的字类和词类

第四节　汉语的象态范畴和状态表示法

第五节　语言的系统特征与汉语研究

本章是关于语法的总论。第一节讲"什么是语法",是讲笔者对语法和语法研究的总的认识,阐释笔者的语法观。这是本书的总纲。第二节讲"汉语语法的主要特点",是讲汉语语法跟英语等西方语言语法的主要区别,也是讲本书跟流行语法在语法观念和语法体系上的主要区别。第三节讲"汉语的字类和词类",第四节讲"汉语的象态范畴和状态表示法",是想通过这两个关键问题的讨论,进一步解释汉语语法的主要特点。笔者认为,汉语语法研究一直存在着模仿西方语言语法——尤其是英语语法——的现象,关于词和词类问题的研究是突出的表现之一。流行的汉语语法研究难逃模仿西方语法的窠臼,首先是因为对汉语字词的认识有误,好比穿衣服扣错了第一个扣子。本书根据汉语生成机制和生成规则的特点划分字类和词类,对字词以及字类和词类的解释跟流行语法对词和词类的解释有根本的不同。汉语的象态范畴和状态表示法是笔者提出的一个新问题,提出这个问题,是因为笔者发现,这也是汉语语法区别于英语等西方语言语法的一个十分重要的标志。我们说汉语的字类和词类以及汉语的象态范畴和状态表示法是两个关键问题,是因为本书对汉语语法的解释,在很大程度上取决于笔者对这两个问题的认识。第五节讲"语言的系统特征与汉语研究",是讲语言研究的宏观思路及其对语法研究的主导作用。具体地说,就是主张把语言看作一个完整的系统,语法研究要在这个系统的框架内,揭示语言的生成机制和生成规则。

笔者认为,语法就是语言的生成规则,而语言的生成规则是由语言的生成机制决定的。要认识语言的生成机制和生成规则,就必须用系统观念观察和分析语言。本章要讨论的问题,概括起来说,就是在语言系统的框架内,说明汉语的生成机制跟英语等西方语言的生成机制有什么不同,汉语的生成机制怎样决定汉语的生成规则,怎样决定汉语语法研究的走向、范围和内容。

第一节　什么是语法

> 一、什么是语法
> 二、语法与语言的生成机制
> 三、汉语的生成机制与汉语语法

一、什么是语法

1. 语法就是语言的生成规则

在中国,"语法"这个概念是从西方引进的,最初叫"葛朗玛",是音译外来词。"葛朗玛者,音原希腊,训曰字式,犹云学文之程式也。"(《马氏文通·例言》) 中外语言学家对"语法"这个概念的解释不完全相同,语法定义有很多种。本书的语法定义是:**语法就是语言的生成规则**。这一定义的特点,一是强调语法是**规则**,二是强调语法是**生成规则**。强调语法是规则,就是强调语法的**规约性**。规约性有管束作用,不能任意违背。强调语法是生成规则,就是强调语法规则要受语言规律的支配,有"根"可循。我们将在后面具体说明,语言规律就存在于语言的生成机制之中,汉语生成机制的"根"是"字"。

什么是语言的生成规则?我们所说的语言的生成规则,是指语言内部各构成单位互相作用的规则。例如:汉语有字、词、句等构成单位,这些构成单位都是由小到大一级一级地层层组合起来的。组合起来就是组合生成。字由字的生成元素组合生成,词由字组合生成,句由字和词组合生成。由小到大的层层组合不是任意的,什么样的单位可以跟什么样的单位相组合,组合时什么单位在前,什么单位在后,组合起来是什么意思,等等,都有一定的规则。这样的规则就是汉语的生成规则。

不同语言的语法各有其生成规则,所以不能简单地拿一种语言的语法去解释另一种语言的语法,否则就会扭曲语法的本来面貌。

2. 语法的性质和类别

语法有固有语法和著述语法的区别。著述语法又有不同的研究方向,根据研究方向，我们把著述语法粗分为理论语法、实用语法和描写语法。

2.1 固有语法和著述语法

本书所说的语法有两个基本的意思：一是指语言的生成规则，二是指对语言生成规则的研究成果。例如，我们可以说汉语语法不同于英语语法，这里所说的汉语语法和英语语法，就是指汉语和英语的生成规则。语言的生成规则为语言本身所固有，是约定俗成的客观存在，人们可以研究它，揭示它，却不能任意改变它。因此，可以把语言的生成规则叫作固有语法或客观语法。语言的生成规则即固有语法要通过研究才能揭示出来，语法研究的基本任务就是揭示语言的生成规则。语法研究的成果通常以著作或讲述的形式出现，这种以著作或讲述的形式出现的研究成果也叫语法。这样的语法只能代表研究者对语言生成规则的主观认识和解释，因此，可以把这样的语法叫作著述语法或主观语法。再用下面的例子说明固有语法与著述语法的区别：

吃三碗

吃了三碗

吃了三碗了

上面是汉语的三个语法单位。这三个语法单位都是客观存在的语言事实，它们有什么不同，包含着什么样的规则，要通过研究才能揭示出来。研究的结果就属于著述语法。

对同样的语法现象，不同的研究者可以作出不同的解释，但是语言事实本身不能改变。语言事实本身不能改变就是固有语法不能改变。衡量著述语法的理论意义和实用价值，要有客观标准。我们认为，客观标准就是看它在多大的程度上反映了语言固有的生成规则。为什么要把"在多大的程度上"而不是把"是否全面地"反映了语言固有的生成规则作为衡量的客观标准？因为语言的生成规则非常复杂，要达到"全面"认识，还有很长的路程要走，现阶段只能努力贴近语言固有的生成规则。怎样检验？检验的方法就是拿语言事实做对照，看它在多大的程度上概括了同类语法现象。对同类语法现象的概括性越强，就越贴近语言固有的生成规则。主张拿语言事实做对照，就是主张把语言事实作为衡量著述语法的理论意义和实用价值的客观标准，也就是不赞成把某个学派或某个个人的理论观点作为衡量的客观标准。把某个学派或某个个人的理论观点作为衡量的客观标准，就是拿主观语法衡量主观语法，就是以"权威"代替真理，就会压制创新思维和创新研究，就会把进步视为叛道。

我国的语法研究成为一门学科，始自 1898 年问世的《马氏文通》。《马氏文通》以来出版的所有的汉语语法著作，都属于著述语法。

2.2 理论语法、实用语法和描写语法

当代的语法研究至少有三个主要的方向。一是以人类语言为研究对象，旨在揭示人类语言的普遍规则或规律。有人把这样的语法叫作理论语法或普遍语法。以人类语言为背景，着眼于从理论上研究某一具体语言的规则或规律的语法，以及关于语法和语法学发展的研究，也可以归入理论语法。二是以某种具体语言为研究对象，旨在给相关领域的实践提供语法学依据。我们把这样的语法叫作实用语法。三是着眼于描写具体语言的语法事实，或为理论服务，或为实践服务。我们把这样的语法叫作描写语法。对不同语言语法的对比描写也可以归入描写语法，如果单列一类，就叫对比语法。理论语法、实用语法和描写语法等都属于著述语法。

我们把跟理论语法相对的语法叫作**实用语法**，而不叫**应用语法**，是为了避免对语法理论的误解和误用。我们认为，这两类语法各有自己的研究方向，不是单纯的理论与理论应用的关系。如果叫应用语法，就会被认为只是对现成的语法理论的应用，而没有对固有语法进行专门的研究；或者被认为，既然有现成的语法理论可以应用，就不必再对固有语法进行专门的研究。然而，至少到目前为止，现成的语法理论还不能用于全面指导所有相关领域的实践。我们不是完全反对在语法研究和语法教学中应用现成的理论，实际上不应用也不可能，因为学术毕竟有传承性。我们只是认为：应用现成的理论要有所选择，而且要通过实践加以验证，对实践证明为不适用的理论，要通过自己的研究及时加以修正。只有根据实践的需要，在有选择地应用现成的语法理论的同时，有针对性地进行专门的研究，对语言的生成规则才能有所发现，得到的研究成果才能更加有效地指导实践。

当前的实用语法至少有两个最受关注的研究方向：一是为了给语言教学提供语法学依据，这样的语法就叫教学语法；二是为了给语言信息处理提供语法学依据，这样的语法可以叫计算语法或数理语法。教学语法和计算语法都属于实用语法。

再把著述语法的分类概括如下：

著述语法 ⎧ 理论语法
　　　　 ⎨ 实用语法：教学语法、计算语法
　　　　 ⎩ 描写语法

上面的分类不是绝对的，更不是唯一的，也可以从另外的角度划分，本书不做详细讨论。

上述各类著述语法各有自己研究的目的、角度和方法，但是都必须揭示语言的生成规则或规律。因为都要揭示语言的生成规则或规律，所以各类语法研究不是互相对立的，更不应互相排斥。语言的生成规则及其形成的原因十分复杂，对语言生成规则的全面揭示不可能一次到位。实际上，离全面揭示语言的生成规则，还有很长的路程要走。根据不同的目的、从不同的角度、用不同的方法进行语法研究，有利于互相启发，取长补短，促进语法研究的繁荣和进步。

本书是实用语法中的教学语法。作为实用语法，就必须以实用为目的；作为教学语法，就必须为汉语教学和汉语学习服务。为汉语教学服务，就要方便汉语教师进行汉语生成规则的教学；为汉语学习服务，就要方便学习者对汉语生成规则的理解和运用。鉴于此，本书对汉语生成规则的研究不是从某个特定学派的理论出发，而是从汉语的语言事实出发。这也是不叫"应用语法"而叫"实用语法"的原因。我们追求的不是紧跟西方的语法理论，而是紧贴汉语的语言事实。

二、语法与语言的生成机制

1. 什么是语言的生成机制

我们所说的语言的生成机制是指语言内部各构成单位互相作用的原理。这个定义包含以下要点：

（1）一种语言就是一个整体结构；
（2）这个整体结构由若干大小不等的单位构成；
（3）各构成单位互相作用；
（4）各构成单位的互相作用有一定的原理；
（5）各构成单位互相作用的原理就是该语言的生成机制。

为什么要指出一种语言就是一个整体结构？因为每一种事物都是一个整体结构，每一个整体结构都是一个系统。只有把一种语言看作一个整体结构，才能用系统观念分析其内部结构的特性：它由哪些单位构成，这些单位各自担任什么角色，不同的角色怎样互相作用。不同的角色怎样互相作用就是各构成单位互相作用的原理，这样的原理就是语言的生成机制。

语言的生成机制是语言存在和发展的内在动力。它跟生成规则的区别是：生成规则代表"是这样的",生成机制代表"为什么是这样的"。"是这样的"是客观存在,"为什么是这样的"是客观存在的内因。

2. 语法与语言的生成机制

我们认为,语言的生成规则是由语言的生成机制决定的。例如,汉语语法不同于英语语法,就是因为汉语和英语的生成机制不同。汉语各级单位互相作用的基本原理就是"意合"和"直接组合"。所谓"意合",就是意思相关的字、词、句都可以用于互相组合;所谓"直接组合",就是字、词、句的互相组合没有变换程序。"意合"和"直接组合"的原理决定了汉语只有一套语法规则,这就是语序(字序、词语、句序)规则。英语的词有形态变化,不能用于直接组合,由词到句的组合有变换程序。这就决定了英语语法有三套规则,这就是语序规则、词形变化规则、词形变化与语序相一致的规则。这是汉语和英语的生成机制最大的不同点。语言是形式结构和语义结构的统一体,语法的作用就是保证形式结构和语义结构的统一。汉语的生成机制决定了汉语只需要一套语法规则就能保证形式结构和语义结构的统一,英语的生成机制决定了英语需要三套语法规则才能保证形式结构和语义结构的统一。这就是语言的生成机制对生成规则的决定作用。

3. 语言的生成机制与语言基本单位的特性

如果进一步研究汉语和英语的生成机制为什么不同,就会发现它们的生成机制不同,是因为它们的基本单位的特性不同。汉语的基本单位是"字"(zi),"字"在数量上是封闭式的,在内容上是音义一体(音节)或形音义一体(汉字),在形式上具有独立性和固定性。"字"在数量上的封闭式决定了只有通过组合才能区分字义和词义,"字"在内容上的音义一体或形音义一体决定了意思相关的单位都可以实现"意合","字"在形式上的独立性和固定性决定了意思相关的单位都可以直接组合。汉语的字、词、句等单位都是由小到大一级一级地直接组合起来的,中间没有任何变换程序。汉语只需要一套语法规则,就是因为"字"可以用于直接组合。英语的基本单位是词(word),词的形式不是固定的,要随着语序和音义的变化而变化,不能用于直接组合。英语需要三套规则,就是因为英语的词不能用于直接组合。是不是直接组合,就代表内部结构的特性;能不能直接组合,由基本单位的特性决定。我们说汉语和英语的生成机制是由它们的基本单位的特性决定的,根据就在这里。

从上面的说明可以看到,汉语和英语的生成规则、生成机制和基本单位的特性这三者之间有内在联系,它们之间的内在联系就是生成规则即固有语法形成的路径。路径如下:

生成规则（语法）← 生成机制 ← 基本单位的特性

固有语法形成的路径相同，反映了不同语言语法的共性；不同语言基本单位的特性，决定了不同语言语法的个性。

以上所说就是笔者的语法观，再把这种语法观的要点阐释如下：

（1）语法就是语言的生成规则；

（2）语言的生成规则由语言的生成机制决定；

（3）语言的生成机制由语言基本单位的特性决定；

（4）语法研究的任务就是根据语言基本单位的特性揭示语言的生成机制，再透过语言的生成机制揭示语言的生成规则；

（5）只有能在最大的程度上揭示语言的生成规则、反映语言的生成机制的著述语法，才是最有效的语法。

我们认为，只有从语言的生成规则、生成机制和基本单位的特性等多个角度观察和研究语法，才能有效揭示语言的生成规则。语言的生成规则归根到底是由语言基本单位的特性决定的，只有弄清语言基本单位的特性，才能发现不同语言固有语法的个性特点。就汉语语法研究而言，如果看不到"字"的作用，就等于被蒙住了眼睛，就无法透过汉语的生成机制去观察和研究汉语语法。

如果把生物学上的"基因"的概念引进到语法研究上来，就可以认为汉语的字和英语的词就是汉语和英语的"基因"的载体，就可以对它们所承载的"基因"进行具体描写，汉语和英语的生成机制和生成规则不同，归根到底是由于它们的"基因"存在着差异。研究语言基因有助于从根本上发现每一种语言的个性特点，为语法研究和包括计算语言设计和机器翻译在内的语言信息处理提供更多的理论和事实依据，也许还有助于研究不同的语言通过互相借鉴简化语法规则的可能性。

认定汉语的"字"（zi）和英语的词（word）是这两种语言基因的载体，是因为我们发现，作为汉语和英语的基本单位，它们的特性对汉语和英语的生成机制和生成规则的形成起着主导作用。

三、汉语的生成机制与汉语语法

1. 汉语生成机制的主要特点

上面举例说明了语法与语言生成机制的关系，接下来专门讨论汉语生成机制的主要特点。

我们针对汉语作为第二语言学习和教学中遇到的问题,沿着"字本位"的思路,用系统观念进行汉语研究,发现汉语的生成机制至少有三大特点。这三大特点是:字本位、组合生成、二合机制。下面分别讨论。

1.1 字本位

字本位是一种汉语观。这种汉语观认为,汉语是以字为基本单位的语言,不是以词为基本单位的语言。我们把以字为基本单位的语言简称为字基语言,把以词为基本单位的语言简称为词基语言。字基语言和词基语言生成机制不同,属于不同类型的语言。

有人对"字本位"观念有误解,原因之一是对"字本位"理论所说的"字"和"基本单位"这两个概念的含义有误解。因此,要解释"字本位",就要首先界定什么是字,什么是基本单位。

(1)什么是字。提到字,有人以为只是指汉字,问道:"文盲不识字,怎样以字为基本单位?"其实,字不但指汉字,而且也指汉语音节。为什么?因为汉字和汉语音节具有同一性。吕叔湘先生(1964)说过:"汉字、音节、语素形成三位一体的'字'。""三位一体"就是三者具有同一性。语素是词本位语法的概念,字本位所说的字就包括词本位所说的语素,所以不必再使用语素的概念。这样,"汉字、音节、语素"三位一体就剩下了"汉字、音节"两位一体。因为是"两位一体",所以都叫"字"。把汉字和汉语音节都叫字,也是汉语人对字的称说习惯。例如,我们常说的"认字""写字"中的"字"就是指汉字,"字正腔圆""吐字不清"中的"字"就是指汉语音节。称说习惯是一种心理认同,即心里都是这样想的。用"字"统称汉字和汉语音节,也是出于汉语人的心理认同。

我们不使用语素的概念,不但是因为"字"就包括词本位所说的语素,而且还因为语素这个概念来自西方语言学,西方语言学中的这个概念来自西方的语言事实。我们将在后面具体说明,这样的语言事实在汉语中并不存在。在汉语中使用语素的概念,不但无助于解释汉语语法,而且还使词和语素的界限难以分清。如果说可以单用的是词(单音节词),不能单用的是语素,那么,就要首先说清什么是单用、什么不是单用。这不太容易。即使能够说清,真正不能单用的字也屈指可数,在汉语语法中没有普遍意义。正因为如此,语素这个概念迄今还只是停留在语言学著作和汉语教科书中,并没有获得汉语人的心理认同。何况叫"语素"还是叫"词素",语言学家还没有达成共识。

汉语的"字"在英语中没有对应的概念,所以英译就译为 zi。zi 是汉语中音义一体（音节）或形音义一体（汉字）的最小的语言单位和语法单位。

（2）什么是基本单位。笔者对汉语基本单位的理解是：基本单位就是基础性的单位，也就是音义一体或形音义一体的最小的独立单位。只有音义一体或形音义一体的最小的独立单位，才能成为基础性的单位。下面举例说明。

① hàn + yǔ → Hàn yǔ
　　汉 　+ 语 → 汉 语

② shuō + hàn + yǔ → shuō Hàn yǔ
　　说 　+ 汉 + 语 → 说　 汉 语

③ zhōng + guó → Zhōng guó
　　中 　 + 国 → 　中 　国

④ zhōng + guó + rén → Zhōng guó rén
　　中 　 + 国 + 人 → 　中 　国 人

⑤ zhōng + guó + rén + shuō + hàn + yǔ → Zhōng guó rén shuō Hàn yǔ.
　　中 　 + 国 + 人 + 说 + 汉 + 语 → 　中 　国 人　 说 　汉 语。

这是我们用汉语拼音书写口头汉语（说的汉语）的例子，用汉字书写书面汉语（写的汉语）[1]的例子。在上面的例子中，用汉语拼音书写的都代表口头汉语，"+"前后的汉语拼音都是音义一体的汉语音节；用汉字书写的都代表书面汉语，汉字都是与音节相对应的融形音义为一体的单位。从这些例子可以看到：汉语音节是音义一体的最小的独立单位，汉字是形音义一体的最小的独立单位。音义一体或形音义一体的最小的独立单位就成为基础性的单位。说汉语至少要说一个音节，大于音节

---

[1]我们把汉语的语体分为"语言语体"和"语用语体"两类。人们通常所说的"口语"和"书面语"是语言语体，我们所说的"口头语言"和"书面语言"是语用语体。把语体分为语言语体和语用语体，是因为语体的运用往往要随着交际目的、交际内容、交际对象和交际场合的不同而进行变换。口头交际一般使用"口语"，但是也可能使用"书面语"。例如，讲课、做学术报告、进行专业性谈话等虽然都是口头表达，但是也使用书面语，至少带有书面语成分。书面交际一般使用"书面语"，但是也可能使用"口语"。例如，给亲人或好友的信函、小说或剧本中的对话等虽然都是书面形式，但一般都使用口语。本书所说的口头汉语是指"说的汉语"，它包括汉语口语，但是不限于汉语口语；书面汉语是指"写的汉语"，它包括汉语书面语，但是不限于汉语书面语。文化修养高的人，常常把口语和书面语揉在一起使用，让你分不出到底是口语还是书面语，但是又不属于因为不会进行语体变换而造成的不伦不类。（详见吕必松2007）

的单位都是在音节的基础上组合起来的，因此，音节就是口头汉语的基础性的单位；写汉语至少要写一个汉字，大于汉字的单位都是在汉字的基础上组合起来的，因此，汉字就是书面汉语的基础性的单位；因为口头汉语的基础性的单位和书面汉语的基础性的单位完全一致，所以都叫"字"，"字"就是汉语（口头汉语和书面汉语）的基础性的单位。基础性的单位就是基本单位。大于字的单位，包括词和句，都是在字的基础上逐级组合起来的，所以不是基本单位。小于字的单位，包括音节的声母、韵母和声调，汉字的笔画和部件，都是字内单位，不是语内单位。语言的基本单位是指一级语言单位，字内单位是字的生成元素，不是语言单位，语内单位才是语言单位。因此，音节的声母、韵母和声调，汉字的笔画和部件，也都不是汉语的基本单位。

汉语的基本单位可以从不同的角度分别叫作基本构成单位、基本结构单位、基本组合单位、基本语法单位、基本认知单位。本书所说的"字本位"，就是以字为基本单位的意思，以字为基本单位就包括以字为基本构成单位、基本结构单位、基本组合单位、基本语法单位和基本认知单位。这些基本单位是完全一致的，可以统称基本单位。

把上面的讨论概括起来，我们的结论是："字本位"就是以"字"为基本单位的意思。其中的"字"包括汉语音节和汉字，音节是口头汉语的基本单位，汉字是书面汉语的基本单位。口头汉语的基本单位和书面汉语的基本单位是完全一致的，所以可以说，"字"就是汉语的基本单位。如果一方面赞成"字本位"，另一方面又不承认汉语音节是口头汉语的基本单位，就不能自圆其说；又如果一方面赞成"字本位"，另一方面又认为汉字跟汉语没有关系，也不能自圆其说。

我们认定"字"是汉语的基本单位，也是认定"字"是汉语基因的载体。这是在汉语语法研究上刨根究底。"根"就是"字"。

语言的基本教学单位必须跟语言的基本单位保持一致。汉语以"字"为基本单位，汉语教学就必须以"字"为基本教学单位。只有以"字"为基本教学单位，才算抓住了汉语教学的"根"。

1.2 组合生成

前面关于基本单位的 5 个例子，①~④是由字组合生成的词，⑤是由字和词组合生成的句子。从中可以看到，书面汉语的字、词、句和口头汉语的字、词、句完全一致，都是由小到大逐级组合生成的。下面再分别举例说明口头汉语和书面汉语的组合生成。

（1）口头汉语的组合生成。还是用汉语拼音书写口头汉语的例子。

① Cháng chéng

② Zhōng guó rén

③ xiě Hàn zì

④ shuō de bù hǎo

⑤ hé xié shì jiè

⑥ wǒ men de péng you

⑦ qù tú shū guǎn jiè shū

⑧ Mén kǒu zhàn zhe liǎng ge bǎo ān.

⑨ Tā men dōu méi xué guo Hàn yǔ.

⑩ Tā bǎ dà mén suǒ qi lai le.

上面的①~⑦是词，⑧~⑩是句子。用空格隔开的每一个独立单位都是一个音节，每一个音节都是用于组合的基本单位。这些例子都说明：音节就是口头汉语的基本组合单位。

现代汉语普通话共有1333个音节（根据《现代汉语词典》"音节表"统计），口头汉语中所有的词语和句子，在语音层面上，就是由这1333个音节组合生成的。

（2）书面汉语的组合生成。把上面关于口头汉语的例子用汉字转写出来，就是下面的形式：

① 长城

② 中国人

③ 写汉字

④ 说得不好

⑤ 和谐世界

⑥ 我们的朋友

⑦ 去图书馆借书

⑧ 门口站着两个保安。

⑨ 他们都没学过汉语。

⑩ 他把大门锁起来了。

上面的例子说明：汉字就是书面汉语的基本组合单位。

现代通用汉字只有7000个（见国家语言文字工作委员会汉字处编《现代汉语通用字表》，语文出版社1988），书面汉语中所有的词语和句子，基本上就是由这7000个汉字组合生成的。常用汉字只有2500个（见国家语言文字工作委员会汉字处编《现代汉语常用字表》，语文出版社1988），有统计表明，2500个最常用汉字的覆盖率可以达到99％以上（见北京语言学院语言教学研究所编《现代汉语频率词典》，北京语言学院出版社1986）。

（3）"字本位"和"组合生成"观念的由来。如果追溯汉语研究的历史，就可以看到，"字本位"和"组合生成"的观念自古有之。例如，刘勰在《文心雕龙》中就有"夫人之立言，因字而成句，积句而成章，积章而成篇"的说法。又如，马建忠的《马氏文通·例言》一开头就说："是书本旨，专论句读，而句读集字所成者也。"刘氏和马氏所说的"因字而成句"和"句读集字所成"，实际上就是我们今天所说的"以字为基本单位的组合生成"。

有人认为"词本位"观念始自《马氏文通》，其实，《马氏文通》是"字本位"语法还是"词本位"语法，恐怕需要进一步研究。该书第一卷开宗明义就讲"字"，"字"分九类，其中"实字"五类——名字、代字、动字、静字、状字，"虚字"四类——介字、连字、助字、叹字。《马氏文通》也有"词"的概念，例如，后来的语法书上所说的"主语、谓语"，在《马氏文通》中叫"起词、语词"，"宾语"叫"止词"。可见,《马氏文通》所说的"词"，并不是对应于英语word的概念。大于字、小于句的单位，在《马氏文通》中叫"读"(dòu)，"读"也不是对应于word的概念。问题是:《马氏文通》所说的"字"，并不限于单字，这能不能证明,《马氏文通》所说的"字"就是对应于word的概念？

汉语到底是字本位语言，还是词本位语言，是当前最受热议的一个大问题。《文心雕龙》和《马氏文通》研究的是古代汉语，讲古代汉语是字本位，反对的人不多，讲现代汉语是字本位，反对的人却不少。问题是：现代汉语是由古代汉语发展而来的，与古代汉语一脉相承，经脉相连，怎能用字本位和词本位给古代汉语和现代汉语分界呢？也有人认为，现代汉语书面语是字本位，口语是词本位。问题是：书面语毕竟是口语的加工形式，一方面还保留着大量的古代汉语成分，另一方面又在与口语的对流和互动中不断发展。因此，不但无法切断现代书面语跟古代汉语的联系，而且也无法切断现代书面语跟现代口语的联系。随着社会的发展和人民大众文化水平的提高，口语中的书面语成分，包括古代汉语成分，越来越多。在许多情况下，人们并不能自觉分辨古代汉语成分和现代汉语成分，也不能自觉分辨书面语成分和口语成分。语言水平高的人，反能把它们揉在一起使用。（吕必松 2007）有些口头表达和书面表达既没有明显的口语特点，也没有明显的书面语特点，我们把这类语体叫作"中性语体"。大部分二汉初级课本使用的就是这种中性语体。语言事实就是如此，怎能用字本位和词本位给现代书面语和口语分界呢？

在现代汉语研究中，"字本位"观念也早已存在。吕叔湘先生（1964）曾经指出："汉语里的'词'之所以不容易归纳出一个令人满意的定义，就是因为本来没有这样一种现成的东西。其实啊，讲汉语语法也不一定非有'词'不可。"吕先生这里所说的"词"，是指与 word 相对应的单位。这就是明确表示：汉语中根本不存在相当于 word 的词。赵元任先生（1975）说："在说英语的人谈到 word 的大多数场合，说汉语的人说到的是'字'。这样说绝不意味着'字'的结构特性与英语的 word 相同，甚至连近于相同也谈不上。"印欧语系语言中 word 这一级单位"在汉语中没有确切的对应物"。王力先生（1986）说得更加直接，他说："汉语基本上是以字为单位的，不是以词为单位的。"王先生这里所说的"单位"显然是指基本单位，其中的"词"也相当于 word。这几位语言学大师各自积一生之研究心得，分别得出了同样的结论：汉语是以"字"为基本单位的语言，不是以"词"为基本单位的语言；"词本位"语法中的"词"的概念是从西方语言学引进的，对应于 word，而对应于 word 的"词"的概念对汉语不适用。

对应于 word 的"词"的概念为什么对汉语不适用？因为汉语的基本单位跟英语的基本单位内涵不同。作为英语基本单位的词（word）由语素（morpheme）构成，语素由音节（syllable）构成，词、语素、音节是包容关系；作为汉语基本单位的"字"包括汉语音节和汉字，汉字与汉语音节既有对应关系，也有包容关系（汉字包含音节）。可见，汉语的"字"与英语的"词"不存在对应关系，与英语的"音节"和"语素"也不存在对应关系。这就是赵元任先生所说的"没有确切的对应物"。如前所述，语言基本单位的特性在语言系统中具有主导作用，英语的生成机制和生成规则是由"词"的特性决定的，汉语的生成机制和生成规则是由"字"的特性决定的。把"词"作为汉语的基本单位，无法解释汉语的生成机制和生成规则。

字本位汉语观虽然自古有之，并且延续至今，但是自从把相当于英语 word 的"词"的概念引进来以后，词本位汉语观就在汉语研究和汉语教学中占据了主导地位，纵横于所有流行的语法著作和汉语教科书，代代相传，就好像一张天罗地网，蒙住了人们的眼睛。徐通锵先生是全面挑战词本位汉语观、冲破词本位天罗地网的第一人。他说："汉语语义句法的结构单位是'字'，而不是'语素'之类的东西。""把'字'看成为汉语句法的基本结构单位,而把'词'置于一边或置于次要地位来考虑,这是汉语语言学观念的一次转变。"(徐通锵1994)又说:"我们为什么要弃'词'而选'字',倡导'字本位'呢?就是由于'词'是一种舶来品,在汉语中没有'根',而形、音、义三位一体的字是汉语的载体,而且也是汉文化的'根',因而需要以'字'这个'纲'为基础探索汉语的结构规律、演变规律、习得机制、学习规律和运用规律,不然就难以有效地实现语言研究的预期的目标,找到普遍有效的规律。百年来汉语研究的实践已为此积累了丰富的经验和教训。"(徐通锵2005)这是追寻文化之根、崇尚科学真理的心声,体现了对民族传统文化的高度自信和对科学真理的无私追求。联系我国文化教育界也把"与国际接轨"的口号叫得山响的时代背景,让人不得不对徐通锵先生的睿智和勇气倍增敬意。

在现代汉语研究中,"组合"的概念也早已普遍使用。例如,北京大学编写的《汉语教科书》(商务印书馆1958)是新中国出版的第一部对外汉语教材,该书附录中有一项叫"汉字组合一览",内容就是该书出现的汉字和由这些汉字"组合"而成的词语。这里的"组合"就含有"组合生成"的意思。又如,张志公先生(1982)主编的《现代汉语·中册》有一章专论"组合"。该书在举例说明了各级语言单位的组合特点之后,明确指出:"汉语的五级语言单位,就是这样由小到大,一级一级的组合起来的。"这里的"组合起来"也是"组合生成"的意思。该书所说的五级语言单位是语素、词、词组、句、句组。再如,邢福义先生(1997)的《汉语语法学》把汉语的语法规则分为"'构成'规则"和"'组合'规则",指出:"由小往大看,某个语法实体可以跟什么样的语法实体组合,有什么规律,这便表现为'组合'规则。"这里也把组合规则看作汉语语法的一种常态。

上面挂一漏万的追述表明:我们关于"以字为基本单位的组合生成"的认识不是从天而降,也不是头脑发热的产物,而是对古今汉语语法研究的继承和发展。

1.3 二合机制

汉语由字的生成元素到字、由字到词、由字词到句子的组合,基本上都遵循"1+1=1"的组合方式。(吕必松2006)下面是由字到词、由字词到句子"二合"方式的例子:

1	+1	=1
我	+们	=我们
都	+是	=都是

汉　＋语　　　　　　＝汉语
教　＋师　　　　　　＝教师
汉语＋教师　　　　　＝汉语教师
都是＋汉语教师　　　＝都是汉语教师
我们＋都是汉语教师　＝我们都是汉语教师。

　　上面的例子，由字到词、由字词到句子的组合，都是"1+1=1"。"1+1=1"就是合二为一，简称"二合"。"二合"是汉语人社团的思维模式所决定的汉语的天然生成机制，所以我们把它叫作"二合机制"。"二合"是从组合的角度说的，如果从分析的角度说，就是"二分"。

　　把前面的例子用连接线标注出来，就可以更加清楚地看到汉语由字到词、由字词到句子的二合机制。

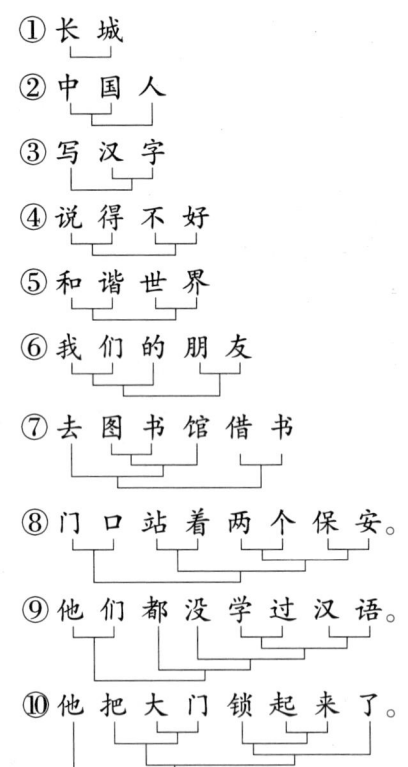

　　汉语也有非二合现象，例如，音译外来词、联绵字、组成成分多于"二"的并列结构和连锁结构等，生成方式都不是二合。这些非二合现象属于例外。任何规律都有例外，例外必然有其存在的特殊理由。汉语的非二合现象都有其存在的特殊理由，因此不足以改变我们对汉语二合机制的认识。（吕必松 2012）其实，"例外"也不完全是例外。潘文国先生对我说："这些结构虽然从语义上来看不是二合，但从韵律上看还是能体现二合的。如'莫斯－科、工农－兵'，不会无缘无故念成'莫－斯科、工－农兵'的。连绵字与联合式复合词更无二致，如'蝴蝶'与'国家'。……至于'叫他来''有个哥哥在北京'之类的连锁结构，也能从韵律上找到其二合的根据。"潘先生还对我说过："'柴米油盐酱醋茶'韵律上是 4+3（不可能读成 3+4 或 3+1+3），而 4 又是 2+2，3 又是 2+1，'意大利、菲律宾'也是同样。"实际上，韵律上的"二合"机制更具强势。例如：

客－随主便　　情－有可原　　语－无伦次　　华－而不实

客随·主便　　情有·可原　　语无·伦次　　华而·不实

上面的例子，上一行用"－"表示语义结构（主述结构），下一行用"·"表示韵律结构（"·"表示停顿）。韵律结构没有直接表示语义结构，就说明韵律上的"二合"机制更具强势。

我们认为，语言是人的心智对客观世界的相似性反映，代表人的心智在反映客观世界的过程中逐渐形成的思维模式。汉语人看世界，就是二合和二分的世界。所谓"阴阳、天地、生死、上下、左右、男女、主从、是非、有无、贫富、矛盾、胜负、兴衰、悲欢、离合、不是……就是……、不但……而且……、因为……所以……"，等等，无一不是二合和二分。这一事实说明，汉语的"二合机制"不是偶然现象，它代表汉语人社团在认识世界的过程中逐渐形成的一种思维模式。用汉语人的眼光看问题，汉语就是与天道相合的语言。"天道"就是天然法则，"与天道相合"就是直接反映客观世界，实现"天人合一"。在我看来，汉语言文字就是"天人合一"的伟大范例。

以上三点——字本位、组合生成、二合机制——就是汉语生成机制的主要特点。把这三大特点概括起来，就是"以字为基本单位的二合机制"。读者从本书后面的讨论中将会看到，"以字为基本单位的二合机制"贯穿在汉语的字法系统（语音系统和汉字系统）、词法系统和句法系统之中，是全面的而不是局部的，是系统的而不是零散的，是彰显的而不是隐含的，并且显示了汉语与许多其他语言——例如印欧语系诸语言——的根本区别。因此，这就是汉语的生成机制。质言之，**汉语的生成机制就是"以字为基本单位的二合机制"**。

从上面的讨论可以看到：汉语生成机制和生成规则的核心都是组合。因此，我们把汉语界定为"组合型语言"。把汉语界定为组合型语言，就是表明还有非组合型语言的存在，组合型语言和非组合型语言是两种不同类型的语言。两者的基本区别是：组合型语言相关的构成单位可以直接组合，非组合型语言则需要"变换"规则，所以也可以叫"变换型语言"。潘文国先生建议把"变换型"改为"变合型"，我完全同意，叫"变合型"更为贴切，因为"组合"是人类语言的共性，不同点就在于是直接组合还是变换组合。"变合"就是变换组合。为了突出组合型语言跟变合型语言的区别，我们提出了"组合汉语"的概念。（吕必松 2006）与"组合汉语"的概念相一致，本书研究的汉语语法就是"组合汉语语法"。"组合汉语"和"组合汉语语法"主张用组合的眼光看待汉语，用组合的观念研究汉语，用组合的方法教汉语。由此可见，提出"组合汉语"和"组合汉语语法"的概念，不但是为了把汉语语法跟英语等西方语言的语法区别开来，而且也是为了把它跟流行语法区别开来。

有人看到"组合汉语"中的"组合"二字，就想当然地以为这跟索绪尔提出的"组合"概念没有区别。这是望文生义。实际上，汉语的组合特点跟索绪尔所说的"组合关系"没有直接的关联，"组合型语言"是从语言类型学的角度提出的概念。

语言学家们通常所说的语言类型，诸如孤立语、黏着语、屈折语、声调语言、SVO（主动宾）语言，等等，所反映的都是有关语言的外显特征。我们认为，语言的外显特征是由语言的生成机制决定的，只有语言的生成机制才能代表语言的本质特征，只有根据生成机制的特点划分语言类型，划分出来的语言类型才更具类型学意义。组合型语言和变合型语言就是根据语言生成机制的特点划分出来的语言类型。

根据语言的生成机制划分语言类型，对汉语研究和汉语教学具有特殊的意义。我国汉语研究和汉语教学存在的最突出的问题之一，就是对汉语生成机制缺乏认识。因为看不到汉语生成机制的特点，就看不到组合型语言和变合型语言的区别，就习惯于用西方语言的眼光看待汉语，用西方语言学的理论指导汉语研究，用教西方语言的方法教汉语。这样的状况如不改变，我们就永远无法全面揭示汉语的规律，也永远无法大幅度提高汉语教学的效率。

2. 汉语的生成机制与汉语语法

汉语的生成机制决定了汉语的生成规则就是组合规则。汉语的组合规则包括由字的生成元素到字的组合规则，由字到词的组合规则，由字词到句子的组合规则。我们把由字的生成元素到字的组合规则叫作"字法"，把由字到词的组合规则叫作"词法"，把由字词到句子的组合规则叫作"句法"。字法、词法和句法都是语法。也就是说，汉语语法就包括汉语的字法、词法和句法。字法研究的内容就是由字的生成元素到字的组合规则，词法研究的内容就是由字到词的组合规则，句法研究的内容就是由字词到句子的组合规则。我们将在后面进一步说明，汉语的组合规则包括各级单位的生成方式、组合关系和语义（字义、词义、句义）结构特点，因此，研究汉语的组合规则，就是研究汉语各级单位的生成方式、组合关系和语义结构特点。这就是由汉语的生成机制所决定的汉语语法研究的走向、范围和内容。句以上还有句组、语段、语篇等组合单位，这些单位的构成特点也是意合、直接组合和"二合"，本书暂时还无力进行专门讨论。

引文目录

吕叔湘（1964）《语文常谈》，《文字改革》1964～1965连载。北京，三联书店1980。《吕叔湘文集》第5卷，北京，商务印书馆1993。

吕必松（2007）《汉语和汉语作为第二语言教学》第2章第1节，北京大学出版社。

赵元任（1975）汉语词的概念及其结构和节奏，《赵元任语言学论文选》，北京，清华大学出版社1992。

王　力（1986）《实用解字组词词典·序》，上海辞书出版社。

徐通锵（1994）"字"和汉语的句法结构，《世界汉语教学》第2期。

徐通锵（2005）"字本位"和语言研究，《语言教学与研究》第6期。

张志公（1982）《现代汉语·中册》，北京，人民教育出版社。

邢福义（1997）《汉语语法学》，长春，东北师范大学出版社。

吕必松（2006）二合的生成机制和组合汉语，《数字化汉语教学的研究与应用》，北京，语文出版社。

吕必松（2012）《华语教学新探》，北京语言大学出版社。

参考文献

索绪尔（1916）《普通语言学教程》，北京，商务印书馆1980。

布龙菲尔德（1933）《语言论》，北京，商务印书馆1980。

乔姆斯基（1957）《句法结构》，北京，中国社会科学出版社1979。

霍盖特（1958）《现代语言学教程》，北京大学出版社1986。

乔姆斯基（1965）《句法理论的若干问题》，北京，中国社会科学出版社1986。

帕　默（1971）《语法》，上海译文出版社。

赵元任（1980）《语言问题》，北京，商务印书馆。

叶蜚声、徐通锵（1981）《语言学纲要》，北京大学出版社。

冯志伟（1985）《数理语言学》，北京，知识出版社。

徐通锵（1997）《语言论》，长春，东北师范大学出版社。

* * * * *

吕叔湘（1959）十年来的汉语研究，《科学通报》第23期。

吕必松（1980）现代汉语语法学史话（一～三），《语言教学与研究》1980年第3期，1981年第1期，1981年第2期。《吕必松自选集》，郑州，河南教育出版社1994。

张志公（1985）汉语语法研究和汉语教学语法，《张志公文集—汉语语法》，广州，广东教育出版社1991。

龚千炎（1987）《中国语法学史稿》，北京，语文出版社。

陆俭明（1989）十年来现代汉语语法研究的理论和方法管见，《国外语言学》第2期。

陆俭明（1990）90年代现代汉语语法研究的发展趋势，《语文研究》第4期。

邵敬敏（1990）《汉语语法学史稿》，上海教育出版社。

《世界汉语教学》和《语言教学与研究》编辑部（1992）《80年代与90年代中国现代汉语语法研究》，北京语言学院出版社。

赵元任（1992）《中国现代语言学的开拓和发展——赵元任语言学论文选》，北京，清华大学出版社。

陆俭明（2000）《面临新世纪挑战的现代汉语语法研究》，济南，山东教育出版社。

潘文国（2002）《字本位与汉语研究》，上海，华东师范大学出版社。

鲁　川（2003）汉语的根字字族，《汉语学习》第3期。

* * * * *

马建忠（1898）《马氏文通》，北京，商务印书馆1983。

陈承泽（1922）《国文法草创》，北京，商务印书馆1957。

黎锦熙（1924）《新著国语文法》，上海，商务印书馆。

吕叔湘（1942～1944）《中国文法要略》，北京，商务印书馆1982。

王　力（1943～1944）《中国现代语法》，《王力文集》第2卷，济南，山东教育出版社1985。

王　力（1944～1945）《中国语法理论》，《王力文集》第1卷，济南，山东教育出版社1984。

高名凯（1948）《汉语语法论》，北京，商务印书馆1988。

赵元任（1948）《国语入门》(*Mandarin Primer, An Intensive Course in Spoken Chinese*),

美国哈佛大学出版社。《北京口语语法》，李荣编译，上海，开明书店 1952。

吕叔湘、朱德熙（1951）《语法修辞讲话》，上海，开明书店 1952。

丁声树等（1952）《语法讲话》，北京，商务印书馆 1961。

张志公（1956）《语法和语法教学》，北京，人民教育出版社。

北京大学外国留学生语文专修班（1958）《汉语教科书》，北京，商务印书馆。

张志公等（1959）《汉语知识》，北京，人民教育出版社。

丁声树等（1961）《现代汉语语法讲话》，北京，商务印书馆。

吕叔湘（1964）《语文常谈》，《文字改革》1964~1965 连载。北京，三联书店 1980。

《吕叔湘文集》第 5 卷，北京，商务印书馆 1993。

赵元任（1979）《汉语口语语法》，北京，商务印书馆。

胡裕树（1981）《现代汉语》增订本，上海教育出版社。

黄伯荣、廖序东（1981）《现代汉语》增订本，上海教育出版社。

张志公（1982）《现代汉语》中册，北京，人民教育出版社。

朱德熙（1982）《语法讲义》，北京，商务印书馆。

刘月华、潘文娱、故韡（1983）《实用现代汉语语法》，北京，外语教学与研究出版社。

朱德熙（1985）《语法答问》，北京，商务印书馆。

林祥楣（1991）《现代汉语》，北京，语文出版社。

北京大学中文系汉语教研室（1993）《现代汉语》，北京，商务印书馆。

吕文华（1994）《对外汉语教学语法探索》，北京，语文出版社。

卢福波（1996）《对外汉语教学实用语法》，北京语言学院出版社。

邢福义（1997）《汉语语法学》，长春，东北师范大学出版社。

吕文华（1999）《对外汉语教学语法体系研究》，北京，语文出版社。

陆俭明（2000）《现代汉语基础》，北京，线装书局。

徐通锵（2008）《汉语字本位语法导论》，济南，山东教育出版社。

邓守信（2009）《对外汉语教学语法》修订 2 版，台北，文鹤出版有限公司。

吕必松（2012）《华语教学新探》，北京语言大学出版社。

* * * *

《中国语文》杂志社（1955~1956）《汉语的词类问题》，北京，中华书局。

《中国语文》杂志社（1956）《汉语的主语宾语问题》，北京，中华书局。

《中国语文》杂志社（1958）《中国文法革新论丛》，北京，中华书局。

第二节　汉语语法的主要特点

> 一、字本位语法
> 二、字法基础语法
> 三、一线制语法
> 四、怎样分析汉语的语法结构

这一节讨论汉语语法的特点，主要是讨论汉语语法跟英语等西方语言语法不同的方面。笔者认为，跟英语等西方语言语法相比，汉语语法至少有三个主要的特点，即字本位语法、字法基础语法、一线制语法。这当然也是笔者对汉语语法的主观认识。下面依次说明汉语语法的三大特点，在此基础上，再讨论怎样分析汉语的语法结构。

一、字本位语法

字本位语法就是以字为基本语法单位的语法。字是汉语的基本结构单位、基本构成单位和基本组合单位，自然也是汉语的基本语法单位。

1. 字本位语法与词本位语法

字本位语法是跟词本位语法相对的概念。词本位语法就是以词为基本语法单位的语法。也有词组本位、小句本位、句本位等说法，不过这些"本位"说的都是基本研究单位，不是基本语法单位。基本研究单位和基本语法单位不是等同的概念。句本位也指语言交际的基本单位。通常所说的词组本位、小句本位和句本位，都要首先讲词，都是以词本位为基础的。词本位也是一种汉语观，这种汉语观认为，汉语跟英语一样，也是以词为基本单位的语言。以词为基本单位，就包括以词为基本构成单位、基本结构单位、基本语法单位、基本教学单位等。

我们赞成字本位汉语观，不赞成词本位汉语观，是因为词本位观念不符合汉语的实际，不能反映汉语的特点，不但无法解释汉语的生成机制和生成规则，而且还

是导致汉字和汉语"难学"的根本原因。(吕必松 2012)

为什么说词本位汉语观是导致汉字和汉语难学的根本原因？因为词本位汉语观要求把"词"作为汉语的基本教学单位，这就使汉字成了词汇的附属品。汉字失去了独立的地位，汉字教学就游离于汉语教学之外，处于无序状态。"无序"就是没有系统性，只能遇到什么汉字就教什么汉字。例如，第一课就教"你好、谢谢、再见"，让学生一开始就觉得一个汉字就像一幅图画。把汉字当图画学，当然很难，这正是汉字教学无序所导致的必然结果。汉字教学无序必然导致汉语教学无序，必然让人觉得汉语难学。汉字教学无序怎么会导致汉语教学无序？因为汉语就是由字到词、由字词到句子一级一级地层层组合起来的，由小到大的层层组合都是意合和直接组合。汉字教学无序，不讲汉字的"形、音、义、用"的关系，就不能显示各级单位之间的意合规则，就不能按照意合规则循序渐进地进行由字到词、由字词到句子的组合教学。这就必然会导致汉语难学。

2. "词"义新解

按照字本位观念进行汉语研究和汉语教学，我们也使用"词"的概念，不过我们所说的词不是跟 word 相对应的概念，而是由字组合生成的大于字、小于句的单位。词既然是由字组合生成的，本应取名"字组"（徐通锵、潘文国等叫"辞"），但是词的概念已经深入人心，为了顺应称说的习惯，我们就继续使用人们已经习惯了的概念。只是需要特别说明：字本位所说的词是字组的意思，不是与 word 相对应的概念，英译要译为 *zi*-group，不能译为 word。这样，本书所说的字和词跟词本位的相关概念就形成了下表所列的对应关系：

表1. 字本位的"字"和"词"与词本位的相关概念对照表

字本位	词本位
字（*zi*）	语素、单音节词
词（*zi*-group）	双音节词、多音节词、词组、短语、结构

把大于字、小于句的单位都叫词，就使汉语三级语法单位的界限更加清楚，便于把汉语语法细分为字法、词法和句法，把汉语语法教学细分为字法教学、词法教学和句法教学。这也符合汉语人对"字、词、句"的称说习惯。"字、词、句"是按照由小到大的顺序排列的，把词作为大于字、小于句的单位，也反映了汉语人对"词"的心理认同。

二、字法基础语法

1. 什么是字法基础语法

字法基础语法就是以字法为基础的语法。汉语语法中的字法、词法和句法都不是孤立的，词法是字法的自然延伸，句法是词法的自然延伸，都与字法经脉相连。所谓"自然延伸"，就是生成方式都是由小到大的层层组合，结构类型都包括基本结构、基本复合结构和多重复合结构；所谓"与字法经脉相连"，就是词法和句法都离不开字义。这就决定了汉语语法必然要以字法为基础。

2. 字义与语法

我们将在后面具体说明，字法的内容包括字形、字音、字义和字用。其中，字义联系着字形、字音和字用，所以是字法的核心。汉语语法之所以是字法基础语法，就是因为字义对语法有决定作用。下面举例说明。

例1.

"鸡不吃了""咬死了猎人的狗"等被认为是歧义现象。"鸡不吃了"为什么会被认为有歧义？因为这句话既可以表示"鸡不吃食了"，也可以表示"人不吃鸡了"；"咬死了猎人的狗"为什么会被认为有歧义？因为它既可以表示"猎人的狗被咬死了"，也可以表示"猎人被狗咬死了"。其实，这里的问题就在于对"鸡"和"'的'字结构"的理解。"鸡不吃了"的"鸡"既可以指活着的鸡，也可以指烹饪过的鸡。如果是指活着的鸡，"鸡不吃了"就是主动句，"鸡"是施动者，意为"鸡不吃食了"；如果是指烹饪过的鸡，"鸡不吃了"就是被动句，"鸡"是受动者，意为"人不吃鸡了"。为什么不会认为"我不吃了"有歧义？因为这里的"我"不能被吃。"咬死了猎人的狗"中的"'的'字结构"既可以表示领属关系，也可以表示限定关系。如果是表示领属关系，"狗"就属于猎人，"咬死了猎人的狗"就是"猎人的狗被咬死了"；如果是表示限定关系，"狗"就是施动者，"咬死了猎人的狗"就是"狗咬死了猎人"。为什么不会觉得"咬死了鸡的狗"有歧义？因为"狗"不可能属于"鸡"，所以其中的"'的'字结构"不可能是表示领属关系的。同样的形式结构可以表示不同的语义结构，就是因为相关字词有不同的字义和词义。所有的语言现象都处于一定的语境（话语背景和上下文）之中，只要有语境的支撑，就会知道所说的"鸡"是活着的鸡还是烹饪过的鸡，也就会知道"狗"是不是属于猎人。这样，歧义实际上并不存在。真正的歧义来源于不正确的表达和不正确的理解。例如，把"我教你"说成"我叫你"，是不正确的表达；把表示自谦的"哪里，哪里"理解为询问部位，是不正确的理解。

例2.

有人拿"主席团坐在台上"和"台上坐着主席团"做比较，认为"台上坐着主席团"是"变式句"。我们认为，"变式句"的说法不能成立。为什么不能成立？因为我们无法证实"台上坐着主席团"是由"主席团坐在台上"变来的。认为"台上坐着主席团"是"变式句"，实际上是拿英语语法解释汉语语法，认为汉语的句法结构跟英语的句法结构是一样的，也有主、谓、宾等句子成分，主语应在句首，只有主语在句首的句子才是"正式句"，主语不在句首的句子就是"变式句"。这就是拿英语语法解释汉语语法。然而，拿英语语法解释汉语语法是解释不通的，因为汉语句法结构的核心不是"主谓结构"，而是"主述结构"。这是汉语句法跟英语句法的重要区别之一。主述结构就是"主体+述体"的结构，其中的"主"不是"主语"，而是"主体"。主体在前，代表谁或什么，是述体陈述的对象；述体在后，说明主体做什么或怎么样，是对主体的陈述。"主席团坐在台上"说的是"主席团"做什么，"台上坐着主席团"说的是"台上"怎么样，"主席团"和"台上"都是主体。主述结构能否成立，由字义和基于字义的词义决定。"主席团坐在台上"和"台上坐着主席团"都能成立，"坐在"和"坐着"的词义起着决定性的作用，"坐在"和"坐着"的词义区别又是由"在"和"着"的字义决定的。如果把这两个句子中的"坐在"和"坐着"对调一下，或者把"在"和"着"换成别的字，这两个句子就都不能成立。

同理，"台上坐着主席团"和"台上唱着歌"的区别是由"坐"和"唱"的字义的区别决定的。"唱"只能跟"歌、戏、曲儿"一类可唱的字词搭配。可见，用"转换生成语法"的理论和方法解释汉语语法也是解释不通的。

上面的例子充分说明，脱离字义的词法研究就等于把词法架空，脱离字义和脱离基于字义的词义的句法研究就等于把句法架空。所谓"架空"，就是不能如实反映汉语的语言事实，也不能以汉语的语言事实为根据，揭示和解释汉语的生成规则。这就是汉语语法必然是字法基础语法的原因。

三、一线制语法

1. 什么是一线制语法

"一线制"是与"多线制"相比较而言。(徐通锵叫"单轨制"和"双轨制"。)前面说过,英语的语法规则包括语序规则、词形变化规则,以及词形变化与语序相一致的规则。这就是三套规则,也就是三条线。我们把有三条线的语法叫作"多线制语法"。汉语只有语序一套语法规则,用一套规则进行直接组合的语法就是"一线制语法"。傅东华在20世纪30年代也提出过"一线制"的概念,不过本书所说的一线制跟傅氏一线制不完全相同。傅氏一线制是指"词类和句子成分合一",他"否认词的本身有分类的可能","认定词不用在句中便不能分类"。(傅东华1958)

2. 汉语语法为什么是一线制语法

汉语语法之所以成为一线制语法,是因为意思相关的字、词、句都可以按照一定的规则进行直接组合,可以直接组合就意味着语义结构可以通过语序加以呈现。我们将在后面具体说明,汉语的语义结构有主述结构、限中结构、中补(动补、静补)结构、动受结构、动结结构、连动结构、连锁结构、并列结构等,这些语义结构都可以通过语序加以呈现。例如,主述结构的语序就是主体在前,述体在后;限中结构的语序就是限定成分在前,中心成分在后;中补结构的语序就是中心成分在前,补充成分在后。这就决定了汉语语法只需要语序这一套规则。所谓词类、词形与句子成分的对应关系和一致关系,在汉语中并不存在。试分析下面的例子:

① 今天丨星期六。
② 门口丨站着两个保安。
③ 桥下丨有人。
④ 一万年丨太久。
⑤ 任期丨五年。
⑥ 美丨不胜收。
⑦ 空谈丨误国,实干丨兴邦。
⑧ 没有人丨不知道这件事。
⑨ 想来想去丨总觉得这样做不妥。
⑩ 吃不到葡萄丨就说葡萄酸。

上面都是常用的句子,并非特殊的汉语现象。有些著述语法认为:单竖线前面的都是主语，后面的都是谓语。这样解释至少有两个问题：一是英语人根本无法理解，因为这跟他们心目中的主语和谓语完全不同。二是几乎什么"词"都可以担任主语，什么"词"都可以担任谓语。（其他"句子成分"也一样。）既然如此，又到哪里寻找词类、词形与句子成分的对应关系呢？既然找不到对应关系，又到哪里去找一致关系呢？

模仿英语语法的汉语语法认为，既然英语有"主、谓、宾、定、状、补"等句子成分，不同的句子成分要求有不同的词类与其相对应，还要保持词形与句子成分的一致关系，汉语也必然有"主、谓、宾、定、状、补"等句子成分，这些句子成分也必然要求有不同的词类与其相对应，也必然要求保持词形与句子成分的一致关系。这就是拿英语语法解释汉语语法。拿英语语法解释汉语语法不但无法解释汉语的生成机制和生成规则，反而会把简单的问题复杂化。例如，用主谓结构解释主述结构，非要找到本不存在的词类与句子成分的对应关系和一致关系不可，就是把简单的问题复杂化。又如，要寻找词类与句子成分的对应关系，就把不能担任句子成分的语言单位叫作"语素"，于是就出现了"词"和"语素"的界限无法划清的难题，这也是把简单的问题复杂化。再如，汉语的字词没有形态变化，就把用"了、着、过"等状态虚字表示的状态概念硬往英语的时态概念上挂靠，使"了、着、过"的用法成了二汉学习者很难攻克的语法难关，这更是把简单的问题复杂化。

汉语语法和英语语法各有其形成的机制，拿英语语法解释汉语语法是解释不通的。英语的词有形态变化，可以而且必须用形态标记表示词类、词形与句子成分的对应关系和一致关系。例如，主语由名词或代词担任，动词谓语句的主语都是施动者，宾语都是受动者，不同的性、数、格和时体等都要用相应的词形变化来表示。所有这些，都是英语的生成机制决定的。汉语的字词都没有形态变化，可以用于直接组合，所以不必规定词类、词形与句子成分的对应关系和一致关系，也就不必划分句子成分。

本书也划分字类和词类。不过，我们划分字类和词类，不是为了说明哪一类字词可以担任什么句子成分、什么句子成分要由哪一类字词担任。我们划分字类和词类，是对字词的意义进行分类。为什么要对字词的意义进行分类？因为汉语的组合都是意合，只有按照意义对字词进行分类，才能说明哪一类字词可以跟哪一类字词相组合，怎样组合，组合起来是什么意思。这就是说，对字词的意义进行分类，是为了研究汉语各级单位的生成方式、组合关系和语义结构特点。

四、怎样分析汉语的语法结构

一线制语法不划分句子成分,不规定词类、词形与句子成分的对应关系和一致关系,怎样分析汉语的语法结构?这是习惯了流行语法的人必然要提出的问题。为了回答这个问题,下面首先说明什么是语法结构,为什么要分析语法结构,在此基础上,再具体说明怎样分析汉语的语法结构。

1. 什么是语法结构

如前所述,语法就是语言的生成规则。语言的生成规则就体现在语法结构之中,因此,所谓语法结构,就是语言生成规则的具体体现。

在笔者的印象中,人们通常所说的语法结构,多半是指语言的形式结构。好像是说,形式结构可以脱离语义结构而独立存在。这恐怕就是结构主义语法和转换生成语法遇到的主要问题。其实,语言本是形式结构和语义结构的统一体,形式结构和语义结构就像一张纸的两面,彼此不可分离。形式结构的作用就是表现语义结构,语义结构要通过形式结构来表现。没有语义结构,形式结构就无以依附;没有形式结构,语义结构就无从表现。语言识别就是通过形式结构理解语义结构,语言学习就是学习一种形式结构所表示的是什么样的语义结构,一种语义结构要用什么样的形式结构来表示。这就是形式结构和语义结构的统一。由此可见,语法结构必然要包括形式结构和语义结构。脱离语义结构去解释形式结构,或者脱离形式结构去解释语义结构,都无法揭示和解释语法结构。

2. 为什么要分析语法结构

一种语言的固有语法的作用就是保证该语言形式结构和语义结构的统一。分析语法结构,就是为了说明形式结构和语义结构的关系,说明一种语言的语法怎样保证该语言形式结构和语义结构的统一。例如,我们说英语需要三套语法规则才能保证形式结构和语义结构的统一,汉语只需要一套语法规则就能保证形式结构和语义结构的统一,就是分别对英语和汉语的语法结构进行分析后得到的结论。下面再举例说明形式结构和语义结构的关系。

我们曾用下面的公式教"把"字句:

  公式:主语+把+"把"的宾语+谓语动词+其他成分
  例句:我 把 书   放 在桌子上。
  病句:我 把 饺子   吃 在五道口食堂。

出现上述病句,就是因为老师提供的公式只能表示形式结构,不能表示语义结构,学生无法知晓形式结构和语义结构的关系。单从形式结构看,就难以找到病句的病因,因为病句跟老师提供的公式是完全一致的。

按照形式结构与语义结构相统一的要求,公式应修改如下:

公式:主体+把+"把"的对象+施动者的动作+施动者动作的结果
　　　(施动者)　　(受动者)
例句:　我　　把　　书　　　　　放　　　　　在桌子上。

用上面的公式做对照,就可以轻易找到病句的病因:"在五道口食堂"不是"吃"的结果。

"把"字句有三种类型(详见本书第四章第五节),上面的例子虽然只是"把"字句的一种,但是也能告诉我们:固有语法的作用就是保证形式结构和语义结构的统一,语法教学必须体现形式结构和语义结构的统一,语法研究必须解释怎样保证形式结构和语义结构的统一。

3. 怎样分析汉语的语法结构

汉语语法保证形式结构和语义结构的统一,有特定的手段,这就是用组合层次直接表现组合关系。分析汉语的语法结构,就是说明组合层次怎样直接表现组合关系。组合层次属于形式结构,组合关系属于语义结构。用组合层次直接表现组合关系,就是汉语语法保证形式结构和语义结构相统一的主要手段。

本书所说的"形式结构、语义结构、组合层次、组合关系",对有些读者来说,可能都是新概念。下面先说明什么是形式结构和语义结构,什么是组合层次和组合关系,在此基础上,再说明组合层次怎样直接表现组合关系。

3.1　形式结构和语义结构

(1)形式结构。什么是形式结构?简单地说,形式结构就是相关语法单位的生成方式,它包括一个较大的单位由哪些较小的单位组成,一个较小的单位怎样组成较大的单位,以及语音上的停顿、重音等。例如:

① 我看书。
② 我不看书。
③ 书我看。
④ 书我不看。

上面的四个例子，生成方式不同。例①和例②所含的构成单位不完全相同，例③和例④所含的构成单位也不完全相同；例①和例③所含的构成单位相同，构成单位之间的排列次序却不同，例②和例④也是如此。构成单位不同，或者构成单位之间排列的次序不同，就是生成方式不同，生成方式不同就是形式结构不同。

（2）语义结构。什么是语义结构？简单地说，语义结构就是相关语法单位之间的语义关系：它们各自担任什么角色，怎样互相作用。语义结构就存在于形式结构之中，上面的四个例子，可以用连接线表明其语义结构。（单竖线前后是句子的主体和述体。）

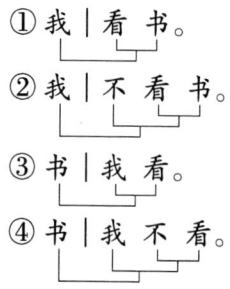

上面例①和例②中的"我"是主体，"看书"和"不看书"是述体，我们把由主体和述体构成的语义结构叫作"主述结构"。"看"是一种动作，"书"是动作接受者，我们把由动作和动作接受者构成的语义结构叫作"动受结构"。"不"是限定成分，用于限定"看"，被限定成分"看"就是中心成分，我们把由限定成分和中心成分构成的语义结构叫作"限中结构"。例③和例④中的"书"是主体，"我看"和"我不看"是述体。这也是主述结构。"我"是施动者，"看"是一种动作，我们把由施动者和动作构成的语义结构叫作"施动结构"。"施动结构"也是"主述结构"，施动者"我"是主体，动作"看"是述体。这样，"书我看"就包含两层"主述结构"。"不看"是"限中结构"，因此，"书我不看"除了包含两层"主述结构"以外，还包含"限中结构"。

上述"主述结构""动受结构""限中结构""施动结构"等都属于语义结构。

再拿上面的四个例子做对照，说明形式结构和语义结构的关系。"例句"就是形式结构和语义结构的统一体。

例①
  例　　句：我　看　书。
  形式结构：名字 动字 名字
  语义结构：主体 动作 受动者

例②
  例　　句：我　不　　看　书。
  形式结构：名字 状字　动字 名字
  语义结构：主体 限定成分 动作 受动者

例③
  例　　句：书　我　看。
  形式结构：名字 名字 动字
  语义结构：主体 主体 动作

例④
  例　　句：书　我　不　　看。
  形式结构：名字 名字 状字　动字
  语义结构：主体 主体 限定成分 动作

3.2 组合层次和组合关系

（1）组合层次。组合层次就是形式结构层次。汉语各级单位都是由小到大层层组合起来的，其形式结构具有层次性，形式结构的层次就是组合层次。例如：

  ① 北 京
  ② 来 北 京
  ③ 我 来 北 京

上面的例子，连接线的数量就代表组合层次的数量。"北京"是一个组合层次，"来北京"是两个组合层次，"我来北京"是三个组合层次。

（2）组合关系。组合关系就是语义结构关系，也就是语法单位之间相互作用的关系。组合关系也有层次性，组合关系的层次就存在于组合层次之中。上面的三个例子，"北京"是一个组合层次，表现一层组合关系。其中，"北"是限定成分，"京"是中心成分，限定成分与中心成分的组合关系就叫"限中关系"。"来北京"是两个组合层次，表现两层组合关系。其中，"来"是动作，"北京"是动作接受者，动作和动作接受者的组合关系就叫"动受关系"。"来北京"这个动受关系中还包含限中关系，所以是两层组合关系。"我来北京"是三个组合层次，表现三层组合关系。其中，"我"是主体，"来北京"是述体，主体和述体的组合关系就是"主述关系"。"我来北京"这个主述关系中还包含动受关系和限中关系，所以是三层组合关系。

上述"限中关系""动受关系""主述关系"等都属于组合关系。

组合关系和语义结构是从不同的角度提出的同指概念。语义结构对应于形式结构，组合关系对应于组合层次。组合关系和语义结构所指相同，所以是同指概念。例如，"限中关系"就是"限中结构"中语法单位之间相互作用的关系，"动受关系"就是"动受结构"中语法单位之间相互作用的关系，"主述关系"就是"主述结构"中语法单位之间相互作用的关系。

3.3 形式结构和语义结构的统一

上面所说的形式结构和组合层次属于形式范畴，语义结构和组合关系属于语义范畴。因为语义结构就存在于形式结构之中，组合关系就存在于组合层次之中，所以形式结构和语义结构的统一，就表现为组合层次和组合关系的统一。如下表所示：

表2. 形式结构与语义结构对照表

范畴	统一	统一
形式	形式结构	组合层次
语义	语义结构	组合关系

3.4 组合层次直接表现组合关系

所谓组合层次直接表现组合关系，就是组合层次对组合关系的表现只需要通过语序，不需要变换程序。再拿前面的四个例子做对照：

表3. 组合层次和组合关系对照表

例句	我│看书	我│不看书	书│我 看	书│我 不看
组合层次 （形式结构层次）	我 看 书	我 不 看 书	书 我 看	书 我 不 看
组合关系 （语义结构关系）	主－述 施－[动·受]	主－述 施－[限·动受]	主－述 受－[施－动]	主－述 受－[施－限中]

形式结构和语义结构的统一是不同语言的共性，但不是所有的语言都具有组合层次直接表现组合关系的特点。我们从《新概念英语·2》中选取了五个英文句子，把它们翻译成汉语，拿来对比。从下面的对比中可以看到，英语的组合层次不能直接表现组合关系。

① I'm coming to see you.

② I read a few lines, but I did not understand a word.

③ I have just received a letter from my brother, Tim.

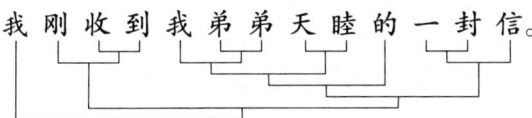

④ He has been there for six months.

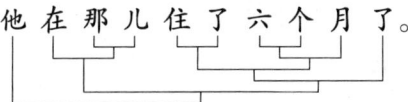

⑤ He is working for a big firm and he has already visited a great number of different places in Australia.

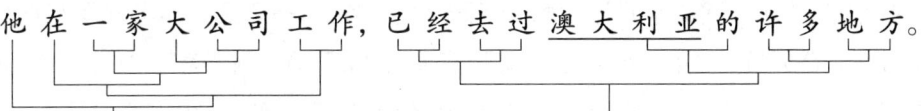

上面的五个汉语句子，从连接线可以清楚地看到各个语法单位之间的组合层次和组合关系。而与此相对应的五个英文句子，却包含多种变换程序。例①的 am coming 由 come 变换而来，see 的前面要加 to；例②的 lines 由 line 变换而来，did 由 do 变换而来，read 在发音上有变换；例③的 have received 由 receive 变换而来；例④的 has been 由 be 变换而来，six months 的前面要加 for，months 由 month 变换而来；例⑤的 is working 由 work 变换而来，has visited 由 visit 变换而来，places 由 place 变换而来。"变换"主要是词形变化，词形变化要跟句子成分保持一致。这说明：英语的形式结构层次中都包含变换程序，语义关系的构成不是通过直接组合。

从上面的例子可以更加清楚地看到：我们把汉语语法叫作一线制语法，把英语语法叫作多线制语法，是以语言事实为根据的。

3.5 组合层次和组合关系的概括性

组合层次直接表现组合关系，就意味着组合层次与组合关系是互相对应的。不过，对应不是一对一，而是一对多。也就是说，同样的组合层次可以包含多种组合关系，一定的组合层次是对一定的组合关系的概括。例如：

科学家 讲科学 讲得好

上面的例子组合层次相同，组合关系却不同。"科学家"是限中关系，即限定成分与中心成分的组合关系。"讲科学"是动受关系，即动作与动作接受者的组合关系。"讲得好"是动补或动结关系。否定式如果是"讲不好"，就是动补关系，动补关系即动作与动字补充成分的组合关系；否定式如果是"讲得不好"，就是动结关系，动结关系即动作与动作结果的组合关系。这就是组合层次对组合关系的概括性。

组合关系也具有概括性，是对语义结构特点的概括。例如：

① 考汉语 考老师 考大学 考研究生 考公务员
② 买菜 花钱 搬家 吃饭 造桥 洗衣服

上面的两组例子，组合关系都是动受关系，语义结构特点却各不相同。在第一组中，"考汉语"中的"汉语"是考试的内容，"考老师"中的"老师"是考试的对象，"考大学"表示考试是为了上大学，"考研究生、考公务员"则表示考试是为了成为研究生、公务员。在第二组中，"买菜"是通过"买"而得到"菜"，"花钱"是通过"花"而失去"钱"，"搬家"是通过"搬"而改变"家"的位置，"吃饭"意味着"饭"已存在，"造桥"意味着"造"后"桥"才出现，"洗衣服"则表示通过"洗"使"衣服"变得干净。组合关系相同而语义结构特点不同，就说明组合关系也具有概括性。

组合层次和组合关系的概括性为什么不影响对语义结构特点的理解？这是因为以字为基本单位的二合机制本身有区分作用，可以通过语序和字义（词义）把不同的语义结构特点区别开来。语序和字义是区分语义结构特点的决定性因素。下面再举例说明。

① 煮

A：你去做什么？

B：我去**煮鸡蛋**。("煮"是动字,"鸡蛋"是动作的对象即受动者,"煮鸡蛋"是动受关系）

A：你吃什么鸡蛋？

B：我吃**煮鸡蛋**。("煮"是动字，用于限定"鸡蛋"，"鸡蛋"是限定的对象，"煮鸡蛋"是限中关系）

"煮鸡蛋"既可以表示动受关系，也可以表示限中关系，这是因为汉语的动字不但有支配作用，而且有限定作用。只要在一定的形式结构中，就能区分它们的语义结构特点。在上面的形式结构中，"去"和"吃"的字义起着关键性的区分作用。

②**分别**

他们就要**分别**了。（这里的"分别"是动词）

这两个汉字的意思没有**分别**。（这里的"分别"是名词）

这两个问题要**分别**讨论。（这里的"分别"通称副词，我们叫状词）

上面例子中的"分别"，词义和词类不同，所以用法也不同。只要在一定的形式结构中，就能区分其语义结构。

③**"没"和"没有"**

A：你有工作吗？

B：我**没**有工作，正在找。（这里的"没"通称副词，我们叫状字，用于否定"有"。"没有"是"有"的否定式，属于动词。"工作"是名词）

A：你今天工作了吗？

B：我今天休息，**没有**工作。（这里的"没有"通称副词，我们叫状词。"没有工作"是"工作了"的否定式。"工作"是动词）

④**"只"和"只有"**

我**只**有一本书。（这里的"只"通称副词，我们叫状字，用于限定"有"。"只有"是表示限中关系的动词）

这件事**只有**你知道。（这里的"只有"通称副词，我们叫状词，用于限定"你知道"。"只有你知道"是限中关系）

上面例子中的"没有"和"只有"，表面看来都是一个词，实际上，它们都兼做动词和状词（副词）。词类不同语法作用就不同。

一字（一词）多义、多类和多用是汉语字词的普遍特点，这些特点归根到底是由一字多义的特点决定的。一字多义决定了字与字、字与词、词与词组合的多向性（"多向性"即可以分别与不同类别的字词相组合）和由此引发的组合关系的多样性。语法研究就是要研究语法怎样保证形式结构与语义结构的统一，汉语语法研究只有以字为基本单位，以字法为基础，才能揭示和解释形式结构与语义结构相统一的规则。我们说汉语语法是字本位语法和字法基础语法，根据就在这里。英语等其他语言也有一词多义、多类和多用的特点，不过词的特性和语法作用跟字的特性和语法作用不完全相同。

3.6 停顿和重音的语法作用

前面提到，形式结构还包括语音上的停顿和重音等，停顿和重音也有保证形式结构与语义结构相统一的作用。举例说明如下。

（1）停顿必须跟组合层次和组合关系保持一致。例如：

语言·大学
语·言大学＊
语言大·学＊

北京·语言大学
北京语言·大学＊

一杯·咖啡
一·杯咖啡＊
一杯咖·啡＊

在上面的例子中，"·"表示停顿，带"＊"的词语表示停顿有误。错误的停顿会破坏组合层次，从而破坏组合关系。

在汉语教学中，按照组合层次进行由小到大的层层组合，可以避免停顿的错误。例如，因为不会出现"言大学、语言大、北京语言、杯咖啡、一杯咖"等组合单位，所以就不会出现"语·言大学、语言大·学、北京语言·大学、一·杯咖啡、一杯咖·啡"等错误停顿。

（2）重音反映语句的信息焦点。同一个句子如果重音不同，所表达的信息焦点也不同。例如，"他明天去上海开会"这个句子，可以有不同的重音，重音不同，回答的问题就不同。重音如果在"他"上，回答的问题是"谁明天去上海开会"；如果在"明天"上，回答的问题是"他什么时候去上海开会"；如果在"去"上，回答的问题是"他明天去不去上海开会"；如果在"上海"上，回答的问题是"他明天去哪里开会"；如果在"开会"上，回答的问题是"他明天去上海做什么"。重音所在，就是句子的信息焦点所在。在回答问题的时候，可以只用代表信息焦点的字词。例如：

A：谁明天去上海开会？
B：他。
A：他什么时候去上海开会？
B：明天。
A：他明天去不去上海开会？
B：去。
A：他明天去哪里开会？
B：上海。
A：他明天去上海做什么？
B：开会。

在上面的例子中，答话都是句子信息的焦点。

上面的讨论都是为了说明汉语字、词、句的生成方式（形式结构），组合关系和语义结构特点。字、词、句的生成方式，组合关系和语义结构特点，就是汉语语法的具体内容，也就是汉语的本来面貌。汉语语法教学只要通过对实例的有序练习，就能让学生逐渐掌握字、词、句的生成方式，组合关系和语义结构特点。这说明，汉语的固有语法其实是最朴实、最简明的语法。人们之所以觉得汉语难学，尤其觉得汉字难学，是因为用英语语法扭曲了汉语的本来面貌。本书的最大特点就是努力以汉语的本来面貌示人。只要以汉语的本来面貌示人，就可以还原汉语言文字容易学的本来面貌，让学习者都能用尽可能少的时间学到所需要的汉语，在不知不觉中逐渐学会汉语人的思维模式，养成创造性使用汉语的能力。

引文目录

吕必松（2012）《华语教学新探》，北京语言大学出版社。
傅东华（1958）一个国文法新体系的提议，《中国文法革新论丛》，北京，中华书局。

参考文献

洪堡特（1826）论汉语的语法结构，《洪堡特语言哲学文集》，湖南教育出版社2001。
萧　璋（1956）论连动式和兼语式，《北京师范大学学报》第1期。
朱德熙（1956）现代汉语形容词研究，《语言研究》第1期。
霍盖特（1958）《现代语言学教程》，北京大学出版社1986。
陈建民（1960）论兼语式和一些有关的句子分析问题，《中国语文》第3期。
朱德熙（1961）说"的"，《中国语文》第12期。
吕叔湘（1962）说"自由"和"粘着"，《中国语文》第1期。
朱德熙（1962）论句法结构，《中国语文》第8、9期。
乔姆斯基（1965）《句法理论的若干问题》，北京，中国社会科学出版社1986。
赵元任（1975）汉语词的概念及其结构和节奏，《赵元任语言学论文选》，北京，清华大学出版社1992。
黎天睦（1979）汉语词序和词序变化，《国外语言学》1981年第4期。
吕叔湘（1979）《汉语语法分析问题》，北京，商务印书馆。
朱德熙（1981）"在黑板上写字"及相关句式，《语言教学与研究》第1期。
李临定（1983）宾语使用情况考察，《李临定自选集》，郑州，河南教育出版社。
文　炼、胡　附（1984）汉语语序研究中的几个问题，《中国语文》第3期。
张志公（1984）分歧点和交叉点，《汉语析句方法讨论集》，上海教育出版社。
朱德熙（1984）语法分析和语法体系，《汉语析句方法讨论集》，上海教育出版社。
戴浩一（1985）时间顺序和汉语的语序，《国外语言学》1988年第1期。
史存直（1986）《句本位语法论集》，上海教育出版社。
王　还（1987）《门外偶得集》，北京语言学院出版社。
王振昆（1987）汉语的内部关系义和外部关系义，《世界汉语教学》第1期。
陈　平（1988）论现代汉语时间系统的三元结构，《现代语言学研究》，重庆出版社1991。
徐通锵（1991）语义句法刍议——语言的结构基础和语法研究的方法论初探，《语言教学与研究》第3期。《徐通锵自选集》，郑州，河南教育出版社1993。
吴竞存、梁伯枢（1992）《现代汉语句法结构与分析》，北京，语文出版社。
徐通锵（1994）"字"和汉语的句法结构，《世界汉语教学》第2期。

王洪君（1994）汉语的特点与语言的普遍性，《缀玉二集》，北京大学出版社。

刘宁生（1995）汉语偏正结构认知基础及其在语序类型学上的意义，《中国语文》第2期。

萧国政（1995）"句本位""词组本位"和"小句中枢"，《世界汉语教学》第4期。

邢福义（1995）小句中枢说，《中国语文》第6期。

李银根（1999）《现代汉语时制研究》，沈阳，辽宁大学出版社。

荣　晶（2000）汉语语序研究的理论思考及其考察，《语言文字应用》第3期。

吕必松（2001）我对汉语特点的几点初步认识，《海外华文教育》第1期。《海外华文教育研究丛书·对外汉语教学论文集》，厦门大学出版社2003。

徐通锵（2005）《汉语结构的基本原理——字本位和语言研究》，青岛，中国海洋大学出版社。

吕必松（2006）二合的生成机制和组合汉语，《数字化汉语教学的研究与应用》，北京，语文出版社。

吕必松、赵淑华、林英贝（2007）《组合汉语知识纲要》，北京语言大学出版社。

第三节　汉语的字类和词类

> 一、字、词、短语和结构
> 二、汉语的字类和词类
> 三、短语例解

流行语法中的词和词类问题还是一个没有解决的问题。什么是词？为什么要划分词类？根据什么标准划分词类？词和语素以及词和词组、短语、结构的界限究竟在哪里？诸如此类的问题，尽管一直没有停止过讨论和争论，却始终处于"公说公有理、婆说婆有理"的状态。

徐通锵先生（1991）说："但是有一些老大难的问题，例如词类的划分，句子成分的分析等，至今还是矛盾重重，进展缓慢。自《马氏文通》以来，这些问题为什么长期得不到有效的解决？这恐怕与我们用'印欧语的眼光'来观察汉语的结构这种思路有关。要摆脱这种思路的束缚，首先需要弄清楚语言系统的内在结构基础，为语法研究确立方法论的根据。"这是一针见血的论述。我们认为，词和词类问题难以解决，是因为流行语法所说的词就相当于英语的 word，而相当于 word 的单位在汉语中并不存在。研究并不存在的东西，无异于水中捞月。笔者根据对汉语的生成机制和生成规则的认识，用组合的观念研究汉语，对汉语的字、词、短语和结构以及字类和词类等形成了新的认识。下面具体说明。

一、字、词、短语和结构

我们对汉语字、词、短语和结构的解释，立足点是汉语的组合特点，目的是方便汉语的教学和学习。根据对汉语组合特点的认识，我们用字与词的区别代替语素与词、词与词组的区别，把词分为基本词和复合词两类，再把复合词分为基本复合词和多重复合词两类。由字与字组合生成的是基本词，由字与基本词或基本词与基本词组合生成的是基本复合词，大于基本复合词的是多重复合词。我们把复合词中的固定格式叫作短语，以此圈定短语的范围。成语一般不能拆开使用，也属于固定格式，所以也归入短语。为便于称说，我们把结构比较特殊又不便归入短语的词叫作结构。例如，以名字、动字、静字为中心的结构分别叫作名字结构、动字结构、静字结构；后面将要讨论的是非句、有无句、存在句的述体，分别叫作"是"字结构、"有"字结构、"在"字结构。这几种结构也属于动字结构。这样，句以下的结构单位实际上只有字和词两级。"字"就包括词本位所说的语素和单音节词，所以不再使用语素和单音节词的概念。短语和结构都在词的范围之内，只不过是词的特殊形式。这样界定字、词、短语和结构看似过于简单，却能如实反映汉语的实际，也更便于汉语的教学和学习。为什么更便于汉语的教学和学习？因为字（汉语音节和汉字）与字之间有天然的界限，是最容易识别的单位；由字到词，由基本词到基本复合词再到多重复合词，都有很强的具象性，也都比较容易把握。这样，汉语语法中就不存在语素和词以及词、词组和结构等界限不清的纠结。

基本词、复合词以及短语和结构有时不需要细分，为了叙述的简便，就把它们统称为"词语"。本书所说的"词语"，就包括基本词、复合词、短语和结构。如果要说明"词语"的类别，同样可以按其性质分类，例如，可以把具有名字性质的词语叫作名词语，把具有动字性质的词语叫作动词语。以此类推。

汉语词语的语法作用都跟"字"的语法作用相当。例如：

<u>工</u> 厂
<u>食品</u> 厂
<u>汽车制造</u> 厂

在上面的例子中，带下画线的词语的语法作用都跟"工"的语法作用相当，都是"厂"的限定成分。

<u>好</u> 人
<u>里面的</u> 人
<u>住在里面的</u> 人
<u>我们住在里面的</u> 人

在上面的例子中，带下画线的词语的语法作用都跟"好"的语法作用相当，都是"人"的限定成分。

看 书
看 <u>朋友</u>
看 <u>足球比赛</u>

在上面的例子中，带下画线的词语的语法作用都跟"书"的语法作用相当，都是"看"的对象。

在 家 见面
在 <u>单位</u> 见面
在 <u>城里</u> 见面
在 <u>天安门广场</u> 见面

在上面的例子中，带下画线的词语的语法作用都跟"家"的语法作用相当，都是"见面"的场所。

我｜看。
我｜<u>看书</u>。
我｜<u>看中文书</u>。
<u>我们</u>｜都<u>看中文书</u>。
<u>我们班的同学</u>｜都<u>看中文书</u>。
<u>我和我们班的同学</u>｜都<u>看中文书</u>。

在上面的例子中，单竖线前后是两个部分，前一部分代表"谁"，后一部分代表"做什么"。在前一部分，带下画线的词语的语法作用都相当于"我"；在后一部分，带下画线的词语的语法作用都相当于"看"。

因为词语的语法作用都跟"字"的语法作用相当，所以在讲语法的时候，为了叙述的简便，在不必强调字和词语的区别的情况下，就可以用"字"统称字和词语。本书在后面的表述中，有时所说的"字"就包括词语。

二、汉语的字类和词类

流行语法只讲词类，不讲字类。按照什么标准划分词类，至今意见还不太统一，有的主张按照词的意义分类，有的主张按照词的功能分类，有的主张意义和功能兼顾。所谓功能，主要是指担任什么句子成分；所谓兼顾，就是按照功能分类遇到问题就参照意义，按照意义分类遇到问题就参照功能。主张兼顾是无奈之举，不过似乎已被普遍采纳。无论按照哪一种标准分类,要解释词类与句子成分的对应关系都会遇到困难。这说明,所谓词类问题,实际上不是词类本身的问题,而是词类与句子成分的对应关系问题。实际上,就像上一节的例子所展示的那样,所谓词类与句子成分的对应关系,在汉语中并不存在。作为一线制语法,汉语语法根本不需要考虑词类与句子成分的对应关系,只需要按照字义和词义划分字类和词类,说明哪一类字词可以跟哪一类字词相组合,有什么组合规则,表示什么意思。

下面分别说明我们对汉语的字类和词类的认识。

1. 字类

汉语的"字"是音义一体(音节)或形音义一体(汉字)的语言单位和语法单位。凡"字"都代表一定的概念,表示一定的意义。因此,可以根据字义划分字类。例如,有些字代表人或事物的名称,有些字代表数目,有些字代表人或其他生命体的动作、行为,有些字代表人或事物的性质、状况,有些字代表语法关系,有些字代表语气。我们认为,语法关系和语气也是意义——广义上的意义。根据不同的字义,我们把字分为名字、数字、量字、动字、静字、状字、连字、虚字,共计八类。举例说明如下:

(1)名字。代表人或事物的名称的字叫名字。例如:人、物、日、月、年、书、笔、厂、店。

指代人或事物名称的字也叫名字。例如:你、它、那、哪。

(2)数字。代表数目的字叫数字。例如:一、两、五、十、百、万、亿。

(3)量字。代表计数单位的字叫量字。例如:个(一个人)、本(一本书)、张(一张桌子)、次(看了一次)、趟(走了一趟)。

(4)动字。代表人或事物的动作、行为的字叫动字。例如:来、去、看、走、吃、穿、戴、打、丢、进、出、想。

表示是非、有无、存在、意愿等意思的字也归入动字。例如:是、非、有、无、在、会、可、能、愿。

我们把一般语法书上所说的单音节"介词"也归入动字类。例如:在、当、从、自、向、把、被、以、对。

(5)静字。代表人或事物的性质的字叫静字。例如:好、大、小、多、少、白、蓝、高、低。

(6)状字。表示动作、行为、性质等的状况的字叫状字。例如:很、不、就、也、又、还、只、最、常。

（7）连字。表示并列、递进、转折、条件、假设、因果、选择等语义关系的字叫作连字。例如：和、及、但、且、而、如、因、或。

（8）虚字。虚字是跟实字相对的概念。上面的七类字都有实在的意思，所以都是实字。虚字没有实在的意思，只能表示语法关系或语气。例如：了、着、过、的（de）、地（de）、得（de）、么、吗、呢。

上述八类字中的每一类都可以再分为若干小类，这里从略。

作为音义一体或形音义一体的语言单位和语法单位，"字"是不可切分的整体。音译外来词和联绵字虽然包含两个或两个以上的音节和汉字，但它们都只能代表一个概念，也是不可切分的整体。因此，音译外来词和联绵字也是"字"，可以根据它们的意思分别归入不同的字类。例如，"玻璃、玛瑙、妯娌、沙发、意大利"是名字，"徘徊"是动字，"伶俐、阑干、逍遥"是静字，"仿佛"是状字。

有些字的字音和字形相同，字义却不同。字音和字形相同而字义不同的字是多义字。有些多义字属于不同的义类，属于不同义类的多义字是兼类字。例如：

锁："一把锁"的"锁"是名字，"锁门"的"锁"是动字。

学："上学"的"学"是名字，"学汉语"的"学"是动字。

口："人口"的"口"是名字，"一口人"的"口"是量字。

死："死去"的"死"是动字，"死脑筋"的"死"是静字。

2. 词类

我们把汉语的词分为九类。除了跟八类字相对应的八类词之外，还有一类叫主述词。举例如下：

（1）名词：土地、城市、天安门广场、我们班的同学、上课的时候、五个农民工。

（2）数词：二十、三十五、八千、一九四九（1949）。

（3）量词：公里、海里、英寸、市斤。

（4）动词：吃饭、写字、喜欢、热爱、游泳、在家、来了、坐着、去过、上街买东西、参观了一个食品厂。

（5）静词：相同、有名、美丽、热情、发达、先进、落后。

（6）主述词：脸红、心跳、日出、地震、一年四季、两手空空。

（7）状词：常常、一定、热情地。

（8）连词：但是、然而、或者。

（9）虚词：来着、着呢、罢了、而已。

有些词的词音和词形相同，词义却不同。词音和词形相同而词义不同的词是多义词。有些多义词也属于不同的义类，跟属于不同义类的多义字是兼类字一样，属于不同义类的多义词是兼类词。例如：

建设："建设国家"的"建设"是动词，"国家建设"的"建设"是名词。

收获："收获庄稼"的"收获"是动词，"收获很大"的"收获"是名词。

幻想："幻想成名"的"幻想"是动词，"丢掉幻想"的"幻想"是名词。

狠心："狠心离开"的"狠心"是动词，"狠心人"的"狠心"是静词，"下狠心"的"狠心"是名词。

上面的"建设、收获、幻想、狠心"都是兼类词。

本书划分的字类和词类虽然都是对字词意义的分类，但是毕竟要体现在组合关系之中，兼类字词当然也要体现在组合关系之中。兼类字词的字义和词义不发生混淆，就是因为组合有区分作用，能够把形音相同而意义不同的字词区别开来。如果遇到单个字词的字类、词类不容易鉴别的情况，只要放在组合之中，就可以通过组合关系加以鉴别。例如，"没有病"中的"病"兼作名字和动字，"没有工作"中的"工作"兼作名词和动词，区分的办法就是看它们的组合关系。试比较：

① 他有病吗？

他没有病。

② 他病了吗？

他没有病。

③ 他有工作吗？

他没有工作。

④ 他工作了吗？

他没有工作。

上面的例子，①中的"没有病"是"有病"的否定式，其中的"病"与"书"同类，可以说"有书""没有书"。②中的"没有病"是"病了"的否定式，其中的"病"与"来"同类，可以说"来了""没有来"。③中的"没有工作"是"有工作"的否定式，其中的"工作"与"房子"同类，可以说"有房子""没有房子"。④中的"没有工作"是"工作了"的否定式，其中的"工作"与"休息"同类，可以说"休息了""没有休息"。

上面的例子说明，组合关系是鉴别字类和词类的重要手段。根据字义和词义划分字类和词类，就是为了说明哪一类字词可以跟哪一类字词相组合，因此，通过组合关系鉴别字类和词类是理所当然，这跟根据字义和词义划分字类和词类的主张并不矛盾。

本书字类和词类中的静字和静词相当于流行语法所说的形容词，状字和状词相当于流行语法所说的副词。"静、状"这两个术语来自《马氏文通》。我们认为，用静字（静词）代替形容词，用状字（状词）代替副词，更能体现按字义分类的原则，也更便于解释汉语语法。"静"与"动"有对照效应，"动静"对照也是一种思维模式。"状"即动静的状况。本书把流行语法所说的介词全部归入动字（动词）类，这是因为介词是对西方语法概念的套用，有削足适履的嫌疑。我们从后面的讨论中将会看到，把介词归入动字（动词）类，更有利于解释汉语的"意合"关系。本书的虚字和虚词是一个大类，流行语法所说的"助词、叹词、象声词"等都归入这一类。虚字和虚词是对传统和流行概念的沿用。

跟流行语法的词类相比，本书关于字类和词类的名称和部分字类和词类的所辖范围不完全相同，列表对照如下：

表 4. 本书字类和词类与流行语法词类对照简表

本书		流行语法	
名称	例字、例词	名称	例词
名字	国 家 你 我 那 哪	名词	国 家 国家
名词	国家 我们 那里 哪里	代词	你 我 我们 那 那里 哪 哪里
数字	一 十 百 千 万 亿	数词	一 十 百 千 万 亿 五十 三千二百
数词	五十 三千二百		

续表

本书		流行语法	
名称	例字、例词	名称	例词
量字	个 本 张	量词	个 本 张
量词	公斤 海里		公斤 海里
动字	来 去 想 对 把 为	动词	来 去 想 吃饭 打球
动词	吃饭 打球 去图书馆 为了 自从	介词	对 把 为 为了 自从
静字	大 多 快	形容词	大 多 快 美丽 热情 发达
静词	美丽 热情 发达		
状字	很 不 就	副词	很 不 就 常常 一定 热情地 慢慢地
状词	常常 一定 热情地 慢慢地		
连字	和 及 但	连词	和 及 但 但是 然而 或者
连词	但是 然而 或者		
虚字	了 着 过 的 地 得 哎 呀 叭	助词	了 着 过 的 地 得 来着 着呢 罢了 而已
虚词	来着 着呢 罢了 而已 哎呀 哗啦	叹词	哎 呀 哎呀
		象声词	叭 哗啦

三、短语例解

我们把格式相对固定的复合词叫作短语。在复合词中分列短语，是为了便于学习者成块记忆和使用这类固定格式。下面仅以几个常用的短语为例，说明我们对短语的生成方式、组合关系和词义结构特点的认识。

1. 数量名短语

汉语表示人和事物的数量，一般要用数量名短语。数量名短语属于限中关系名词，生成方式是：数+量+名。例如：

一个人　两本书　三张纸　四座楼　五间屋子

2. 动数量短语

汉语表示动作的数量，一般要用动数量短语。动数量短语属于动补关系动词，生成方式是：动＋数＋量。例如：

　　看一遍　走两趟　打三下　来了四次　去过五回

动数量短语后面可以跟随意思相关的名字。例如：

　　来两次北京　去三回上海　挂几张画儿

3. 趋向短语

趋向短语是表示行动趋向的短语，也属于动补关系动词。

我们把"来、去、上、下、进、出、回、过"等表示行动趋向的动字叫作"趋向动字"，其中的"来、去"可以跟"上、下、进、出、回、过"等相组合，生成表示行动趋向的"趋向动词"，趋向动词再跟意思相关的动字相组合，就成为"趋向短语"。下表表示由趋向动字到趋向动词再到趋向短语的生成方式和固定字序。

表5. 由趋向动字到趋向动词再到趋向短语的生成方式和固定字序

趋向动字	上		下		进		出		回		过	
趋向动词	上来	上去	下来	下去	进来	进去	出来	出去	回来	回去	过来	过去
趋向短语	爬上来	爬上去	走下来	走下去	跑进来	跑进去	拿出来	拿出去	赶回来	赶回去	飞过来	飞过去

4. "得"字短语

"得"字短语有多种格式，举例说明如下：

4.1 "动得动"格式

"动得动"格式属于动词，有表示可能和表示结果两种作用。

（1）表示可能的"动得动"格式。这种格式属于动补关系动词，生成方式是"动＋得＋动"，其中的"得"用于引出前面的动字动作产生相应结果的可能性。后面的动字就代表可能性。否定式是"动不动"，"不动"就是不可能产生相应的结果。例如：

　　看得见（能看见）　　　　看不见（不能看见）
　　听得到（能听到）　　　　听不到（不能听到）

打得响（能打响）　　　　　打不响（不能打响）
拿得动（能拿动）　　　　　拿不动（不能拿动）
说得出（能说出）　　　　　说不出（不能说出）
吃得下（能吃下）　　　　　吃不下（不能吃下）
进得去（能进去）　　　　　进不去（不能进去）
留得住（能留住）　　　　　留不住（不能留住）
买得起（能买起）　　　　　买不起（不能买起）
卖得出去（能卖出去）　　　卖不出去（不能卖出去）
想得起来（能想起来）　　　想不起来（不能想起来）
写得下来（能写下来）　　　写不下来（不能写下来）

（2）表示结果的"动得动"格式。这种格式属于动结关系动词，生成方式是"动＋得＋动词语"，其中的"得"用于引出前面的动字动作的结果。后面的动词语就代表结果。例如：

① 睡得晕头转向　建设得像个小城镇
② 吓得浑身发抖　说得天花乱坠　吃得满嘴流油　唱得嗓子发哑
　　讲得大家捧腹大笑

上面的例②，"得"字后面的成分是由动词作述体的主述结构，也代表结果。

表示结果的"动得动"格式和表示可能的"动得动"格式，生成方式不完全相同。表示可能的"动得动"格式，"得"字后面可以用动词语，也可以用单个动字；表示结果的"动得动"格式，"得"字后面一般不能用单个动字，而要用包括短语或结构在内的动词语。两者最重要的区别是否定式不同。表示可能的"动得动"格式，否定式是"动不动"；表示结果的"动得动"格式，否定式是在"得"字短语前面加"没有"。试比较：

睡得晕头转向　　没有睡得晕头转向
吓得浑身发抖　　没有吓得浑身发抖
挤得水泄不通　　没有挤得水泄不通
想得睡不着觉　　没有想得睡不着觉

4.2 "动得静"格式

"动得静"格式也是动词，也有表示可能和表示结果两种作用。

（1）表示可能的"动得静"格式。这种格式属于动补关系动词，生成方式是"动＋得＋静"，其中的"得"用于引出前面的动字动作产生相应结果的可能性，静字代表结果。否定式是"动不静"，"不静"就是不能产生相应的结果。例如：

写得好（能写好）　　　　　写不好（不能写好）

长得高（能长高）　　　　　长不高（不能长高）

走得快（能走快）　　　　　走不快（不能走快）

说得清楚（能说清楚）　　　说不清楚（不能说清楚）

洗得干净（能洗干净）　　　洗不干净（不能洗干净）

（2）表示结果的"动得静"格式。这种格式属于动结关系动词，生成方式也是"动＋得＋静"，其中的"得"用于引出动作的结果，静字就代表结果。否定式是"动得不静"，"不静"也是动作的结果。例如：

写得好（"好"是写的结果）

写得不好（"不好"也是写的结果）

长得很高（"很高"是长的结果）

长得不太高（"不太高"也是长的结果）

打扫得非常干净（"非常干净"是打扫的结果）

打扫得不太干净（"不太干净"也是打扫的结果）

走得特别快（"特别快"是走的结果）

走得不太快（"不太快"也是走的结果）

表示可能的"动得静"格式和表示结果的"动得静"格式，生成方式不完全相同。前者的静字通常不能用状字限定，否定式是"动不静"；后者的静字可以用表示程度的状字限定，否定式是"动得不静"。

4.3 "静得动"格式

"静得动"格式属于静补关系静词，用于表示静态达到的程度，生成方式是"静＋得＋动"。"得"的作用是引出程度，后面不是单个的动字，而是动词或动词语，表示程度高。例如：

第一章　语法概述

凶得怕人　亮得晃眼睛　累得喘不过气来　多得数都数不过来

大得抱不过来　好得无法形容

高兴得流出了眼泪　伤心得把眼睛都哭红了

上面的例子，"得"字后面的成分都表示程度高。

4.4 "静得很""静得多"格式

这两种格式也属于静补关系静词，都表示达到的程度高。

（1）"静得很"格式。生成方式是"静+得+很"，其中的"得"用于引出程度，"很"表示程度高。例如：

大得很（很大）　好得很（很好）　坏得很（很坏）　多得很（很多）

（2）"静得多"格式。生成方式是"静+得+多"，其中的"得"也用于引出程度，"多"也表示程度高。例如：

好得多　大得多　漂亮得多

"静得多"含有比较的意思，是表示"比谁（什么）"静得多。例如：

新品种（比旧品种）好得多。

农村的空气（比城里）好得多。

他家的房子（比我家的）大得多。

这个餐厅（比那个）小得多。

这里的风景（比那里）美得多。

本书所说的"趋向动词""趋向短语"和"'得'字短语"，在流行的语法书上都属于"补语"范畴。"趋向动词"中后面的动字叫"简单趋向补语"；"趋向短语"中后面的动词叫"复合趋向补语"；"'得'字短语"中动字后面的成分表示可能的叫"可能补语"，表示结果的叫"结果补语"，静字后面的成分叫"程度补语"。"补语"是二汉学习者的一大难点，作为固定格式加强练习，也许能够更好地帮助学生在理解的基础上达到熟练掌握的程度。我们不采用"补语"的说法，原因之一是本书不划分句子成分，而"补语"是句子成分的概念。

5. "在"字短语

"在"字短语属于连动关系动词，生成方式是"在+名+动"，意为"在哪里做什么"。"在"后面是表示地点、方位、处所等的名字——简称方所名字，"在"和方所名字后面的动字都代表施动者的动作行为。例如：

① 在家养病

② 在学校进修

③ 在农村调查

④ 在河里游泳

⑤ 在会上做报告

⑥ 在南方度假

英语人学习"'在'字短语"，很容易套用英语的结构方式。例如，习惯于把"在名"放在动字的后面，会说出"我们上课在教室里"这类句子。"在教室里"是由"在"和方所名字组成的"'在'字结构"，意为"在哪里"。"'在'字结构"如果放在意思相关的动字后面，就代表动字动作的结果。例如：

记在心里。

住在学校里。

放在桌子上。

安装在房顶上。

上面例子中的"在心里、在学校里、在桌子上、在房顶上"都是"在"字结构，与"记、住、放、安装"组合后，就成为这些动字动作的结果。"上课在教室里"不能成立，是因为"在教室里"不是"上课"的结果。这跟"把饺子吃在五道口食堂"不能成立是同样的道理。此外，"上课"是动名结构动受关系动词，动名结构动受关系动词后面不能跟随"在"字结构。

因为学习"'在'字短语"容易套用英语的结构方式，所以教"'在'字短语"最好把它作为一个整体结构加强练习，直至能够脱口而出。

在流行的语法书上，"在"被认为是兼作动词的介词。"在家"的"在"是动词，"在家养病"的"在"是介词。这两个"在"的字义很难区分。

6."为"字短语

"为"字短语也属于连动关系动词，生成方式是"为+名+动"，意为"为谁（什么）做什么"。"为"和名字后面的动字都代表施动者的动作行为。例如：

① 为人民服务

② 为生活奔波

③ 为友谊干杯

④ 为朋友送行

"为"字短语的另一种固定格式是"为+名(动)+而+动"。例如：

① 为他而活着

② 为和平而战

③ 为发展经济而努力奋斗

④ 为发展汉语教育而不辞劳苦

在上面的例子中，"为"字后面是名字或动字，"而"字后面都是动字。

"为"字短语中的"为"，在流行的语法书上也属于介词。其实，这里的"为"都有"为了"的意思，要回答的问题是"为谁"或"为什么"。把"为了"和"为什么"的"为"说成"介词"，也难以理解。"为人民服务、为他而活着、为和平而战"等要回答的问题是"为谁服务、为谁活着、为什么而战"等，把"为谁服务、为谁活着、为什么而战"中的"为谁、为什么"说成状语，就更难理解。

7. "对"字短语

"对"字短语有"对名动""对名静""对动动"等多种格式。

7.1 "对名动"格式

"对名动"格式属于连动关系动词，生成方式有"对+名+动""对+名+来说"等。

（1）"对+名+动"。意为"对谁（什么）做什么"，"对"和名字后面的动字都代表施动者的动作行为。例如：

① 对他说

② 对大家发火

③ 对民众说谎

④ 对别人不尊重

⑤ 对公众隐瞒真相

⑥ 对国人无法交代

⑦ 对股市不产生影响

⑧ 对促进就业的措施有不同的看法

（2）"对……来说"。"对……来说"也是连动关系动词，这里的"对"是"针对、对于"的意思，后面的名字是"针对"的对象，"来说"不是施动者说，而是"有针对性地说"，后面要跟随"说"的内容。例如：

① 对现代人来说，七十岁不算高龄。

② 对广大人民群众来说，生活当然是好的。（季羡林《牛棚杂忆》）

③ （现在）对我来说，这却不是一个理论问题。（季羡林《牛棚杂忆》）

7.2 "对名静"格式

"对名静"格式属于主述结构静词，生成方式是"对+名+静"，意为"对谁（什么）怎么样"。中间的名字是"对"的对象，"对名"是主体，后面的静字是述体，说明名字所代表的人或事物受到什么待遇或影响。例如：

① 对朋友——很好

② 对你——不薄

③ 对用户——不方便

④ 对健康——有害

⑤ 对工作——不利

7.3 "对动动"格式

"对动动"格式属于主述结构动词，生成方式是"对＋动+动字结构"，意为"对做什么怎么样"。"对"后面的动字的作用相当于一个名字，与"对"构成主体，后面的动字结构是述体，作用是表示对主体发挥什么作用或产生什么影响。例如：

① 对改变生态环境——能起很大的作用

② 对解决问题——有帮助

③ 对发展经济——没有好处

④ 对人才成长——有害无益

⑤ 对炒股——不感兴趣

8. 主述短语

主述短语是介于词和句之间的语言单位，多半可以独立成句，不能独立成句的就叫"主述词"。

主述短语有多种生成方式。例如：

（1）名+动

　　面目——全非　群龙——无首　老天——有眼　杞人——忧天　天花——乱坠
　　客——随主便　情——有可原　语——无伦次

（2）名+静

　　相貌——俊秀　身体——虚弱　科技——发达　心里——清楚　前途——光明
　　天下——大乱　气息——奄奄　华——而不实

（3）动+动

　　成败——难料　居——无定所　获胜——有望　无坚——不摧

"对"字短语中的"对名静"和"对动动"格式也表示主述关系，所以也可以归入主述短语。

上述八种短语都是二汉学习的难点，在教学中要格外重视。

引文目录

徐通锵（1991）语义句法刍议——语言的结构基础和语法研究的方法论初探，《语言教学与研究》第 3 期。《徐通锵自选集》，郑州，河南教育出版社 1993。

参考文献

《中国语文》杂志社（1955～1956）《汉语的词类问题》，北京，中华书局。
王　力（1957）《词类》，北京，新知识出版社。
《中国语文》杂志社（1958）《中国文法革新论丛》，北京，中华书局。
吕叔湘等（1980）《现代汉语八百词》，北京，商务印书馆。
张志公（1982）汉语的词组（短语），《语言教学与研究》第 4 期。
朱德熙（1982）《语法讲义》，北京，商务印书馆。
马庆株（1987）缩略语的性质、语法功能和运用，《语言教学与研究》第 3 期。

王　还（1987）由编汉英双解辞典看到的词典释义问题,《世界汉语教学》第1期。

刘叔新（1990）复合词结构的词汇属性,《中国语文》第4期。

王洪君（1994）从字和字组看词和短语——也谈汉语中划分词的标准,《中国语文》第2期。

邢福义（1997）《汉语语法学》第2章第5节,长春,东北师范大学出版社。

第四节　汉语的象态范畴和状态表示法

> 一、什么是象态范畴
> 二、为什么要研究象态范畴
> 三、状态表示法例解
> 四、状态表示法跟字义的关系

在汉语研究和汉语教学中，存在着套用英语时态范畴的情况。其实，英语的时态范畴在汉语中找不到全面的对应关系，用英语的时态范畴解释汉语，不但有违汉语的生成机制和生成规则，而且还会对汉语学习起误导作用。我们认为，汉语没有时态范畴，却有象态范畴。本书讨论"象态范畴"和"状态表示法"，不但是为了进一步说明汉语的生成机制和生成规则，而且也是为了在汉语研究和汉语教学中彻底摆脱英语时态概念的影响。

一、什么是象态范畴

"象态范畴"是一个全新的概念，需要专门解释。

1. 现象和状态

笔者认为，语言是人的心智对世界万物的相似性反映。世界由万物组成，物与物之间都以一定的方式互相联系，发生种种关系。反映到人的心智中，世界万物以及物与物之间的联系和关系就成为现象。（吕必松 2007）所有的现象都处于一定的状态，语言反映世界万物，既要反映现象本身，也要反映现象所处的状态。这里所说的"状态"，就是语言对现象所处状态的反映。例如，"想"是一种现象，"想了、想着、想过"就是"想"的状态；"漂亮"也是一种现象，"漂亮了、漂亮过"就是"漂亮"的状态。这就是汉语对现象以及现象所处状态的反映。

为了研究和解释汉语语法，我们就用"象"和"态"分别代表现象和现象所处的状态。这样，"象"和"态"就成了两个语法概念，"象态范畴"就是"象"和"态"这两个语法概念的统称。

2. 动态和静态

现象有动有静，所以"象"有动象和静象之分，"态"有动态和静态之分。动象所处的状态就是动态，静象所处的状态就是静态。在汉语中，动态用状态动词表示，静态用状态静词表示。上面例子中的"想了、想着、想过"就是状态动词，"漂亮了、漂亮过"就是状态静词。这也是"动静"的对照效应。

3. 状态虚字

现象所处的状态也是现象，不过上面的例子告诉我们，表示现象的字词和表示状态的字词性质不同：前者表示现象义，后者表示语法义。上面例子中的"了、着、过"是专门表示语法义的，它们只做语法标记。表示现象义的字都有实在的意义，所以叫"实字"；表示语法义的字没有实在的意义，所以属于"虚字"。"了、着、过"用于表示状态时就是"状态虚字"。"状态虚字"是状态的语法标记。

汉语表示现象所处的状态也是通过直接组合——实字与虚字的直接组合，而不是通过字形或词形变化。

二、为什么要研究象态范畴

美国著名语言学家、汉语教学专家黎天睦（Timothy Light）教授（1989）在他的《"着"还被关在门外呢——"着"的核心语义研究》一文中说："'着'对于汉语学习者相应语法点的掌握及汉语教师教学活动的开展均构成了极大的障碍。而教材通常会着重选择对其与英语的动作、状态进行体标记 -ing 的表层相似关系加以强调。我们认为，此种处理方式势必引发母语负迁移现象的出现，进而导致学生出现由于语义理解模糊而造成的规避、误用等现象。"该文同时谈到了汉语教科书上对"了、过"的错误解释和导致的负面效果，指出："汉语动词的时体系统宏观上受到了一个统摄全局的概念的制约。该概念从根本上有别于制约英语或任何其他印欧语系语言动词时体标记的规则系统，虽表现为一个简单概念，对汉语时体系统的影响却甚为深广。"本书所说的"态"，实际上就是黎天睦教授提到的"一个统摄全局的概念"。

黎教授关于汉语动词的时体系统"从根本上有别于制约英语或任何其他印欧语系语言动词时体标记的规则系统"的论断，不但击中了二汉教学的时弊，而且也击中了汉语语言学的时弊，尤其是后者。汉语语言学的时弊表现为习惯于用印欧语系语言的眼光看待汉语，习惯于不加分析地把西方语言学的概念直接套用到汉语中来。把印欧语系语言的时体系统硬生生地套在汉语的脖子上，是实例之一。汉语语言学是汉语教学最重要的理论依据,语言学上怎样说,汉语教师就怎样教。用教西方语言的理论和方法教汉语,是主流的汉语语言学导致的必然结果。

英语的"时态"包含时间概念,用词形变化做语法标记。汉语的时间概念都用时间字词表示,不必使用特定的语法标记。汉语除了要用时间字词表示时间概念以外,还要用状态虚字做语法标记,表示现象所处的状态。现象所处的状态跟时间没有直接的关系。汉语人学英语,对英语时态范畴的理解和运用是一大难点。英语人学汉语,对汉语象态范畴的理解和运用也是一大难点。这主要是因为汉语和英语的生成机制不同,反映了两种语言社团在思维模式上的差异。季羡林先生(1996)曾经指出:"根据我的浅见,当前我们的探求已经触及汉文和西方印欧语系的语言文字的根本差异。但是,我认为,还很不够。语言文字是思想的外在表现形式,而思想的基础或出发点则是思维模式。东西方思维模式是根本不同的。"这段话不但适用于汉语研究,而且也适用于汉语教学。要真正掌握一种第二语言,就必须掌握这种语言所反映的思维模式,养成用这种语言进行思维的能力。这是最难的,是最需要下大工夫的。在二汉教学中,帮助学生掌握汉语的状态概念和状态表示法,对他们掌握汉语人的思维模式并养成用汉语思维的能力,至关重要。

三、状态表示法例解

汉语有几种"态",需要进一步研究。本书先介绍必须用状态虚字做语法标记的四种态,我们把这四种态分别叫作发生态、变化态、保持态和经历态。"发生、变化、保持、经历"就代表现象所处状态的过程和阶段,反映了汉语人社团对现象所处状态的过程性和阶段性的认识。下面分别讨论这四种"态"的作用和表示方法。

1. 发生态

发生态的作用是肯定动作或事件确已发生。我们把肯定动作确已发生的状态叫动作发生态,把肯定事件确已发生的状态叫事件发生态。动作发生态和事件发生态的表示方法不完全相同,下面分别说明。

1.1 动作发生态

动作发生态用"动+了"表示。"动+了"是由动字和状态虚字"了"组成的状态动词,"了"是动作发生态的语法标记。例如:

① 这本书我**看了**三遍。

② 我们今天学了20个汉字。
③ 他昨天买了很多水果。
④ 我明天下了课就回家。

1.2 事件发生态

事件发生态的表示方法是在句尾加状态虚字"了"。"了"既是动作发生态的语法标记，也是事件发生态的语法标记。例如：

① 他们去看电影了。
② 我听说他生病了。

在上面的例子中，"去看电影、听说他生病、拜读过你的大作"都是事件，"去看电影了、听说他生病了"都表示事件的发生，其中的"了"都在句尾，不能放在动字或动词的后面。例如，不能说成或写成"去了看电影、听说了他生病"。

一个句子如果既要强调动作的发生，又要表示事件的发生，一般要在动字的后面和句尾分别用"了"。例如：

① 我今天写了十个汉字了。
② 他们来了两天了。
③ 他们在这里住了三个月了。

在上面的例子中，"写了、来了、住了"都表示动作的发生，"写了十个汉字、来了两天、住了三个月"都是事件，"写了十个汉字了、来了两天了、住了三个月了"都表示事件的发生。在口语中，前面的"了"一般可以省掉或"吞"掉。

发生态的作用既然是肯定动作或事件确已发生，所肯定的必然是已经发生或者假设已经发生的动作或事件。没有发生的动作和事件不能用发生态，例如，不能说"我明天来了""我明天下了课就回家了"。因为已经发生的动作和事件都出现在过去或者已经完成，所以很容易让人觉得发生态就相当于英语的"过去时"或"完成式"。其实，发生态跟动作或事件发生的具体时间以及动作是否完成没有直接的关系。汉语中动作和事件发生的具体时间一般用时间字词表示，如果要表示完成，必要时可以用"完"表示。对二汉学习者还要特别说明，并非凡已发生的动作或事件都要用发生态。如果只是进行一般性叙述，而不是为了肯定动作或事件确已发生，就不用发生态。例如：

① 我国古典的诗文评很重视语音协调。（吕叔湘《汉语研究工作者的当前任务》）
② 她年轻的时候最爱打扮。
③ 我们公司昨天上午开经理会，下午开职工会，晚上开联欢会。
④ 他昨天一下班就去参加朋友的婚礼，婚礼结束后才回家。

上面的事实说明，发生态不同于英语的过去时或完成式，用过去时或完成式解释发生态，对二汉学习者只能起误导作用。

1.3 发生态的否定式

发生态的否定式是在动字或动词的前面加"没有"。例如：

① 他**没有**来。
② 钱包**没有**丢。
③ 他们**没有**去饭店吃饭。
④ 他**没有**在上海住三年。
⑤ 我们今天**没有**学 20 个汉字。
⑥ 他昨天**没有**买很多水果。

在口语中，"没有"也说"没"。

"了"是发生态的语法标记，发生态的否定式就是未发生，未发生就不能用"了"。

表示事件发生的"了"和表示动作发生的"了"的主要区别是：表示动作发生的"了"只跟动作本身有关，必须放在动字或动词的后面。凡事件都不是孤立的动作，动字或动词后面必然有相关成分，表示事件发生的"了"必须放在相关成分的后面。

表示动作发生的句子，动字或动词后面可以没有相关成分。如果没有相关成分，"了"也在句尾。例如：

① 我来了。
② 他病了。
③ 钱包丢了。
④ 小偷抓住了。

上面都是动作发生态的例子，动字后面的"了"也在句尾。凡在动字后面的"了"，即使在句尾，也都是动作发生态的标记。

2. 变化态

2.1　变化态的作用和表示法

变化态的作用是表示情况发生了变化，表示的方法也是在句尾用"了"。"了"也是变化态的语法标记。例如：

① 王先生十年以前就是教授了。（原来不是教授）

② 这些孩子明年就是大学生了。（现在不是大学生）

③ 今年住校的学生多了。（去年不多）

④ 这里的风景更美了。（比过去还美）

⑤ 弟弟比哥哥高了。（原来没有哥哥高）

⑥ 他身体好了。（原来不好）

2.2　变化态的否定式

变化态的否定式是在要否定的字词前加"不"，句尾仍然用"了"。例如：

① 他今天不来了。

② 他家不在农村了。

③ 公司今天不开会了。

④ 她不是你妻子了。

如果肯定式是"有……"，否定式只能在"有"的前面加"没"，或者把"有"改为"没"。例如：

① 家里有钱了。

② 家里没有钱了。

③ 家里没钱了。

上面的例③多半用于口语。在口语中，常常用"没"表示"没有"。

变化态的否定式也是一种变化，即由肯定到否定的变化，所以仍然要用"了"做语法标记。

"变化"是指情况发生了变化，发生则暗含从"未发生"到"发生"的过程，这也是"变化"。可见变化态与发生态在语义上有相通之处：变化包含发生，发生也包含变化。因为两者有相通之处，所以都用"了"表示。

因为发生暗含从"未发生"到"发生"的过程，所以"发生"就是"变化"的结果。这说明，用于表示发生态的状态动词"动了"实际上包含结果义，"了"代表结果。

2.3 变化态和发生态的鉴别

事件发生态和变化态的语法标记"了"都在句尾，动作发生态的语法标记"了"有时也在句尾（例如"我来了、钱包丢了"），这就有一个如何鉴别发生态和变化态的问题。一种有效的鉴别方法是看否定式。发生态用"没"否定，否定式不再用"了"；变化态用"不"否定，否定式仍要用"了"。试比较：

① 他吃了。（不必再吃）
　他没吃。（要吃）
② 他吃了。（原来不想吃）
　他不吃了。（原来想吃）
③ 他走了。（他不在这里）
　他没走。（他还在这里）
④ 他走了。（原来打算不走）
　他不走了。（原来打算走）
⑤ 公司上市了。（已进入股市）
　公司没上市。（没进入股市）
⑥ 公司上市了。（原来不打算上市）
　公司不上市了。（原来打算上市）

后面将要讨论的是非句、存在句、有无句等只有变化态，没有发生态，所以不存在与发生态混淆的问题。

3. 保持态

3.1 保持态的作用和表示法

保持态的作用是描写现象处于保持状态，说明现象的性质、特点、样子等保持原状。保持态用"动+着"表示，"动着"是由动字和状态虚字"着"组成的状态动词，"着"是保持态的语法标记。保持态有以下语义特点：

（1）表示施动者的动作处于保持状态。例如：

① 你**等着**。（你等，"等"处于保持状态）

② 他们在门口**站着**。（他们站，"站"处于保持状态）

③ 她**忙着**倒茶。（她忙，"忙"处于保持状态）

④ **照着**我的话做。（"照"处于保持状态，"照"是"按照"的意思）

⑤ 台上**坐着**主席团。（主席团坐，"坐"处于保持状态）

⑥ 他**微笑着**跟所有的人打招呼。（他微笑，"微笑"处于保持状态）

⑦ 她**对着**镜子做鬼脸。（她对镜子，"对镜子"处于保持状态）

⑧ 小狗**摇着**尾巴跑了。（小狗摇尾巴，"摇尾巴"处于保持状态）

（2）表示受动者保持受动状态。例如：

① 门**锁着**。（门被锁，"被锁"处于保持状态）

② 教室的窗户**关着**。（教室的窗户被关，"被关"处于保持状态）

③ 钱都在银行里**存着**。（钱被存，"被存"处于保持状态）

（3）表示动作的结果处于保持状态。例如：

① 书在桌子上**放着**。（放书，"放"的结果是"书在桌子上"，"书在桌子上"处于保持状态）

② 黑板上**写着**字。（写字，"写"的结果是"字在黑板上"，"字在黑板上"处于保持状态）

③ 墙上**挂着**一张画儿。（挂画儿，"挂"的结果是"画儿在墙上"，"画儿在墙上"处于保持状态）

3.2 保持态的否定式

保持态的否定式通常是在要否定的语义单位的前面用"没有"，动字后面仍然用"着"。例如：

① 门**没有锁着**。

② 教室的窗户**没有关着**。

③ 他们**没有**在门口**站着**。

④ 书**没有**在桌子上**放着**。

上面例子中的"没有",在口语中都可以说"没"。

从上面的例子可以看到,汉语的保持态跟英语的进行时没有共同点。

4. 经历态

4.1 经历态的作用和表示法

经历态的作用是表明有过某种经历,获得了某种体验。用"动+过"或"静+过"表示。"动+过"是状态动词,"静+过"是状态静词,"过"是经历态的语法标记。例如:

① 他们**有过**儿子。(他们现在没有儿子了)

② 张教授**写过**几本书。(他有著作才成为教授)

③ 这些人都**学过**英语。(他们都会英语,对英语和英语学习有一定的体验)

④ 他们都**去过**长城。(表示可以不再去,或表示对长城有所了解)

⑤ **吃过梨子才知道梨子的滋味**。(要知道梨子的滋味就必须吃梨子)

⑥ 他们也曾为此事**高兴过**。(有为此事高兴的经历)

⑦ 他年轻的时候也**风流过**。(有风流的经历)

经历态跟动作发生的时间和是否完成也没有直接的关系,因此也不同于英语的过去时或完成时。

4.2 经历态的否定式

经历态的否定式是在要否定的字词前面用"没(有)""不曾""从未"等表示否定的字词,动字的后面仍要用"过"。例如:

① 这个班的学生都**没去过**马老师家。

② 他们**不曾**有过儿子。

③ 这类事**从未**发生过。

④ 自从这件不幸的事情发生以后,他就**没有**高兴过。

四、状态表示法跟字义的关系

状态表示法跟状态虚字的字义密切相关,对动字和时间字词有选择性。举例说明如下。

1. 状态虚字由表示现象义的"实字"发展而来

上述"了、着、过"等状态虚字跟相关的"实字"在字义上有紧密的联系。"了"

（le）由"了"（liǎo）发展而来，"了"（liǎo）有"了结"的意思。"发生"和"变化"都是发展的结果，含有结果义，所以可以用"了"（le）表示。"着"（zhe）由"着"（zhuó）发展而来，"着"（zhuó）有"黏着"的意思，所以"着"（zhe）可以表示"保持"。"过"有"过往"（过去）的意思，所以可以表示"经历"。

2. 状态动词的构成对动字有选择性

并不是所有的动字都可以与状态虚字构成状态动词。例如，趋向动字"来、去、回"等和由"来、去、回"组成的趋向动词、趋向短语等所表示的动作都属于"即时"动作，通常不存在"保持"的问题，所以一般不能跟"着"构成状态动词。又如，表示是非义的"是"和表示处在义的"在"通常只用于叙述客观事实，不涉及是否发生、保持和经历的问题，所以一般不能跟状态虚字构成表示发生、保持和经历的状态动词，"是非句"和"存在句"都没有发生态、保持态和经历态。"在"除了具有"处在"义以外，还具有"存在"义，例如，"不在了"是"不存在"的意思，是"消失"的委婉说法。再如，"有无"只是客观叙述是否拥有，不存在是否发生的问题，所以"有无句"没有发生态。"有了"是表示从"没有"到"有"的变化，属于变化态。"有"的否定式是"没有"（不是"不有"），所以"没有了"是"有了"的否定式，也属于变化态，表示从"有"到"没有"的变化。

3. 状态表示法对时间字词有选择性

汉语的"状态"可以用时间字词加以限定，但对用于限定的时间字词有选择性。选择的标准是时间概念要与状态概念保持一致。例如，发生态和变化态的出现具有即时性，因此不能用具有经常义和重复义的时间字词加以限定。试比较：

① 我们**今天**学了20个汉字。

* 我们**经常**学了20个汉字。

② 他**昨天**买了很多水果。

* 他**每天**买了很多水果。

③ 他**上周**买了很多水果了。

* 他**总是**买了很多水果了。

④ 这里的风景**更**美了。

* 这里的风景**常常**更美了。

⑤ 弟弟比哥哥高了。
* 弟弟**天天**比哥哥高了。
⑥ 我**明天**下了课就回家。
* 我**昨天**下了课就回家。
我**每天**下了课就回家。

在上面的例子中，带"*"的句子不能成立。例①～例⑤中带"*"的句子不能成立，是因为其中的"经常、总是、常常"是具有经常义的时间词，"每天、天天"是具有重复义的时间词。具有经常义和重复义的时间字词不能用于限定具有即时性特点的发生态和变化态。例⑥中的"我昨天下了课就回家"不能成立，是因为此句已用时间词"昨天"表明这件事确已发生，所以必须用事件发生态，应改为"我昨天下了课就回家了"。例⑥中的"我每天下了课就回家"可以成立，是因为"每天"是限定"下了课就回家"的，不是限定"下了课"的。

状态表示法跟字义、词义密切相关这一事实进一步证明，汉语的组合就是意义的组合，字义、词义在组合中起着关键性的作用。汉语语法研究和语法解释不能脱离字义和基于字义的词义，这一事实又进一步证明，字本位汉语观和字法基础语法是对汉语语言事实的真实反映。

引文目录

吕必松（2007）《汉语和汉语作为第二语言教学》，北京大学出版社。

黎天睦（1989）"着"还被关在门外呢——"着"的核心语义研究，《汉语研究与语言教学——黎天睦汉译文选》，北京语言大学出版社 2008。

季羡林（1996）《中国现代语言学丛书·序》，长春，东北师范大学出版社。

参考文献

木村英树（1983）关于补语性词尾"着"和"了"，《语文研究》第 2 期。

刘勋宁（1988）现代汉语词尾"了"的语法意义，《中国语文》第 5 期。

黎天睦（1989）"着"还被关在门外呢——"着"的核心语义研究，《汉语研究与语言教学——黎天睦汉译文选》，北京语言大学出版社 2008。

费春元（1992）说"着"，《语文研究》第 2 期。

龚千炎（1995）《汉语的时相时制时态》，北京，商务印书馆。

邓守信（1999）The acquisition of "了" in L2 Chinese,《世界汉语教学》第1期。

孙德金（2000）外国留学生汉语体标记"了""着""过"习得情况的考察,《第六届国际汉语教学讨论会论文选》，北京大学出版社。

余又兰（2000）汉语"了"的习得及其中介语调查与分析,《第六届国际汉语教学讨论会论文选》，北京大学出版社。

第五节　语言的系统特征与汉语研究

> 一、关于系统和系统特征
> 二、语言系统和语言的系统特征
> 三、用系统观念研究汉语

上面对汉语语法主要特点的认识，是把汉语作为一个系统、用系统观念研究汉语的结果。这一节再专门讨论什么是语言系统以及用系统观念研究汉语的必要性。

一、关于系统和系统特征

1. 什么是系统

我们所说的系统，是指由相关要素组成的一种统一体。我们认为，每一种事物都是一个整体结构，每一个整体结构都是一个系统。一个国家就是一个系统，一种国际关系也是一个系统；一个企业、一项工程、一座房子，以及一头牛、一株植物、一个细胞，等等，也都是系统；一所学校、一个专业、一部教材、一堂课、一次讨论，同样都是系统；一场战争、一次地震、一起交通事故，等等，也同样都是系统。我们每个人都是一个系统，我们使用的语言也是一种系统。漫漫时间长河中的"其大无外、其小无内"的整个物质世界和精神世界，就是一个经纬交织的无比庞大的系统，这个无比庞大的系统又是由难以数计的、各种各样的、大大小小的系统交织组成的。系统无所不在，我们每个人都生活在系统之中，时刻面对着系统，就像孙悟空跳不出如来佛的手掌心一样，谁都不能跳到系统之外，任何时候都不能摆脱系统的作用。这就是我们的系统观念。只有用系统观念观察世界，分析事物，剖析自己，才有可能正确认识世界和事物，才有可能正确处理相关的事务，才有可能实现"天人合一"，从必然王国走向自由王国。无论做事，还是做人，都需要树立系统观念。

2. 系统的层次性

系统具有层次性，大系统下面有小系统，小系统下面有更小的系统。系统无论大小，都由一系列既相对独立而又以一定的方式互相联系的子项组成。系统由子项组成,又以一定的方式统摄和规约子项。在较大的系统中,子项也是系统,作为系统的子项就叫子系统。与子系统相对,较大的系统就叫总系统。这就是系统的层次性。

无论是总系统,还是子系统,其内部各组成要素都以一定的方式互相联系,这些要素或动或静,对整个系统发挥支撑和制约作用,推动着该系统的有序运行。例如,人体就是一个包含许多子系统的总系统,其中的每一个子系统都跟相关的器官相联系,每一个器官都跟其他器官互相作用,任何一个器官的缺失或病变都会影响其他器官并因此改变整个人体的健康状况。中医治病不是"头疼医头,脚疼医脚",就是因为知道人体是一个总系统,知道这个总系统的各个子系统之间的相互关系和相互作用。

3. 什么是系统特征

每一个系统都有自己的特点,把相关的特点概括起来,就成为这个系统的系统特征。也就是说,一个系统的系统特征就是对这个系统的特点的概括。因为是对相关特点的概括,所以一个系统的系统特征就是反映这个系统的特点的综合标志,它足以把这个系统跟其他系统区别开来。例如,企业和学校各有自己的特点,不同的企业和不同的学校又各有自己的特点,它们各自的特点就形成了它们各自的系统特征,成为它们各自的综合标志。人们正是根据这样的综合标志把企业和学校以及不同的企业和不同的学校区别开来。

二、语言系统和语言的系统特征

1. 什么是语言系统

徐通锵(1991)指出:"语言是一个复杂的系统,是由很多个大小不等、层次不同的子系统联合组成的一种非线性结构。"我们认为,每一种语言都是一个总系统,这个总系统包括语音系统、文字系统、词汇系统和语法系统等子系统。这些子系统下面还有更小的系统,相对于更小的系统,语音系统、文字系统、词汇系统和语法系统等也是总系统。无论是或大或小的总系统,还是或大或小的子系统,其内部各组成要素都以一定的方式互相联系,对整个语言系统发挥支撑和制约作用。凡系统都有规约性,每一项规约都因其与其他规约相关而有它存在的理由。例如,汉语的量字就是汉语词法系统的要素之一,其作用是:与数字和名字相组合,生成"数量名"短语,表示事物的数量;与动字和数字相组合,生成"动数量"短语,表示动作的数量。"数量名"短语的语法作用相当于一个名词,"动数量"短语的语法作用相当于一个动词。有人因为量字对二汉学习者太难，就主张把它取消。可是汉语表示数量不能没有量字。我们总不能把"一张桌子、一间屋子"说成或写成"一桌子、一屋子"，也不能把"看了一次、去了两趟"说成或写成"看了一、去了两"。语言不可能没有表示数量的功能，只是不同的语言表示数量的方法不一定相同。汉语如果不是用量字而是用别的方法表示数量，就将是另一个样子。这就是说，取消量字不但会破坏汉语的词法系统，而且会破坏整个汉语系统。一个小小的量字在汉语系统中也有牵一发而动全身的作用！这就是语言系统的组成要素对整个语言系统的支撑和制约作用，也显示了语言系统的规约力量。

2. 什么是语言的系统特征

因为每一种语言都是一个总系统，所以一种语言的系统特征就是这种语言的总系统的特征。总系统的特征是对显现在各个子系统之中的这种语言的特点的概括，因此，只有全面显现在各个子系统之中的统一特征才能成为总系统的特征，才能成为这种语言的综合标志。凡特征都体现区别性，一种语言的系统特征就是这种语言跟其他语言不同的方面。特征的区别性要通过比较才能被发现，一种语言的系统特征就是在跟其他语言的比较中被发现的。特征都是显性的，只有显性现象才便于分析和比较。因此可以说：**一种语言的系统特征就是这种语言区别于其他语言并全面显现在各个子系统之中的统一特征和综合标志**。前面说过，"以字为基本单位的二合机制"贯穿在汉语的字法系统（语音系统和汉字系统）、词法系统和句法系统之中，是全面的而不是局部的，是系统的而不是零散的，是彰显的而不是隐含的，并且显示了汉语与许多其他语言——例如印欧语系诸语言——的根本区别。因此，"以字为基本单位的二合机制"不但是汉语的生成机制，而且也是汉语的统一特征和综合标志。

3. 为什么说语言系统也包括文字系统

并不是所有的语言学家都承认语言系统也包括文字系统。在许多语言学家的术语中，语言仅指口头语言，尽管他们的研究所用的语料全部或部分来自书面语言。有人甚至认为文字跟语言毫无关系。被我国语言学普遍认同的西方普通语言学，把语言要素仅仅概括为语音、词汇、语法三要素，这就意味着只承认语音系统、词汇系统和语法系统的存在。如果有人把汉字列为汉语的要素之一，就会被认为缺乏语言学常识。我们认为，把文字系统排除在语言系统之外的理论观点不符合客观实际，不利于语言学的发展，也不利于语言教育和教学的发展。二汉教学中普遍存在着不重视书面汉语教学、把汉字当成词汇的附属品和单纯书写符号的现象，就是受这种理论观点影响的结果。朱德熙先生（1986）说过："研究汉语不关心汉字是不对的……我觉得过去研究语言的人恐怕对汉字的重要性估计不足。"他还强调："尤其要研究汉字和汉语的关系。"石定果教授（1994）明确指出："建立在印欧语系基础上的普通语言学，通常把文字排除在语言的要素之外，而只强调语音、词汇、语法，因为这些语言所使用的拼音文字只是单纯记录其音系的符号。但是就汉语而言，文字却存在特殊性。""汉字就其本质来说，是立足于表意的，……因此，汉字也应视为汉语的要素之一。"

  我们指出语言系统也包括文字系统，是基于下面的认识：

  （1）书面语言也是语言。语言交际有口头交际和书面交际两种方式，口头交际使用口头语言，书面交际使用书面语言。因此，所谓语言，自然包括口头语言和书面语言。书面语言有口头语言无法替代的作用。语言是信息的载体，要使信息传至远方和保留长久，多半要靠书面语言。书面语言是不可缺少的话语权标志，书籍、报刊、网络、公文、合同、函件等使用的都是书面语言，各国在文化、科技等方面的国际传播多半要靠书面语言。用现代技术复制的有声语言并不能完全代替书面语言，音像媒体有时还要附加字幕。随着社会的发展，书面交际的作用越加重要，不要说文盲，就是文字能力较差的人，要在现代社会中拓宽发展的空间，也会遇到困难。书面语言虽然是用书写符号写成的，但是在语音（书面语言也不能没有语音）、词汇、语法、语用等方面都跟口头语言具有高度的一致性和兼容性，否则就无法用于常规交际。因此，不但不能否认书面语言的存在，而且也不能认为书面语言不是语言。无视书面语言的存在，否认书面语言也是语言，轻视书面语言的教学与研究，不是实事求是的明智之举。

  （2）文字是书面语言的物质外壳。口头语言通过语音接受和传递信息，书面语言通过文字接受和传递信息。就像没有语音就没有口头语言一样，没有文字就没有书面语言。因此，如果说语音是口头语言的物质外壳，那么，文字就是书面语言的物质外壳。文字之所以能够成为书面语言的物质外壳，是因为文字是用于转写口头语言的符号，跟口头语言有匹配关系，这种匹配关系能够使书面语言跟口头语言保持一致并进行对流（"对流"即互相作用和互相影响）。如果文字跟口头语言没有匹配关系，就可以用任意的符号代替文字。事实并非如此。人类已经创造了各种各样的传递信息的符号，但不是所有能够传递信息的符号都是文字。例如，用于注音的音标，用于计算的数学符号，用于软件编程的计算语言，计算机软件加载的制表符和特殊符号，民用和军用的电报码，以及路标和商标，等等，都可以传递信息，但是这些符号都不是文字，因为它们不是直接转写口头语言的，不能跟口头语言直接匹配，在通用性方面无法跟文字相比。

我们说文字与口头语言有匹配关系，并不是认为文字与口头语言的匹配必然有一对一的天然模式。文字是为转写口头语言而创造的，怎样根据口头语言创造文字，或者说，用什么样的文字转写口头语言，由文字创造者决定。这就是说，同一种口头语言实际上可以用不同的文字与其匹配。但是文字与口头语言的匹配存在着是否科学和科学化程度高低的问题。如果说文字也需要改革或改进的话，那么，改革或改进的目的之一就是谋求与口头语言的科学匹配，或提高匹配的科学化程度。

如果上面的认识是正确的，我们就可以得出这样的结论：只要承认书面语言的存在，只要承认书面语言也是语言，只要承认文字是书面语言的物质外壳，就必须承认语言系统也包括文字系统，就应当把文字系统列为语言总系统的组成部分。因为文字跟口头语言有匹配关系，所以一种文字的特性可以从一个特定的角度反映其所属语言的系统特征。

（3）尊重更为现实的客观事实。我们赞成语言先于文字的观念。既然语言先于文字，在文字产生之前，哪来的文字系统？不过我们这里所说的语言，是指现实存在和使用的语言，不是指数万年前的语言。我们也知道，在现实存在和使用的数千种语言之中，多数语言还没有文字，还没有文字的语言同样不存在文字系统。既然并不是所有的语言都有文字，还强调语言系统也包括文字系统，岂不是违背客观事实？其实不然。强调语言系统也包括文字系统，不但没有违背客观事实，恰恰是尊重更为现实的客观事实。更为现实的客观事实是：现实存在和使用的所有发达的语言，都有文字系统；文字是人们创造出来的，没有文字的语言都可以创造文字，在文字创造出来之前，其文字系统只是处于虚位状态；语言研究的任务之一，就是为那些还没有文字的语言创造文字，要为没有文字的语言创造文字，就不能不研究跟该语言匹配的文字系统。所有这些，都是更为现实的客观事实。这些更为现实的客观事实告诉我们：不承认语言系统也包括文字系统，不承认文字是语言的要素之一，才是真正违背客观事实。

（4）关于汉字研究。我们指出语言系统也包括文字系统，并不是否认文字学的独立地位。语言的各个子系统都有各自的独立性，文字系统也不例外。文字学早已成为一门专门的学科，就像语音学、词汇学和语法学早已成为专门的学科一样。只不过，从语言学的角度研究文字和从文字学的角度研究文字，研究的目的、内容和方法等不一定完全相同。事实上，就汉字而言，我们可以分别从文字学、文化学、语言学和语言教学等不同的角度进行研究。从文字学的角度研究汉字，就是把汉字作为总系统的汉字本体研究，就要研究汉字的结构及其生成元素，汉字的造字原理和造字方法，汉字的起源、演变和改革，等等；从文化学的角度研究汉字，就是把汉字作为子系统的文化本体研究，就要在文字学研究的基础上，研究汉字在中华文化的形成和发展中的基础和核心作用；从语言学的角度研究汉字，就是把汉字作为子系统的汉语本体研究，就要在文字学研究的基础上，进一步研究汉字跟汉语的关系，尤其要研究汉字在汉语中的地位和作用；从汉语教学的角度研究汉字，属于把汉字作为子系统的汉语教学本体研究，就要研究怎样把文字学、文化学和语言学的相关研究成果应用于汉语教学，就要研究怎样根据汉字的性质、特点、规律和作用等进行汉字教学，尤其要研究汉字教学跟汉语教学的关系，包括汉字教学在汉语教学中的地位和作用。这几个方面的研究都不是完全孤立的，实际上，它们既有递进关系，也有互动关系。递进关系表现为：后者的研究要以前者的研究为基础。互动关系表现为：前者的研究也可以从后者的研究中得到启发，不断从后者的发现中吸取新的营养，深化自己的研究。作为汉语教学工作者，我们更看重对汉字的多角度的研究，因为汉语教学需要多角度的研究成果，汉字教学研究也可以对其他领域的汉字研究发挥反馈作用。我们认为，如果从不同的角度对汉字进行综合研究，就更能开阔视野，推动相关研究的深化。主张从不同的角度对汉字进行综合研究，也是系统观念使然。

三、用系统观念研究汉语

1. 系统观念人皆有之

前面提到，无论做事，还是做人，都需要树立系统观念。其实，系统观念人皆有之。例如，走进任何一个像样的家庭，都会发现室内的家什摆放有序。客厅有客厅的家什，卧室有卧室的家什，厨房有厨房的家什，而且都分类摆放。家什摆放有序就是系统观念使然。由此可见，系统观念并不是什么神秘的东西。再打个比方：你有各类书籍，如果有一个专门的书房，就会把中文书籍跟外文书籍分开，把文学书籍跟语言学书籍分开，把语言学书籍跟语言教学书籍分开，工具书则单放一处。这样，就不但能看到很多书，而且能看到分门别类的书，查找起来十分方便，要用什么书，随手可以拿到。书籍分类摆放也是系统观念使然。如果你的住房面积有限，一个小小的房间不但要用来工作，而且要用来做饭、吃饭，你的各类书籍就只能堆放在一起。这样，就只能看到一堆书，而看不到分门别类的书，要找到一本急用的书，就不是那么方便。同样有很多书，却有一个是不是便于查找的问题，是不是便于查找，就在于是不是按照一定的系统分类摆放。如果没有分类摆放，不是因为没有系统观念，而是因为没有客观条件。

2. 提高用系统观念研究汉语的自觉性

系统观念虽然人皆有之，却不是所有的人都能自觉地用系统观念观察和研究相关的事物。我们提出用系统观念研究汉语，就是为了提高用系统观念研究汉语的自觉性。任何系统都有其复杂性，不同系统的构成要素总有区别，各构成要素的特性（包括"动静状态"等），以及要素之间的相互关系和相互作用也总有区别。因此，不可能用同样的方法去研究所有的系统。怎样用系统观念研究汉语？我们认为，用系统观念研究汉语，首先要确认汉语是一个包括字法系统、词法系统和句法系统等子系统的总系统，在此前提下，具体分析汉语总系统及其各个子系统的内部结构以及各构成单位的特性，同时研究各构成单位之间的相互关系和相互作用，从中发现各构成单位之间相互关系和相互作用的原理。不同语言之间的区别，就在于其内部结构单位的特性和各构成单位之间相互关系和相互作用的原理不完全相同。正如前面所说，英语等西方语言都有形态变化，汉语没有形态变化，这就决定了汉语各构成单位之间相互关系和相互作用的原理不同于英语等西方语言。汉语没有形态变化，是由汉语基本单位的特性决定的。如果不了解汉语有哪些构成单位，不了解什么是基本单位，不了解汉语各构成单位之间相互关系和互相作用的原理，就不能把汉语跟其他语言区别开来。如果不把汉语跟其他语言区别开来，就等于把各类书籍堆放在一起，让人只能看到一堆书，而看不到不同类别的书，就会用西方语言的眼光看待汉语，用西方语言学的理论指导汉语研究，用教西方语言的方法教汉语。

前面提到系统的层次性，系统的层次性决定了总系统和子系统具有相对性。就语言而言，向上看，人类语言是一个总系统，具体语言是子系统；向下看，每一种语言都是一个包含许多子系统的总系统。语言研究既要研究人类语言总系统的特征，也要研究具体语言的系统特征，因为人类语言总系统的特征是从各个具体语言的系统特征中概括出来的。共性存在于个性之中。只有研究具体语言的系统特征，才能为研究人类语言总系统的特征提供依据。现阶段，我们更重视研究汉语的系统特征，因为在事实上存在着用西方语言的眼光看待汉语、用解释西方语言的理论指导汉语研究、用教西方语言的方法教汉语、对西方语言学理论和语言教学理论跟之犹恐不及的现象。这说明，我们还缺乏用系统观念研究汉语的自觉性，对汉语的系统特征还缺乏基本的认识。不改变这样的状况，不但不利于汉语自身的研究，而且也不利于对人类语言共性的研究。相对于人类语言这个总系统，西方语言也属于子系统，这个子系统的系统特征不能代表人类语言总系统的特征。

3. 推动汉语研究和汉语教学在互动中共同发展

作为教学语法的汉语语法不但要研究汉语系统，而且要研究汉语系统与汉语教学系统的关系。我们对汉语生成机制和生成规则的认识，是沿着字本位的思路，针对二汉学习和教学中遇到的问题，用系统观念分析汉语语言事实的结果。为什么要特别强调"针对二汉学习和教学中遇到的问题"？因为正是二汉学习和教学中遇到的问题，促使我们对汉语语法研究进行新的思考。二汉学习和教学中遇到的最大的问题，就是学生普遍觉得汉字难学，汉字难学又连带到汉语难学，使汉语教学的质量和效率难以提高。在研究怎样提高汉语教学的质量和效率的过程中，才发现学生觉得汉字和汉语难学是因为我们没有按照汉字的特点教汉字，也没有按照汉语的特点教汉语。为什么没有按照汉字和汉语的特点教汉字和汉语？因为我们不知道汉字和汉语到底有哪些特点。不知道就要研究。正是在研究汉字和汉语的特点的过程中，逐渐形成了对汉语生成机制和生成规则的认识。

王力先生（1945）曾经指出："一切语法上的规律，对于本国人，至多只是'习而不察'的，并不是尚待学习的。但是，我们并不因为它们容易就略而不谈。我们的书虽不是为外国人而著，却不妨像教外国人似的，详谈本国的语法规律。譬如有某一点，本国人觉得平平无奇的，而外国人读了，觉得是很特别的，那么，正是值得叙述的地方。甲族语所有而乙族语所无的语法事实，正是族语的大特征。"吕叔湘先生（1984）说过："教外国学生汉语对我们的启发比教汉族学生更大，更容易推动我们的研究工作。""教外国人汉语常容易遇到一些我们平常不太注意的问题。汉人教汉人汉语，往往因为彼此都知道，不成问题，就是不知道，也不去研究。比如一个'了'字，汉人是很少用错的，人们便不去管它。但是，因为我们的语法学界对'了'字的研究还没有达到成熟的程度，我们就不容易教会外国人正确地使用'了'字。"我们现在更加深切地体会到，这两位大师所说，都是具有重要指导意义而值得深思的至理名言。也更加深切地体会到，带着汉语教学中遇到的问题进行汉语研究，用汉语研究的最新成果指导汉语教学，可以推动汉语教学的发展；通过汉语教学对汉语研究的成果加以检验、补充和修正，可以推动汉语研究的发展。如此循环往复，就能不断推动汉语研究和汉语教学在互动中共同发展。这才是体现系统观念的汉语教学语法研究的正确路线。

系统观念是本书的灵魂，渗透在本书内容的方方面面。

引文目录

徐通锵（1991）语义句法刍议——语言的结构基础和语法研究的方法论初探，《语言教学与研究》第 3 期。《徐通锵自选集》，郑州，河南教育出版社 1993。

朱德熙（1986）在汉字问题学术讨论会上的讲话，《汉字问题学术讨论会论文集》，北京，语文出版社 1988。

石定果（1994）会意汉字内部结构的复合程序，《世界汉语教学》第 1 期。

王　力（1945）《中国语法理论·导言》，北京，中华书局 1957。

吕叔湘（1984）教书与研究，《对外汉语教学》第 1 期。

参考文献

拉兹洛（1978）《用系统论的观点看世界》，北京，中国社会科学出版社 1985。

徐通锵（1991）语义句法刍议——语言的结构基础和语法研究的方法论初探，《语言教学与研究》第 3 期。《徐通锵自选集》，郑州，河南教育出版社 1993。

吕必松（2007）谈谈汉语的系统特征，《汉字文化》第 6 期。

第二章　字法

第一节　什么是字法
第二节　"字"的特性
第三节　汉字的部件
第四节　汉字的造字原理

前面说过，汉语语法包括字法、词法和句法。从本章开始，我们将依次讨论这三大语法部门的具体内容。

因为汉语语法是字法基础语法，所以字法不但是汉语语法的组成部分，而且是汉语语法的基础。

迄今的汉语教学都不重视字法教学，这是因为缺少对字法的研究。汉字本是容易学的文字，因为不重视字法教学，就让人觉得"汉字难学"，"汉字难学"又连带到"汉语难学"。研究字法有助于全面开启字法教学，还原汉语言文字容易学的本来面貌。

第二章　字法

第一节　什么是字法

> 一、什么是字法
> 二、汉语音节语音结构的生成方式
> 三、汉字字形结构的生成方式

一、什么是字法

字法就是字的组合规则。因为字包括汉语音节和汉字，所以字的组合规则就包括汉语音节的组合规则和汉字的组合规则。

汉语音节的组合规则包括音节语音结构的生成方式、音义关系和音节在汉语中的组合作用；汉字的组合规则包括汉字字形结构的生成方式、形音义关系和汉字在汉语中的组合作用。

音节语音结构的生成方式和汉字字形结构的生成方式是字的形式；音节的音义关系和音节在汉语中的组合作用，汉字的形音义关系和汉字在汉语中的组合作用，是字的内涵。本节先讨论字的形式，字的内涵放在下一节讨论。

二、汉语音节语音结构的生成方式

汉语音节语音结构的生成方式，就是怎样用音节的生成元素组合生成音节。

1. 汉语音节的生成元素

用声学原理对汉语音节进行分析的结果，得到声母、韵母和声调等语音成分，声母、韵母和声调就是汉语音节的生成元素。例如：

zhōng ← zhong ← zh-ong
guó　 ← guo　 ← g-uo
rén　 ← ren　 ← r-en

在上面的例子中，zh、g、r 是声母，ong、uo、en 是韵母，zhong、guo、ren

是声母和韵母的组合，简称声韵；o、e 上面的符号是声调符号，代表声调。

2. 汉语音节语音结构的生成方式

我们把汉语音节的语音结构分为基本结构和复合结构两类，再把复合结构分为基本复合结构和多重复合结构两类。生成方式是：先由声母和韵母相组合，生成声韵，声韵是基本结构；再由声韵与声调相组合，生成音节，音节是复合结构。复合结构可以再分为基本复合结构和多重复合结构。有些音节的韵母比较复杂，包含复杂韵母的音节是多重复合结构。例如：

  基本结构： gang ← g + ang

  基本复合结构：gāng ← gang

  多重复合结构：guāng ← g + uang ← u + ang

从上面的例子可以看到，汉语音节的组合，由声母和韵母到声韵，由声韵和声调到音节，都是二合。

有些音节只有韵母没有声母，也有少量音节只有声母没有韵母。这类音节分别叫作零声母音节和零韵母音节。零声母音节和零韵母音节的生成方式是"0+1=1"，我们把"0+1=1"也看作"二合"。例如：

  零声母音节：ā（阿） ǎ（啊） ào（奥） ōu（欧） èr（二）

  零韵母音节：m（呣） ng（嗯）

作为音节语音结构的生成元素，声母、韵母和声调都是具有生成性的自由形式，它们的发音都基本固定。所谓"生成性的自由形式"，就是同一个声母可以跟相关的韵母相组合，同一个韵母可以跟相关的声母相组合，由声母和韵母组合生成"声韵"；同一个"声韵"可以跟相关的声调相组合，由声韵和声调组合生成音节。所谓"发音都基本固定"，就是无论怎样组合，声母、韵母和声调的发音都保持不变。

下面分别介绍声母、韵母和声调的特点。

（1）声母。现代汉语普通话的音节共有下列 21 个声母：

  b p m f
  d t n l
  g k h
  j q x
  zh ch sh r
  z c s

上面的 21 个声母都是辅音。也就是说，汉语的声母都由辅音担任。辅音就是从肺部发出的气流在发音器官里受到阻碍而形成的一类音素。

汉语音节除了 21 个做声母的辅音以外，还有一个鼻辅音 ng，它可以构成零韵母音节，也可以与相关的元音相组合，生成元音加鼻辅音韵母。

（2）韵母。现代汉语普通话的音节共有下列 35 个韵母：

	i	u	ü
a	ia	ua	
o		uo	
e	ie		üe
ai		uai	
ei		uei	
ao	iao		
ou	iou		
an	ian	uan	üan
en	in	uen	ün
ang	iang	uang	
eng	ing	ueng	
ong	iong		

在上列韵母中，用一个字母代表的是单元音，包含鼻辅音字母（n、ng）的是元音加鼻辅音，其余都是复元音。也就是说，汉语音节的韵母分别由单元音、复元音和元音加鼻辅音担任。元音是气流振动声带、在口腔里不受阻碍而形成的一类音素，鼻辅音是气流在鼻腔里受到阻碍而形成的一类音素。气流振动声带可以形成明显的响度，所以由元音和元音加鼻辅音担任韵母，有利于保证音节的响度，突显音节与音节之间的界限。

从上面的例子可以看出，复元音和元音加鼻辅音的生成，也是"1+1=1"。

（3）声调。每一个音节都有固定的声调。声调是汉语音节发音的高低、升降、轻重的标志，也是区分音节和字义的标志。

一般认为，现代汉语普通话的音节有四个基本声调。这四个基本声调分别叫作阴平、阳平、上声、去声，也叫第一声、第二声、第三声、第四声。第一声是高平调，汉语拼音用调号"ˉ"表示，例如"tā（他）"；第二声是升调，汉语拼音用调号"ˊ"表示，例如"lái（来）"；第三声是降升调，汉语拼音用调号"ˇ"表示，例如"nǐ（你）"；第四声是降调，汉语拼音用调号"ˋ"表示，例如"qù（去）"。声调符号要标在元音上，元音如果不止一个，就要标在开口度最大的元音上。

除了上面的四个基本声调以外，我们把轻声也列为基本声调。轻声的发音轻而短，汉语拼音一般不标调号，例如"le（了）"。把轻声也列为基本声调，就是认为现代汉语普通话有五个基本声调。

为什么把轻声也列为基本声调？

区分基本声调和非基本声调，必须有一个统一的标准。汉语的声调有原调和变调之分，我们就把原调和变调作为区分基本声调和非基本声调的标准。原调都是基本声调，变调都是非基本声调。为什么要把原调和变调作为区分的标准？因为原调为音节本身所固有，汉语的1333个音节都是原调音节；变调都出现在音节与音节的组合之中，不是音节本身所固有，对音节总数的构成不产生影响。轻声不都是变调，《现代汉语词典》就收录了38个原调轻声音节，这些原调轻声音节都是1333个语言音节的组成部分。

变调在汉语中具有普遍性。例如，"一"的原调是第一声，在第一声、第二声和第三声音节的前面要改读第四声，在第四声音节的前面多半要改读第二声（在"月、日、号"等的前面仍读第一声）。"不"的原调是第四声，在其他第四声的前面也要改读第二声。这说明第二声和第四声不都是原调。第三声的变调更为普遍：两个第三声音节连读时，前面的第三声要改读第二声；第三声的后面如果是第一声、第二声和第四声，这个第三声就要改读半三声，如果是轻声，这个第三声多半也要改读半三声（第三声后面的轻声如果是由第三声变来的，该第三声就要改读第二声，如"哪里"）。几乎所有的音节都有可能读轻声。这就是变调的普遍性。凡变调都不是音节本身所固有，对音节总数的构成都不产生影响。轻声的高低程度不十分固定，要跟前一个音节的声调相适应，句尾轻声的高低程度除了要跟前一个音节的声调相适应以外，还要跟句调相适应。但是这种不固定性并不能改变轻声"轻而短"的特点。声调的高低程度要跟前后的声调以及句调相适应，并非轻声独有的特点，其他声调也是如此。由此可见，无论从哪一个角度说，都不应当把原调轻声排除在基本声调之外。在汉语教学中，对原调轻声也要进行单独练习。

半三声虽然是变调，但有固定的调值，所以也要进行专门练习。不过不是单独练习，而是要与相关的音节组合起来进行练习。

在语音层面上，现代汉语普通话的所有的音节就是由 21 个声母、35 个韵母、5 个基本声调组合生成的，这 21 个声母、35 个韵母和 5 个基本声调就是现代汉语普通话音节在语音层面上的全部生成元素。

三、汉字字形结构的生成方式

汉字字形结构的生成方式就是怎样用汉字的生成元素组合生成汉字。

1. 汉字字形的生成元素

根据字形的特点，我们把汉字分为基本字（独体字）和复合字（合体字）两类，再把复合字分为基本复合字和多重复合字两类。由笔画与笔画组合生成的是基本字，由笔画与部件或部件与部件组合生成的是复合字，包含复合部件的汉字是多重复合字。笔画和部件就是汉字字形的生成元素。例如：

① 工　人
② 么　个
③ 汉　语

上面例①的两个汉字由"一（横）、丨（竖）、丿（撇）、丶（捺）"组合生成，"一、丨、丿、丶"都是笔画，可见这两个汉字都是由笔画与笔画组合生成的基本字。例②的"么"由"丿（撇）"和"厶"组合生成，"个"由"人"和"丨（竖）"组合生成。"丿、丨"是笔画，"厶、人"是部件，可见这两个汉字都是由笔画与部件组合生成的复合字。例③的"汉"由"氵、又"组合生成，"语"由"讠、吾"组合生成，"氵、又、讠、吾"都是部件，可见这两个汉字都是由部件与部件组合生成的复合字。其中的"吾"是由"五、口"组合生成的复合部件，所以"语"是多重复合字。相对于多重复合字，上面例子中的其他复合字都是基本复合字。

我们把汉字的笔画归结为 28 个（见本书附录 1《汉字笔画表》），这 28 个笔画只包含 8 个概念——横、竖、撇、捺、点、提、弯、钩。这 8 个概念既是笔画的名称，也是笔画形状和笔画书写方法的名称。这就是说，汉字笔画的名称、笔画形状的名称和笔画书写方法的名称是完全一致的。

从上面的例子可以看到，部件只存在于复合字之中，是复合字之中大于笔画、小于全字的组合单位。

上面已提到基本部件和复合部件的概念。我们把汉字的部件分为基本部件和复合部件两类，再把复合部件分为基本复合部件和多重复合部件两类。由笔画与笔画组合生成的是基本部件，由基本部件与基本部件组合生成的是基本复合部件，大于基本复合部件的是多重复合部件。例如，"日"和"十"都由笔画与笔画组合生成，它们在"早"中就是基本部件；"早"由"日"和"十"两个基本部件组合生成，它在"草、章"等字中就是基本复合部件；"章"由"立"和"早"两个基本复合部件组合生成，它在"樟、障、彰"等字中就是多重复合部件。从这些例子可以看到，由笔画到基本部件，由基本部件到基本复合部件再到多重复合部件，都是由小到大逐级组合生成的，组合的方式都是"1+1=1"。其中，基本复合部件和多重复合部件都由基本部件组合生成。可见，学习汉字的字形结构，要首先学好笔画和基本部件，学好了笔画和基本部件，学习汉字的字形结构就不难。例如，"谢"是由"讠"和"射"组合生成的多重复合字，"射"是由"身"和"寸"组合生成的基本复合字，学过"讠、身、寸"，再学习"谢"就不难。其中的"身"虽然结构比较复杂，但是学过相关的笔画和笔画组合规则以后，再学习书写就能化难为易。

我们把汉字的部件分为整字部件和非整字部件两类。由整字担任的部件叫整字部件，由非整字担任的部件叫非整字部件。例如，"汉语"二字中的"又、吾、五、口"是整字部件，"氵、讠"是非整字部件。我们初步统计，非整字部件有200多个，其中常用的有70多个。大多数部件是整字部件，整字部件的数量就包含在汉字的数量之中，不必作为部件重复计数。

上述28个笔画和200多个非整字部件就是汉字的全部生成元素。

2. 汉字字形结构的生成方式

汉字字形结构的生成方式，包括基本字和基本部件的生成方式、复合字和复合部件的生成方式。

基本字和基本部件由笔画与笔画组合生成，笔画与笔画的组合有相连、相交和相离三种方式。例如，"人、亻"的组合是笔画相连，"八、氵"的组合是笔画相离，"十、艹"的组合是笔画相交。

复合字和复合部件由笔画与部件或部件与部件组合生成，它们的生成方式就是组合单位之间的位置关系。根据位置关系，我们把复合字和复合部件的生成方式分为下列五种：

上下结构。按上下位置排列的是上下结构，例如：么、个、早、名、字。

左右结构。按左右位置排列的是左右结构，例如：相、他、汉、打、叫。

内外结构。按内外位置排列的是内外结构，例如：回、国、闲、可、过。（我们把四面包围、三面包围和两面包围的结构都叫内外结构）

综合结构。上下、左右和内外结构中还包含其他上下、左右和内外结构的是综合结构。例如：

上下结构中包含上下、左右和内外结构：草、箱、茴。

左右结构中包含左右、上下和内外结构：淋、语、桐。

内外结构中包含内外、上下和左右结构：疯、病、麻。

特殊结构。构成单位之间有笔画相交、相连或相隔，无法按上下、左右、内外的方法进行分析的结构属于特殊结构。例如：

里：由"田"和"土"组成，因为"田"和"土"有竖（丨）笔相连，所以不能按上下结构分析。

坐：由"从"和"土"组成，"土"中的竖（丨）笔把左右结构"从"隔开，所以不能按上下结构或左右结构分析。

夹：由"二、丷、人"组成，因为有"丿"相交和相隔，所以无法按上下、左右、内外结构分析。

综合结构和特殊结构看似复杂，其实都只有上下、左右、内外这三种形式，只要把这三种形式弄清楚了，就不难掌握。

参考文献

丁声树（1952）谈谈语音构造和语音演变的规律，《中国语文》第 1 期。

裘锡圭（1988）《文字学概要》，北京，商务印书馆。

丁邦新（1989）汉语声调的演变，《丁邦新语言学论文集》，北京，商务印书馆 1998。

苏培成（1991）现代汉字和现代汉字学，《纪念王力先生九十诞辰文集》，济南，山东教育出版社。

洪成玉（1992）汉字在发展中形符起着主导作用，《语文建设》第 8 期。

张静贤（1992）《现代汉字教程》，北京，现代出版社。

徐通锵（1997）《语言论》第2编，长春，东北师范大学出版社。

吕必松（1999）《汉字与汉字教学研究论文选》，北京大学出版社。

吕必松（2008）再论汉字教学与汉语教学，《数字化汉语教学进展与深化》，北京，清华大学出版社。

吕必松（2009）说"字"，《汉字文化》第1期。

吕必松（2010）试论汉字的造字原则，《数字化对外汉语教学实践与反思》，北京，清华大学出版社。

第二节 "字"的特性

> 一、汉语音节的特性
> 二、汉字的特性

字的特性是指字的内涵。作为字基语言，字就好比汉语的根。如前所述，汉语语法的特点，归根到底是由字的特性决定的。因此，只有了解字的特性，才能更好地理解汉语语法的特点，也才能更好地进行汉语教学。

因为字包括汉语音节和汉字，所以讨论字的特性，就要分别讨论汉语音节的特性和汉字的特性。汉语音节的特性包括音节的音义关系以及音节在汉语中的组合作用，汉字的特性包括汉字的形音义关系以及汉字在汉语中的组合作用。

研究汉语音节和汉字，可以分别从语音学和文字学的角度进行研究，也可以统一从语法学的角度进行研究。前面关于"汉语音节语音结构的生成方式"和"汉字字形结构的生成方式"的讨论，涉及的内容分别跟语音学和文字学有关；这一节讨论字的特性，要涉及的内容基本上都属于语法学的范围。把字的特性从字的生成方式中分出来讨论，就是为了突出字的语法作用。

一、汉语音节的特性

1. 汉语音节是汉语语音表达和识别的基本单位

说汉语都是一个音节一个音节地说，说话和朗读时的高低、升降、轻重等都落在音节上，所以能听到音节与音节、汉字与汉字之间的明显的界限。这说明，汉语音节就是汉语语音表达和识别的基本单位。无论是词和句，还是更大的汉语单位，都以音节为语音表达和识别的基本单位。

语音表达和识别的基本单位跟语法有什么关系？语音表达和识别的基本单位跟语法的关系，主要表现为音节跟停顿和重音的关系：停顿都在音节之间，重音都落在音节上。前面已经举例说明，停顿要保持组合层次和组合关系相一致，重音要反映语句的信息焦点。这就是说，停顿和重音有保证形式结构与语义结构相统一的作用。这就是语音表达和识别的基本单位跟语法的关系。

2. 汉语音节是原本性发音单位

所谓原本性，就是原本如此，是先天的而不是后发的。我们指出汉语音节由声母、韵母和声调组合生成，说的是汉语音节语音结构的生成方式，语音结构的生成方式不等于发音特点。就发音特点而言，每一个音节都是一个不可切分的整体，发音都是一气呵成，中间没有任何停顿，所以听起来就只有一个音。这说明，汉语音节是原本性发音单位，而不是由声母、韵母和声调合成的。就像一株植物，虽然包括根、茎、叶，却不是由根、茎、叶合成的。

音节发音的原本性跟语法有什么关系？音节发音的原本性决定了音节的独立性，音节的独立性决定了可以用于直接组合，可以用于直接组合就成为口头汉语的基本单位。这就是音节发音的原本性跟语法的关系。

指出汉语音节是原本性发音单位，也是为了说明汉语语音教学要以音节为基本单位，最好把音节作为整体来教。汉语拼音对正确发音实际上有干扰和误导作用，现在在语音教学中，大家都习惯于用汉语拼音把声母、韵母和声调拆开来教，这就难免会使音节发音的原本性遭到破坏。把声、韵、调拆开来教，学生在练习发音时，就必须同时想着声母、韵母和声调，想着怎样把它们拼合在一起。这样，发音时就不但不能一气呵成，而且还会因为处理不好三者的关系和对声韵母不可避免的误读而出错。这就是汉语拼音对正确发音的干扰和误导。（吕必松 2012）如果把音节作为整体来教，让学生觉得一个音节就是一个音，就可以避免上述情况的发生。当然，学生在学习发音的过程中难免出现偏误，而发音偏误一般都出现在声母、韵母和声调上，这就需要针对声母、韵母和声调的发音偏误进行纠正。只有在有针对性地纠正发音偏误时，才需要分别突出声、韵、调的练习。声母、韵母和声调的偏误不一定同时出现，所谓有针对性地纠正，就是哪里出现偏误，就纠正哪里的偏误。同一个声母、韵母和声调，在某一个音节中可能发不好，在另一个音节中却有可能发好。因此，纠正声、韵、调的偏误可以采用"位移"的方法。例如，"庄"中的声母如果发不好，可以用"渣、张、知、中、周、朱"等音节试一试，只要在某一个音节中能发好，就拿它进行反复练习，使其得到强化，等学生找到感觉以后，再移到原来发不好的音节上进行练习。这就是"位移"。"位移"的方法同样可以用在韵母和声调的练习上。"位移法"和"反切法"的原理是相通的。"反切法"是我国传统的汉字注音方法，这种方法就是用两个相关的汉字给一个汉字注音：前一个汉字的声母加后一个汉字的韵母和字调（声调）正好是被注汉字的发音。例如，可以用"开"和"工"为"空"注音，拿"开"的声母与"工"的韵母和字调相组合，就叫"开工切"，也就是"空"的发音。纠正发音偏误要通过口头练习，不同于给汉字注音，不是非借助于汉语拼音不可，当然也不是非借助于汉字不可。学好语音要经历一定的过程，不能要求一次到位，这次掌握不好，以后接着练习。有意识地把相关的声母、韵母和声调放在不同的音节中反复练习，终能让学生学好。

上面提出"最好把音节作为整体来教"，并不是要求"非把音节作为整体来教不可"，是为了给音节教学的具体方法留有余地。有些学生总以为用汉语拼音学习口头汉语会学得更快，有些老师已经养成了用汉语拼音教发音的习惯。在改变认识和习惯之前，继续用汉语拼音教发音和口头汉语也未尝不可。如果认为一开始就应当让学生用汉语拼音帮助记忆汉字，可以先教《汉语音节表》，用一两个课时，最多三四个课时，让学生初步学会音节识读。教《汉语音节表》不必在发音练习上多下工夫，因为教汉字必然要教汉字的读音，还应当要求逐渐达到读音准确。其实，如果在生字后面注上汉语拼音，学生就会在学习汉字的同时逐渐熟悉汉语拼音。在生字后面加注汉语拼音，是希望让学生既能通过反复感知逐渐掌握汉语拼音的识读和书写，又不至于让汉语拼音干扰和误导音节的发音。

3. 汉语音节具有双重身份

汉语音节不但是语音单位，而且也是音义单位。这就是汉语音节的双重身份。为便于说明汉语音节的双重身份，我们把作为语音单位的音节叫作语音音节，把作为音义单位的音节叫作语言音节。

语言音节是话语中的音节，具有表音和表义的双重作用。表音作用体现为在听觉上是一个响峰，可以用声学原理对其中的语音成分加以分析；表义作用体现为可以听出它的意思，可以用相应的汉字加以转写。因为音节具有表音和表义的双重作用，所以可以成为口头汉语的基本单位。汉语各级单位的组合都是意义的组合，意思相关的单位才能互相组合，如果汉语音节仅仅是语音单位，就不能作为语言单位用于组合，也就不能成为口头汉语的基本单位。

语音音节是单纯的语音单位。前面提到，汉语共有1333个音节，这1333个音节都是只表音、不表义的语音音节。

我们用下表中的例子说明语言音节和语音音节的关系。

表 6. 语言音节和语音音节的关系

语言音节（音义单位）	语音音节（语音单位）
（hàn）yǔ 语	yǔ
（xià）yǔ 雨	
xià（yǔ）下	xià
xià（tiān）夏	

在上面的例子中，hàn yǔ 和 xià yǔ 都是两个音节，其中的 yǔ 是同一个音节；xià yǔ 和 xià tiān 也都是两个音节，其中的 xià 是同一个音节。我们知道要把 hàn yǔ 的 yǔ 写成"语"，要把 xià yǔ 的 yǔ 写成"雨"；也知道要把 xià yǔ 的 xià 写成"下"，要把 xià tiān 的 xià 写成"夏"。这是因为这里的 yǔ 和 xià 都处在话语之中，是既表音、也表义的语言音节。只有语言音节才能用汉字转写。如果单说 yǔ，或者单说 xià，我们就不知道说的是什么 yǔ、什么 xià，因此也不知道用什么汉字转写。这是因为单说的 yǔ 和单说的 xià 是只表音、不表义的语音音节。语音音节不能用汉字转写。

为什么要区分语音音节和语言音节？我们将在下面具体说明，汉字是整体转写语言音节的文字，只有区分语音音节和语言音节，才能正确认识汉语音节与汉字的关系；只有正确认识汉语音节与汉字的关系，才能正确认识汉语音节和汉字在汉语中的地位和作用，也才能正确认识汉字教学在汉语教学中的地位和作用。

4. 语言音节是口头汉语的基本认知单位

语言音节是口头汉语的基本构成单位、基本组合单位和基本语法单位，也是口头汉语的基本认知单位。

语言音节为什么会成为口头汉语的基本认知单位？因为语言音节是可以感知的最小的音义单位，口头汉语的识别首先是对语言音节的识别。对语言音节的识别有以下特点：

（1）语言音节是口头汉语语义识别的基本单位。例如：

① zhōng guó rén（中国人）
② měi guó rén（美国人）
③ shuō hàn yǔ（说汉语）
④ shuō yīng yǔ（说英语）

在上面的例子中，用汉语拼音书写的每一个音节都是一个最小的音义单位。例①和例②的区别就在于 zhōng 和 měi 两个音节不同，例③和例④的区别就在于 hàn 和 yīng 两个音节不同。从音节的区别知道语义的区别，就说明语言音节是口头汉语语义识别的基本单位。

（2）音节的余缺会影响语义识别。试比较：

① qù tú shū guǎn（去图书馆）

② qù tú de shū guǎn（去图的书馆）*

③ qù tú shū（去图书）*

上面的例②和例③都无法理解，因为例②多了一个音节，例③少了一个音节。

语言音节是口头汉语的基本认知单位这一事实说明：口头汉语的基本构成单位、基本组合单位、基本语法单位和基本认知单位是完全一致的。口头汉语基本单位的一致性决定了必须把语言音节作为口头汉语的基本教学单位。

二、汉字的特性

1. 汉字是整体转写语言音节的文字

我们认为，文字的主要作用是**转写**口头语言。我们讲"转写"而不讲"记录"，是因为"转写"包括加工，"记录"只是复制。书面语言是对口头语言的加工，而不是对口头语言的复制。汉字转写口头汉语的基本方法是整体转写汉语音节。所谓"整体转写汉语音节"，就是把汉语音节作为一个整体加以转写，而不是转写大于或小于音节的语音成分。例如，"中、国、人"这三个汉字就是对"zhōng、guó、rén"这三个音节的整体转写。

汉字整体转写汉语音节，转写的是语言音节，不是语音音节。例如：

zhōng

中　钟　终　忠　衷

guó

国　帼　虢

rén

人　壬　仁　任

上面的 zhōng、guó、rén 是三个语音音节，每一个语音音节都隐含着不同的意思，只有用不同的汉字加以转写，才能显示其不同的意思。不同的意思只有在话语之中才能显现出来，用不同的汉字对它们加以转写，就是对它们在话语中的意思分别加以转写。这说明：汉字转写的是语言音节。我们区分语音音节和语言音节，目的之一就是为了说明汉字是整体转写语言音节的文字，跟语言音节有对应关系。所谓对应关系，就是一个语言音节写下来就是一个汉字，一个汉字念出来就是一个语言音节。

2. 汉字是形音义统一体

因为汉字是整体转写语言音节的，所以就具有语言音节所赋予的音和义，成为形音义统一体。作为形音义统一体，汉字也具有双重身份：它既是书写单位，也是音义单位。汉字具有双重身份是汉字能够成为书面汉语基本单位的决定性因素。如果汉字仅仅是书写单位，就不能作为语言单位用于组合，就不能成为书面汉语的基本单位。我国汉语教学存在的最大问题之一，就是把汉字当成单纯的书写单位和词汇的附属品，这是造成"汉字难学"并且连带到"汉语难学"的根本原因。（吕必松 2012）

作为形音义统一体，汉字与语言音节不但有对应关系，而且有包容关系。包容关系就是汉字包含音节。汉字既然是整体转写语言音节的，就必然包含音节的发音。一个汉字的发音就是一个音节的发音。所谓汉字包含音节，就是汉字包含音节的发音。汉字之所以不但可以用来看，而且可以用来读，就是因为汉字包含音节的发音。

为什么要强调汉字包含音节？

强调汉字包含音节，首先是为了全面认识汉字跟汉语的关系。全面认识汉字跟汉语的关系，就是要看到汉字跟汉语的关系不但包括汉字跟书面汉语的关系，而且也包括汉字跟口头汉语的关系。汉字跟口头汉语有什么关系？汉字跟口头汉语的关系就是汉字也可以作为口头汉语的基本单位。汉字可以作为口头汉语的基本单位，就是因为汉字包含音节。

强调汉字包含音节，也是为了全面认识汉字教学跟汉语教学的关系。全面认识汉字教学跟汉语教学的关系，就是要看到汉字教学跟汉语教学的关系不但包括汉字教学跟书面汉语教学的关系，而且也包括汉字教学跟口头汉语教学的关系。汉字教学跟口头汉语教学有什么关系？汉字教学跟口头汉语教学的关系就是汉字也可以作为口头汉语的基本教学单位。这就是说，汉字不但可以用来教书面汉语，而且也可以用来教口头汉语。用汉字教口头汉语，就是借助于汉字练习听和说。汉字可以用来教口头汉语，就是因为汉字包含音节。

　　强调汉字包含音节，更是为了全面认识汉字教学在汉语教学中的作用，即汉字可以成为学好汉语的有利因素。用汉字同时教书面汉语和口头汉语，就可以把书面汉语教学和口头汉语教学统一起来，实现书面汉语教学和口头汉语教学的一体化。汉字教学游离于汉语教学之外、书面汉语教学和口头汉语教学"两张皮"、读写训练和听说训练互相制约，是我国汉语教学中存在的突出问题之一，直接影响着汉语教学质量和效率的提高。实现书面汉语教学和口头汉语教学的一体化，上述问题就不复存在。不仅如此，实现书面汉语教学和口头汉语教学的一体化，还可以用字法教学系统引领汉语教学系统，使汉字和汉语的学习都化难为易，使学生的书面汉语能力和口头汉语能力得到同步和快速发展。（吕必松 2014）下面再举例说明怎样用汉字同时教书面汉语和口头汉语，怎样用字法教学系统引领汉语教学系统。

　　　　学
　　　小学
　　　中学
　　　大学
　　　　　生
　　　学生
　　　小学生
　　　中学生
　　　大学生
　　　　　　习
　　　　学习
　　在小学学习
　　在中学学习
　　在大学学习

语

汉语

学习汉语

在小学学习汉语

在中学学习汉语

在大学学习汉语

小学生在小学学习汉语。

中学生在中学学习汉语。

大学生在大学学习汉语。

上面就是借助于汉字同时教书面汉语和口头汉语的例子。这个例子是假设只有"学、生、习、语"四个生字，其他汉字都是以前学过的。4个生字组成了16个生词和3个句子。从这些例子可以看到，生词中没有生字，句子中没有生字和生词。词义和句义都跟字义有密切的关系，所以容易理解；生词都成系列，在系列中学习就容易理解和记忆。由字到词再到句的组合，就像滚雪球和搭积木。滚雪球就是由小到大，搭积木就是由少到多。上面的例子，从左往右看，就像滚雪球，从上往下看，就像搭积木。用滚雪球和搭积木的方法进行组合练习，就是"以新联旧"和"温故知新"。滚雪球和搭积木可以充分保证字词的重现率，字词都能在不断的重现中得到复习和巩固。以后学到能够替换的字词时，还可以帮助学生通过替换练习学会自己组词、造句。随着所学汉字数量的增加，滚雪球和搭积木的范围会迅速扩大。汉字可以帮助理解和记忆，有大量的词语可以自动理解，不必一个一个地死记硬背。这样，汉字就不但不是学习汉语的障碍，而且还是学好汉语的有利因素。

笔者曾经错误地主张把书面汉语教学和口头汉语教学分开（吕必松1999），这是因为没有把汉字跟汉语音节联系起来，没有认识到汉字包含汉语音节的重要意义。

3. 汉字是书面汉语的基本认知单位

跟语言音节是口头汉语的基本认知单位相一致，汉字是书面汉语的基本认知单位。

为什么说汉字是书面汉语的基本认知单位？因为书面汉语的识别首先是对汉字的识别。对汉字的识别有以下特点：

（1）汉字是书面汉语语义识别的基本单位。例如：

① 中国人　　② 外国人

③ 有问题　　④ 没问题

⑤ 吃三碗　　⑥ 吃了三碗

例①和例②的语义区别就在于例①的"中"和例②的"外"不同，例③和例④的语义区别就在于例③的"有"与例④的"没"不同，例⑤和例⑥的语义区别就在于例⑥多了一个"了"字。

（2）汉字的余缺或误用会造成阅读障碍。文本中如果多写、漏写、错写一个汉字，读者就无法理解或产生误解，或能发现错误所在。例如：

① *有朋友人

② *学习汉

③ 向钱（前）看

④ *下语了

例①"有朋友人"不通，"人"字是多余的。例②"学习汉"谁也看不懂，因为"学习"与"汉"的组合词义不明。但可以看出一定有遗漏，至于漏写了什么，如果没有上下文的支持，也难以猜到。例③中的"钱"和"前"意思不同，如果把"向前看"错写成"向钱看"，就会引起误解。例④中的"语"字，一眼就能看出是个别字。有一次，笔者看到电视字幕上把"勤王"写成了"擒王"，意思完全相左。

汉字是书面汉语的基本认知单位这一事实说明，书面汉语的基本构成单位、基本组合单位、基本语法单位和基本认知单位也是完全一致的。书面汉语基本单位的一致性决定了必须把汉字作为书面汉语的基本教学单位。当然，如前所说，汉字也可以作为口头汉语的基本教学单位。

附带说明：作为形音义统一体和汉语的基本单位，汉字在英语中没有对应单位。英译最好就译为 *Hanzi*，译为 Chinese Character 不能确切反映汉字的性质和特点。

引文目录

吕必松（2012）《华语教学新探》，北京语言大学出版社。

吕必松（2014）汉语教学一二三，《汉字文化》第 3 期。

吕必松（1999）汉字教学与汉语教学，吕必松主编，《汉字与汉字教学研究论文选》，北京大学出版社。

参考文献

裘锡圭（1988）《文字学概要》，北京，商务印书馆。

苏培成（1991）现代汉字和现代汉字学，《纪念王力先生九十诞辰文集》，济南，山东教育出版社。

张静贤（1992）《现代汉字教程》，北京，现代出版社。

吕必松（1999）《汉字与汉字教学研究论文选》，北京大学出版社。

鲁　川（2003）汉语的根字字族，《汉语学习》第3期。

吕必松（2008）再论汉字教学与汉语教学，《数字化汉语教学进展与深化》，北京，清华大学出版社。

吕必松（2009）说"字"，《汉字文化》第1期。

吕必松（2010）试论汉字的造字原则，《数字化对外汉语教学实践与反思》，北京，清华大学出版社。

第三节 汉字的部件

> 一、什么是汉字部件
> 二、汉字部件的类型
> 三、汉字部件的作用
> 四、汉字部件的定名和定称

同为汉字的生成元素，部件比笔画要复杂得多，而且跟汉字的造字原理有更加密切的关系，所以要单列一节进行系统讨论。系统讨论汉字的部件，也是为了给部件教学提供方便。

一、什么是汉字部件

人们对汉字部件的认识并不完全一致。我们的理解是：汉字部件是汉字中大于笔画、小于全字的结构单位。部件只存在于复合结构和复合字之中，是具有生成性的自由形式，可以与相关的笔画或其他部件进行自由组合。例如：

亻：你　他　仁

氵：江　河　海

厶：么　去　私

讠：认　话　说

艹：花　草　菜

乙：亿　艺　忆

吾：悟　语　捂

因为部件是大于笔画的单位，所以笔画不是部件。"一"和"乙"都只有一个笔画，为什么可以担任部件？这是因为它们也是独立的汉字，作为独立的汉字就可以担任部件——整字部件。

二、汉字部件的类型

区分部件的类型，是为了更加清晰地认识复合结构和复合字的字形结构特点。下面是根据部件结构的特点划分的部件类型。

1. 整字部件和非整字部件

（1）整字部件。由整字担任的部件叫整字部件。例如：

一（豆） 乙（忆） 口（叫） 市（柿） 早（草） 章（樟）

（2）非整字部件。由非整字担任的部件叫非整字部件。例如：

冖（写） 宀（宝） 冫（冷） 氵（汉） 扌（打） 廾（弄）

有少量部件不是自由形式，只能黏着于某个特定的结构单位，我们把这样的部件叫作黏着部件。例如：

攴：只能与"高"组成"敲"。

圭：只能与"亻"组成"佳"。

龶：只能与"女"组成"妻"。

尹：只能与"夂"组成"争"。

黏着部件没有存在的必然性。我们认为，下一步汉字改革的任务之一，应是尽可能排除黏着部件。

2. 基本部件、基本复合部件、多重复合部件

（1）基本部件。由基本结构、基本字担任的部件是基本部件。例如：

一（下 上 豆 丙）

乙（亿 艺 忆 乞）

亻（仁 你 他 位）

讠（话 语 讲 说）

厶（么 去 云 允）

冫（冰 冻 冷 寒）

氵（液 汗 流 洲）

艹（草 花 菜 药）

口（呼 叫 吃 品）

宀（宝 字 家 室）

木（材 村 机 树）

上面的"一、乙"只有一个笔画，属于"0+1"结构。

（2）基本复合部件。由基本部件与基本部件组合生成的是基本复合部件。例如：

同（高）：由"冂、口"两个基本部件组合生成。

市（柿）：由"亠、巾"两个基本部件组合生成。

台（始）：由"厶、口"两个基本部件组合生成。

早（草）：由"日、十"两个基本部件组合生成。

吾（语）：由"五、口"两个基本部件组合生成。

林（森）：由"木、木"两个基本部件组合生成。

（3）多重复合部件。大于基本复合部件的是多重复合部件。例如：

  叚（假）："叚"由"𠃌"和"𠬢"组合生成，"𠃌"是基本部件，"𠬢"是由"𠃍"和"又"两个基本部件组成的基本复合部件。

  兑（说）："兑"由"丷、兄"组合生成，"丷"是基本部件，"兄"是由"口"和"儿"两个基本部件组成的基本复合部件。

  章（樟）："章"由"立"和"早"组合生成，"立"和"早"都是基本复合部件。"立"由"亠"和"䒑"组成，"早"由"日"和"十"组成。

  宿（缩）："宿"由"宀"和"佰"组成，"宀"是基本部件，"佰"是多重复合部件，其中的"亻"是基本部件，"百"是由"一"和"白"两个基本部件组成的基本复合部件。

以上关于部件类型的例子都说明，汉字部件的类型与字形结构类型和整字类型是完全一致的：基本部件都由基本结构或基本字担任，基本复合部件都由基本复合结构或基本复合字担任，多重复合部件都由多重复合结构或多重复合字担任。由此可见，复合部件无论多么复杂，都是由基本部件组合生成的。因此，要把基本部件作为部件教学的重点。

三、汉字部件的作用

汉字部件的作用是指部件在汉字中担任什么角色。作用有四，即担任义符、担任音符、担任义符兼音符、充当记号。

1. 担任义符。例如：

  宀：宝　家　室　字
  口：吃　喝　叫　喊
  冫：冰　冻　冷　凉
  氵：江　河　湖　海
  艹：草　花　菜　苗
  讠：讲　谈　语　说
  木：休　林　森　树

2. 担任音符。例如：

  乙：钇　亿　忆　艺
  吾：捂　梧　悟　晤
  胡：葫　湖　蝴　瑚
  马：码　蚂　妈　骂
  巴：疤　把　爸　吧

3. 担任义符兼音符。例如：

  弓：躬
  畐：富
  禾：和

4. 充当记号。例如：

  又：欢　观　劝　权　邓　对
  ⺍：兴　举　学

在上面的例子中，"欢、观、劝、权"是"歡、觀、勸、權"的简化字，其中的"又"是"雚"的简化形式。"邓"是"鄧"的简化字，"对"是"對"的简化字，它们中的"又"分别是"登、𴨐"的简化形式。"兴、举、学"是"興、舉、學"的简化字，其中的"丷"分别是"　、　、　"的简化形式。由此可见，只能充当记号的部件，多半是繁体字部件的简化形式。

有些可做义符或音符的部件，在某些汉字中只做记号。例如，"京"中的"亠、口、小"，"高"中的"亠、口、冋"，都是记号。"京、高"的古字是象形字，因为是由象形字演变而来，所以其中的部件不是义符或音符。

四、汉字部件的定名和定称

1. 什么是定名和定称

部件的定名就是给部件起名字，部件的定称就是规定怎样称说具体汉字中的部件。为什么既要定名，又要定称？因为部件的名称和称说不完全相同。例如，同一个"口"字，担任部件时可以叫"口部"，"口部"就是部件的名称。但是无法用"口部"称说"吊、古、吃、加、回"等汉字中的"口"。要知道怎样称说这些汉字中的"口"，就必须规定怎样称说。

2. 定名和定称的原则和方法

我们根据便于解释字义并且易于理解和记忆的原则给部件定名和定称。根据这一原则，我们用"部件＋部"的统一格式给部件定名，用"部件＋部＋部件位置"的统一格式给部件定称。这里的"部"是对"部首"概念的沿用。例如，"木"担任部件时就叫"木部"，在"李、朵、树、休、闲"等汉字中就分别叫"木部头、木部底、木部旁、木部边、木部心"；"口"担任部件时就叫"口部"，在"吊、古、吃、加、回"等汉字中就分别叫"口部头、口部底、口部旁、口部边、口部心"。"回"字外面的"囗"叫"口部框"。这里的"头、底、旁、边、心、框"就代表部件在具体汉字中的位置。

3. 部件的名称

用"部件＋部"的统一格式给部件定名，"部件＋部"就是部件的名称。例如：

口——口部

木——木部

丷——丷部。"丷"是"八"的变体，俗称"倒八"，读"八"。

龵、扌、卌——龵部、扌部、卌部。它们都是"手"的变体，都读"手"。

阝——阝部。"阝"做部旁是"阜"的变体，读"阜"。例如：陈、阵。

　——阝部。"阝"做部边是"邑"的变体，读"邑"。例如：郑、都。

氵——氵部。"氵"是"水"的变体，读"水"。

冫——冫部。"冫"是"冰"的变体，读"冰"。

灬——灬部。"灬"是"火"的变体，读"火"。

冂——冂部。用"同"做代表字，读"同"。

辶——辶部。用"走"做代表字，读"走"。

廴——廴部。用"延"做代表字，读"延"。

4. 部件的称说

用"部件＋部＋部件的位置"的统一格式给具体汉字中的部件定称，就可以称说具体汉字中的部件。"部件的位置"用"头、底、旁、边、心、框"代表。

（1）…部头。凡属上下结构的汉字，上面的部件一律叫"…部头"。例如：

亠（文、六、市、京）：亠部头。"亠"读"文"或"六"，"文、六"是代表字。

丷（关、总、兑、并）：丷部头。"丷"读"八"，俗称"倒八"。

艹（草、花、蔬、菜）：艹部头。"艹"读"草"，是"草"的初字。

口（员、吊、足、呆）：口部头。

吅（哭、骂）：吅部头。"吅"音 xuān。

（2）…部底。凡属上下结构的汉字，下面的部件一律叫"…部底"。例如：

扌（举、奉、择）：扌部底。"扌"是"手"做部底的变体，读"手"。

口（古、哲）：口部底。

巾（币、市、布、吊）：巾部底。

灬（热、煎、熬、蒸）：灬部底。"灬"是"火"做部底的变体，读"火"。

（3）…部旁。凡属左右结构的汉字，左边的部件一律叫"…部旁"。例如：

扌（打、推、拉、搞）：扌部旁。"扌"是"手"做部旁的变体，读"手"。

木（村、枝、椅、树）：木部旁。"木"做部旁时写作"朩"。

口（吃、叫、喊、唱）：口部旁。

阝（陈、阵）：阝部旁。"阝"是"阜"做部旁的变体，读"阜"。

冫（冰、冻、凉、冷）：冫部旁。"冫"读"冰"，音义同"冰"。

氵（江、河、海、洋）：氵部旁。"氵"读"水"，音义同"水"。

（4）…部边。凡属左右结构的汉字，右边的部件一律叫"…部边"。例如：

刂（到、则、削、割）：刂部边。"刂"是"刀"做部边的变体，读"刀"。

阝（郑、都）：阝部边。"阝"是"邑"做部边的变体，读"邑"。

口（加、扣）：口部边。

木（休、林）：木部边。

（5）…部心。凡属内外结构的汉字，里面的部件一律叫"…部心"。例如：

口（问）：口部心。

木（闲、困）：木部心。"木"做部心时也写作"朩"。

玉（国）：玉部心。

聿（建）：聿部心。

刂（班、辨）：刂部心。"刂"是"刀"做部心的变体，读"刀"。

（6）…部框。凡属内外结构的汉字，外面的部件一律叫"…部框"。例如：

冂（同、冈、网）：冂部框。"冂"读"同"，"同"是代表字。

门（问、闻、闷、闪）：门部框。

囗（国、围、囚、困）：囗部框。"囗"读"围"，音义同"围"。

㇇（有、友、左、右）：㇇部框。"㇇"读"左"，是"左"的初字，古字像"左手"。

辶（这、过、遇、逃）：辶部框。"辶"读"走"，"走"是代表字。

上述部件名称中不包含"角、腰、身"等概念。对左右结构中包含上下结构的汉字，先按左右结构拆分，再按上下结构拆分；对上下结构中包含左右结构的汉字，先按上下结构拆分，再按左右结构拆分；两面包围结构以及按上、中、下和左、中、右位置排列的字形结构也归入内外结构。例如：

语：讠部旁，吾部边。
吾：五部头，口部底。
临：丨（lín）部旁，䯊（lín）部边。
监：⺣（jiān）部头，皿部底。
假：亻（rén）部旁，叚（jiǎ）部边。
叚：⺁（jiǎ）部旁，𠬝（jiǎ）部边。
这：文部心（文＝文），辶（走）部框。
建：聿部心，廴（延）部框。
可：口部心，丁部框。
曾：丷部头，囧（cōng）部心，日部底。
亥：亠部头，丿部心（"夕"同"丿"，音 jiū），人部底。
京：亠部头，口部心，小部底。
高：亠部头，口部心，冋部底（"冋"音 jiōng）。
班：玉部旁（𤣩、王＝玉），刀部心（丿＝刀），玉部边。

"犬、弋、尤、半、夹"等都属于基本字，不予拆分。这样，所有的复合结构和复合字就都可以按照上下结构、左右结构和内外结构给部件定名，就不会出现"角、腰、身"等概念。

用"部件＋部"的统一格式给部件定名，就使部件名称与相应的汉字或代表字的名称保持一致；用"部件＋部＋部件的位置"的统一格式称说具体汉字中的部件，就使部件称说与部件名称相一致，并使部件名称与部件位置相一致。这样定名和定称的结果，关于部件名称和称说的概念就只有七个，即部、头、底、旁、边、心、框，仅用这七个概念就可以给所有的部件定名并称说汉字中的所有的部件。减少部件名称的概念，是为了减轻学习负担。

5. 关于非整字部件的读音

整字部件的读音就是整字的读音。例如，"木"作为部件时就叫"木部"，"口"

作为部件时就叫"口部","日"作为部件时就叫"日部"。非整字部件有不同的来源,为便于对相关部件的解释、理解和记忆,我们就根据来源的特点规定该部件的读音。举例说明如下。

(1)用相应的古字的读音代表部件的读音。有些非整字部件本是古字,就把它们作为整字并以其古字的读音作为该部件的读音。例如:

ナ:古"左"字,就读"左"。
丂:古"考"字,就读"考"。
艹:古"草"字,就读"草"。
廾:古"拱"字,就读"拱"。
罒:古"囧"字,就读"囧"。
夂:古字同"止",就读"止"。
勹:古字同"包",就读"包"。
冖:古字同"幂",就读"幂"。
吅:古字音 xuān,就读 xuān。
阝:古字分别同"阜"和"邑",做部旁就读"阜",做部边就读"邑"。

(2)用其所代表的整字作为部件的读音。有些非整字部件是整字的变体,就用其所代表的整字的读音作为部件的读音。例如:

"氵、冫、灬"是"水、冰、火"的变体,它们就分别叫作"氵(水)部""冫(冰)部""灬(火)部"。
"扌、才、龵"是"手"的变体,它们都读"手"。
"刂、刀"是"刀"的变体,它们都读"刀"。

(3)用代表字作为部件的发音。有些部件无法用以上办法规定发音,就根据便于解释字义的原则选择代表字,用代表字的读音作为该部件的读音。例如:

亠:用"文"或"六"做代表字,就读"文"或"六"。
宀:用"宝"做代表字,就读"宝"。
辶:用"走"做代表字,就读"走"。

分别用"文、宝、走"做"亠、宀、辶"的代表字,是为了便于解释字义。下面分别说明。

亠：通称"点横头"，本书改称"亠（文）部头"，也称"亠（六）部头"。把"亠"叫作"文部头"，是因为"文"的本义是绘制在人身上的花纹，以此代表花纹、文字等。"文"的古字上面的"亠"像"人"的形状，代表人；下面的"乂"像花纹的形状，代表花纹。"亡"上面的"亠"也代表"人"，下面的"乚"代表隐去，用人隐去代表死亡。"亠"又叫"六部头"，是因为"亠"也像"房顶"的形状，代表房顶。例如，"六"的本字是"庐"（搭在野外的临时居所），上面的"亠"代表房顶，下面的撇和点代表柱子。又如，"市"由"亠"和"巾"组成，"亠"代表房屋，"巾"是纺织品。纺织品是最早的商品之一，代表商品，有房屋和商品的地方就是"市"（市场、城市）。

宀：通称"宝盖头"，本书改称"宀部头"。"宀"像侧视的房屋之形，代表房屋。凡有"宀"做部头的汉字，其意思多半跟房屋有关，如"宝、家、室、安、字"等。

辶：通称"走之底"，本书改称"辶部框"。"辶"是"辵"（chuò）的变体，"辵"字现在很少使用，如果读"辵"，就需要更多的解释，会增加学习负担。"辶"有"行走"的意思，用"走"做代表字，就可以把"辶"解释为代表行走。凡带"辶"的汉字，其意思多半跟行走有关，例如"这、过、道、通、还"等。

（4）借用其所属的整字或非整字的读音作为部件的读音。有些部件无法用上面的办法规定读音，就借用它们所属的整字或非整字的读音做部件的读音。这类部件为数有限，出现频率也不高，它们所属的整字或非整字算不上代表字。例如：

匚（巨）：巨部心

叚（假）：假部边

阝（叚）：叚部旁

夊（叚）：叚部边

本书关于部件的研究，包括部件定名和定称的研究，还是粗线条的，只能作为组合汉语教材编写和课堂教学的临时参照。希望通过集思广益，把汉字部件的研究推向深入。

参考文献

许　慎（121）《说文解字》，北京，中华书局1981。

张旺熹（1990）从汉字部件到汉字结构——谈对外汉字教学，《世界汉语教学》第2期。

张静贤（1992）《现代汉字教程》，北京，现代出版社。

施正宇（1994）现代形声字形符意义的分析，《语言教学与研究》第3期。

杨洪清、朱新兰（1997）《现代说文解字字典·初级版》，北京，群众出版社。

曹先擢、苏培成（1999）《汉字形义分析字典》，北京大学出版社。

国家语言文字工作委员会语言文字规范，信息处理用 GB 13000.1 字符集汉字部件规范，1997-12-01 发布，1998-05-01 实施。

国家语言文字工作委员会语言文字规范，信息处理用 GB 13000.1 字符集汉字部件名称规范（未定稿）。

第四节　汉字的造字原理

> 一、与口头汉语的科学匹配
> 二、区别性和节约性的科学统一
> 三、形音义的科学统一
> 四、汉字表义和表音方法的独特优势

汉字是中华文化的根，也是我们民族智慧的结晶。可是很少有人提及汉字的科学价值，却有人认为汉字是落后的文字。汉字本来是容易学的文字，却被认为是世界上最难学的文字。我们讨论汉字的造字原理，就是为了揭示汉字的科学性和易学性，全面消除对汉字的误解。

汉字的造字原理体现在汉字的结构特点上。根据对汉字结构特点的认识，我们把汉字的造字原理概括为三点，即与口头汉语的科学匹配、区别性和节约性的科学统一、形音义的科学统一。这三大造字原理决定了汉字表义和表音方法的独特优势，也决定了汉字是科学的和易学的文字，从而保证了汉字的勃勃生机。

一、与口头汉语的科学匹配

文字的主要作用是转写口头语言，所以跟口头语言必然有匹配关系。我们认为，就造字原理的总体而言，汉字与口头汉语的匹配十分科学。其科学性至少表现在以下几个方面。

1. 是口头汉语特点的直接反映

口头汉语的特点是以音节为基本单位的直接组合。汉语音节是一种完形结构——完形结构就是形式固定的、既不能添加什么也不能减少什么的完整和自足的结构。作为完形结构的语音音节数量有限，节约性有余而区别性不足，需要有区别性更大的文字与之匹配；作为完形结构的语言音节是音义黏着的天然整体，需要形体独立而固定、能够从音义上对其加以整体转写的文字与之匹配。单纯记音的文字只能转写语音音节，无法全面满足上述需要。于是，我们的祖先就想出了象形表义兼表音的造字方法，用这样的方法创造的文字，就成为形体独立而固定、融形音义为一体的方块汉字。这种方块汉字不但因其具有更大的区别性而弥补了语音音节区别性不足的缺陷，而且与作为音义单位的语言音节形成了对应和包容关系。这说明，口头汉语以音节为基本单位直接组合的特点，是形体独立而固定、融形音义为一体的方块汉字得以产生和发展的客观基础，也说明汉字是口头汉语特点的直接反映。

2. 保证了基本单位的一致性和视、说、听的一致性

口头汉语以语言音节为基本单位，汉字整体转写语言音节，就成为书面汉语的基本单位。这就使以汉字为代表的书面汉语的基本单位和以音节为代表的口头汉语的基本单位完全一致，使汉语使用中的"视、说、听"完全一致。所谓"视、说、听"完全一致，就是视觉上的一个直观表义的汉字，说出来就是一个音节，在听觉上就是一个响峰。基本单位的一致性和由此决定的"视、说、听"的一致性有利于书面汉语和口头汉语的兼容和对流。例如，"与时俱进""以人为本"这类带有文言色彩的表达，在书面汉语中出现以后，很快就融入了口头汉语。如果不见于书面汉语，一般人就听不懂，也就难以进入口头汉语。听不懂的话写下来就能看得懂，并且马上会说，是十分普遍的汉语现象。这正是汉字象形表义兼表音的特点和区别性特征所决定的。单纯记音的文字不可能具有这样的作用，听不懂的话语，写下来照样看不懂。

3. 使众多方言的存在不影响书面汉语的统一

因为汉字与语言音节有对应关系，所以同样的汉字可以用不同的方音识读。众多方言的存在，包括语音差别很大的方言的存在，并不影响书面汉语的统一，汉字与口头汉语的科学匹配是原因之一。如果不是因为汉字与口头汉语的科学匹配，汉语早已分化为多种语言。书面汉语的统一——书同文——意义重大，不但便于普通话与方言的兼容和对流，而且在民族统一方面发挥了并将继续发挥重要的维系作用。

4. 使现代汉语能够跟古代汉语保持有效的传承关系

汉字与语言音节的对应关系以及象形表义兼表音的特性使现代汉语能够跟古代汉语保持有效的传承关系，使历代文化典籍中最精彩的部分，包括成语、典故、常用词语和句法结构等，都成为语言自身的积淀而在现代汉语（包括书面汉语和口头汉语）中被广泛沿用，使现代汉语更加简练、丰富。"大道至简"，"其大无外，其小无内"，"人法地，地法天，天法道，道法自然"，这类古老而深奥的哲学道理，都可以通过汉字加以理解和传承。如果改用单纯记音的文字，就会切断现代汉语与古代

汉语的天然联系。

书面汉语与口头汉语兼容和对流，普通话与方言兼容和对流，古代汉语及其承载的传统文化通过现代汉语传承绵延，汉语在使用中不断发展，源远流长的中华文化在与时俱进中弘扬光大，所有这些，都要归功于汉字与口头汉语的科学匹配。之所以不能用拼音文字替代汉字，根本的原因就在于单纯记音的文字不可能与口头汉语科学匹配。

二、区别性和节约性的科学统一

所有的文字都必须同时具有区别性和节约性。所谓区别性，就是能把不同的字词区别开来；所谓节约性，就是能用尽可能少的符号满足区别性的需要。文字如果没有区别性，不能把不同的字词区别开来，就没有存在的价值；如果没有节约性，要给学习和使用带来无法承受的重负，就没有使用的价值。同时具有区别性和节约性是不同文字的共性。语言也是如此，也必须同时具有区别性和节约性。区别性和节约性是互相制约的一对矛盾：区别性大，有可能导致节约性小；节约性大，有可能导致区别性小。口语是约定俗成的，社团成员能够自动地在两者之间寻找最大公约数，这是语言发展的内在动力之一。文字是人工创造的，在维护区别性和节约性的统一方面有创造的空间。

汉字不但比汉语音节具有更大的区别性，而且也具有高度的节约性，是区别性和节约性相统一的典范。

1. 汉字的区别性

汉字的区别性是汉语口语特点的需要。汉语口语只有1333个语音音节，数量偏少就必然会出现大量的同音字词。音节与音节的直接组合虽能减少却不能有效避免同音词的大量出现。口语是约定俗成的，不可能人为地增加或减少音节的数量。为了弥补为数有限的音节区别性不足的缺陷，我们的祖先就想出了用不同的汉字转写相同音节的办法和象形表义兼表音的造字方法，使汉字比汉语音节具有更大的区别性。汉字的区别性使其不但可以把大量的同音字区别开来，而且可以把大量的同音词区别开来。例如：

不详　不祥（详　祥）
大道　大盗（道　盗）

食堂　食糖（堂　糖）
石油　食油（石　食）
因素　音素（因　音）
只是　指示（只　指　是　示）
住房　驻防（住　驻　房　防）
原因　元音（原　元　因　音）
中心　忠心　衷心（中　忠　衷）

　　用不同的汉字转写相同的音节，并用象形表义兼表音的方法造字，就是为了区别字义和词义。如果改用单纯记音的文字，就无法区分同一个音节的不同意思，不要说古代汉语和大量的诗词、对联、标牌、人名、地名等都无法区分和理解，就是现代人日常生活中常用的词语，有许多也都难以从意义上加以区分。只有用区别性更大的汉字转写音节，才能充分满足交际的需要。汉字能够绵延数千年，并且还要继续绵延下去，就是因为汉字比汉语音节具有更大的区别性。汉语文字拼音化的道路走不通，原因之一就是单纯记音的文字无法取代汉字的区别性优势。

2. 汉字的节约性

　　汉字和汉语的组合特点决定了汉字具有高度的节约性。汉字的组合特点决定了可以用少量的生成元素（笔画和部件）组合生成数量足够的汉字，汉语的组合特点决定了可以用少量的汉字组合生成数量足够的词语。

　　笔画是汉字最小的组合单位，因为笔画与笔画的组合有相交、相连、相离等不同的方式，所以只需要 28 个笔画就能组合生成数量足够的汉字。从书写单位的角度说，汉字的笔画可以跟英文字母类比。大家都说英文只有 26 个字母，汉字笔画的数量不是比英文字母还多吗？节约性何从说起？有时，一种说法传开了，无论离事实多远，人们都深信不疑。大家都相信英文只有 26 个字母的说法，就是一例。事实上，26 个英文字母只是字母的名称。英文字母有大写和小写、手写体和印刷体之分，其形状和书写方法是 104 个，跟汉字笔画的比例是 104：28。26 个英文字母的名称只能跟汉字笔画的 8 个概念类比，比例是 26：8。况且，汉字笔画的名称、笔画形状的名称和笔画书写方法的名称是完全一致的，英文字母却没有基于形状的书写方法的名称，怎样书写不好称说，学习 104 个字母的书写，只能一个一个地依葫芦画瓢。虽然有些字母的大写和小写、手写体和印刷体大同小异，但是多数字母的大写和小写、手写体和印刷体还是有明显区别的，都必须单独学习。汉字也有不同的字体，常用字体有楷体和宋体，手写体多半用楷体，印刷体多半用宋体。楷体和宋体没有太大的区别，稍有区别和书写时需要注意的也有，不过数量有限。例如，"辶"和"辶"中的第二笔和第三笔的形状稍有不同，"看、人、月"等字中的"撇"的斜度也稍有不同。只有这类形变需要向学生说明，就数量而言，实际上可以忽略不计。

部件是汉字中大于笔画、小于全字的单位，都是具有生成性的自由形式，还可以一身多任。所谓"生成性的自由形式"，就是部件可以跟相关的笔画或部件进行自由组合，而不是只能凝固在某一个特定的汉字之中。例如，"口"可以跟"巾、十、丩、禾、囗"等组合生成"吊、古、叫、和、回"等汉字，"木"可以跟"子、口、寸、木、广"等组合生成"李、呆、村、林、床"等汉字，"氵"可以跟"又、干、工、可、胡、每"等组合生成"汉、汗、江、河、湖、海"等汉字。所谓"一身多任"，就是部件既是整字或整字的组成成分，又可以充当义符或音符，或充当义符兼音符。下表是部件一身多任的例子：

表7. 部件一身多任例表

整字	整字	部件	义符	音符
村	木	木	木	
	寸	寸		寸
功	工	工	工	工
	力	力	力	
躬	身	身	身	
	弓	弓	弓	弓

因为汉字的部件都是具有生成性的自由形式，还可以一身多任，所以可以用少量的部件组合生成所需的汉字。

如前所述，现代通用汉字只有7000个，常用汉字只有2500个，2500个最常用汉字的覆盖率可以达到99%以上。因此，无论是一汉教学，还是二汉教学，都可以把2500个最常用的汉字作为汉字教学的数量目标。为什么？因为学会了2500个最常用的汉字，阅读一般书刊就基本上没有文字障碍了；即使遇到个别没有学过的汉字，也可以根据字形猜到字义，在上下文中猜测字义的把握更大；非常用汉字多半出现在专业书刊之中,结合专业学习汉字会更加省时省力;掌握了一定数量的汉字,就具备了查字典的能力,可以通过查字典解决生字问题。

前面说过,汉字的全部生成元素只有 28 个笔画和 200 多个非整字部件。为数有限的生成元素能够组合生成数量足够的汉字,为数有限的汉字能够组合生成数量足够的词语,充分满足交际的需要,这就显示了汉字高度的节约性。

汉字的节约性不但表现为通用字和常用字数量少,也不但表现为生成元素的数量少,而且还表现为占用自然空间小。占用自然空间小是因为汉字不是字母与字母的线形组合,而是笔画和部件按上下、左右、内外位置排列的平面组合,这就使形音义表达的自然空间得到了充分的利用。占用自然空间小不但可以节约物质资源,而且可以节约阅读时间。把汉语翻译成拼音文字语言,或者用汉语拼音转写口头汉语,所占自然空间会大得多。占用自然空间大,就不但要增加物质资源的消耗,而且要增加阅读时间。

我们说汉字已达到区别性与节约性的高度统一,是就造字原理的总体而言,并不是说每一个汉字在区别性和节约性方面都已达到了尽善尽美的境界。实际上,汉字在区别性和节约性的统一方面仍有一定的改革空间。我们认为,设法使汉字的区别性和节约性达到更高程度的统一,也应成为汉字下一步改革的任务。

三、形音义的科学统一

有一种颇为流行的说法:拼音文字是表音文字,汉字是表义文字。好像是说:拼音文字只表音,不表义;汉字只表义,不表音。对这样的说法,人们似乎也深信不疑。其实,每一种语言的文字都有一定的形体结构,也都有一定的表音和表义的方法。从这个意义上说,每一种文字都有表音功能,也都有表义功能。一种文字如果没有表音功能,就无法读出它的声音来;如果没有表义功能,就不能通过字形或词形识别字义或词义。凡是仍在使用的文字,都同时具有表音和表义的功能;就是已经死去的文字,在它活着的时候也都同时具有表音和表义的功能。具有表音和表义功能是不同文字的共性,只是不同的文字往往用不同的方法,也就是用不同的形体结构表音和表义。形体结构不同,就意味着表音和表义的方法不同,这样就形成了不同文字的个性特点。

汉字字形的构成单位有笔画、部件和整字;基本字由笔画与笔画组合生成,笔画与笔画的组合方式包括相交、相连、相离；复合字由笔画与部件或部件与部件组合生成，笔画和部件基本上都按上下、左右、内外的位置排列。这样的字形特点就是汉字表义和表音以及形音义统一的物质基础。

1. 形音义的统一

汉字表义和表音方法的主要特点是义符表义和音符表音的统一。古人把汉字分为六类，叫作"六书"。"六书"包括象形、指事、会意、形声、假借和转注。假借字是指借用原来的汉字表示新意的汉字，不是新造的汉字。例如，"六"本来是"庐"的意思，后来借来代表数目字"六"，数目字"六"就是假借字。转注字是指可以用来互相解释字义的汉字，也不是新造的汉字。例如，《说文解字》用"老"解释"考"，用"考"解释"老"，"老、考"互相释义，就是"转注"。其他四类汉字，包括假借字和转注字的本字，都体现了义符表义和音符表音相统一的造字原理。分述如下。

（1）象形字。在最早的汉字中，有一类是用线条描画出来的人和事物的形状，以人和事物的形状代表字义。后来人们就把这类汉字叫作象形字。象形字就是用象形符号表示字义的汉字。例如，"人"是用线条描画出来的"人"的形状，"马"是用线条描画出来的"马"的形状，"木"是用线条描画出来的树木的形状，"日、月"是用线条描画出来的太阳和月亮的形状，"人、马、木、日、月"就叫象形字。象形字在发展过程中，线条逐渐演变为笔画和笔画组合，字形也就发生了不同程度的变化，但是仍然保留着大致的轮廓，可以通过对字形的联想识别字义和帮助记忆。

（2）指事字。在最早的汉字中，还有一类是用线条描画出来人和事物特点的形状，以人和事物特点的形状表示字义。后来人们就把这类汉字叫作指事字。例如，"一、二、三"是用线条的数量表示数目，"上、下"是分别在线条的上面和下面添加符号指示方位。"一、二、三"和"上、下"都是描画事物特点的象形符号。又如，在象形字"木"的下部添加一个符号就成为"本"，代表树根，泛指"根"。为什么在"木"的下部添加一个符号就能代表树根？因为"木"是树木的意思，树木的根的特点之一是位置在树的下部。这就是以事物特点的形状代表字义。跟象形字一样，指事字的线条也逐渐演变为笔画和笔画组合，字形也随着发生了不同程度的变化，要通过对字形的解析才能理解字义，字形变化较大的指事字还要追溯原形才能帮助理解和记忆。

象形字和指事字都是利用相似性原理创造的汉字。同类事物的形状具有某种相似性，这种相似性可以直接临摹。同类事物的特点也具有某种相似性，这种相似性的特点也有一定的形状可供临摹。象形字和指事字都是象形表义的汉字，象形字与它们所代表的人和事物本身的形状相似，指事字与它们所代表的人和事物特点的形状相似。因此，我们可以把象形字和指事字的字义叫作相似义。

（3）会意字。会意字是由象形符号与象形符号组合生成的汉字，用象形符号与象形符号的组合表示字义，这也是象形表义。例如，"从"由两个"人"组成，"人"是象形符号，代表人。两个人一前一后，就代表"跟从"。"众"由三个人组成，意为"三人为众"。"尘"由"小"和"土"组成，表示"小土为尘"。"活"由"氵"（氵=水）和"舌"组成，"氵"和"舌"都是象形符号。"氵"是"水波"的形状，"舌"是舌头的形状。用这两个象形符号组成"活"，是表示"舌上有水"，用"舌上有水"代表存活。"话"由"讠"（讠=言）和"舌"组成，"言"也是象形符号，像用舌头发音的形状。因为说话要用舌头，所以就用"舌"和"言"的组合代表说话。"家"由"宀"和"豕"组成，"宀"和"豕"都是象形符号。"宀"像侧视的房屋的形状，代表房屋；"豕"像猪的形状，代表猪。用"宀"和"豕"的组合代表家，是表示房子里有猪就是家。为什么用房子里有猪代表家？因为猪原来是野生动物，后来收到房子里饲养。有房子养猪就意味着定居，定居就是家的形成。从上面的例子可以看出，会意字也是着眼于把握事物的特点，代表汉字的创造者和使用者对客观事理的认识，包含着深厚的文化积淀。

象形字、指事字、会意字都是独立表义兼表音的汉字。独立表义，就是以整字为义符；独立表音，就是以整字为音符。音符的读音就是音节的发音。这就是说，象形字、指事字、会意字既是义符，也是音符，是义符和音符合一的汉字。

（4）形声字。大多数汉字是形声字。据统计，现代汉字中的形声字占到90%左右。（张静贤1992）形声字由义符和音符组合生成，义符代表义类，音符代表音类。义符和音符也由象形符号担任。例如，"功、攻"中的"力、攵"是义符，"工"是音符；"铜、桐"中的"钅（钅=金）、木"是义符，"同"是音符。有些形声字也是会意字。例如，"富"由"宀"和"畐"组成，"宀"代表房屋，是义符，"畐"(fú)代表发音，是音符。"畐"的古字像装满实物的瓶子，意为充盈，"富"即房内充盈。用房内充盈代表富有，所以"富"也是会意字。"躬"由"身"和"弓"组成，"身"

是义符,"弓"是音符。"躬"有"把身躯弯成弓形"的意思,所以也是会意字。"富、躬"都是会意兼形声字。

跟会意字一样,形声字的组合单位也都是象形符号。由此可见,会意字和形声字的表义方法都是用象形符号组合表义。因此,可以把会意字和形声字的字义叫作组合义。组合义以相似义为基础,是相似义的延伸。

象形字和指事字数量不多,但多半都可以用于组合,生成会意字和形声字。会意字和形声字多半是由象形字或指事字(以及它们的变体)组合生成的,在象形字和指事字的基础上学习会意字和形声字会更加容易。

前面说过,汉字都包含音节,一个汉字的读音就是一个音节的发音。象形字、指事字和会意字既是义符,也是音符,是义符和音符合一的汉字。形声字由音符代表音节的发音,所以是义符与音符结合的汉字。无论是"合一",还是"结合",都表现为义符表义和音符表音的统一。义符表义和音符表音的统一就是形音义的统一。

我们说汉字是形音义统一的文字,也是就造字原理的总体而言。由于字形和字音的发展变化,形声字义符表义和音符表音的功能已经弱化。弱化现象主要表现为:有些义符(象形符号)要通过联想或联系原形进行解析,才能理解其意思,有些义符已经失去了象形表义的特点;多数形声字的音符只有半表音作用或者只能表示近似音,有的已不再表音。这就是说,现代汉字确实存在着形音脱节的现象。不过,如果跟英语文字相比,汉字形音脱节的现象并不是最严重的。实际上,汉字的表义功能仍处于强势,形声字音符表音的功能虽已弱化,但是带全表音音符的形声字仍占四分之一以上(张静贤1992),部件音音符多半相当于全表音音符,半表音音符、近似音音符对汉字的读音也有启示作用。

2. 形声字音符的类型

根据表音的特点,我们把形声字的音符分为四类。下面分别举例说明。

(1)全表音音符。与整字的读音完全相同的音符叫全表音音符。如下表所示:

表 8. 全表音音符例表

音符	例字
成	城 诚 晟 盛 铖 宬
唐	鄌 塘 搪 溏 瑭 糖 螗 糖

续表

音符	例字
凶	匈 讻 汹 恟 胸
肖	削 逍 消 宵 绡 硝 销 蛸 霄 魈
章	鄣 獐 彰 漳 嫜 璋 樟 蟑

（2）半表音音符。在声母、韵母和声调这三项当中，有一项与整字的读音不同的音符叫半表音音符。如下表所示：

表 9. 半表音音符例表

声母不同		韵母不同		声调不同	
整字	音符	整字	音符	整字	音符
草（cǎo）	早（zǎo）	伯（bó）	白（bái）	吗（ma）	马（mǎ）
现（xiàn）	见（jiàn）	宾（bīn）	兵（bīng）	哪（nǎ）	那（nà）
客（kè）	各（gè）	英（yīng）	央（yāng）	花（huā）	化（huà）

（3）近似音音符。在声母和韵母这两项当中，至少有一项与整字的读音相同或相近的音符叫近似音音符。如下表所示：

表 10. 近似音音符例表

音符	整字
井（jǐng）	进（jìn）（声母相同，韵母相近）
广（guǎng）	旷（kuàng）（韵母相同，声母相近）
戋（jiān）	钱（qián）（韵母相同，声母相近）
尚（shàng）	躺（tǎng）（韵母相同）
果（guǒ）	棵（kē）（声母相近）
斤（jīn）	听（tīng）（韵母相近）

相近的声母如"g-k, z-zh, s-sh"等，相近的韵母如"a-ai, an-ian, in-ing, uan-üan"等。

（4）部件音音符。有些整字音符的读音与该音符原字的读音完全不同，但是做部件时的读音具有内部一致性，代表做部件时的统一读音。我们把这类音符叫作

"部件音音符"。如下表所示:

表 11. 部件音音符例表

部件	原字音	部件音	例字
军	jūn	huī	珲 挥 辉 晖 罤
开	kāi	xíng	刑 邢 形
也	yě	tā	他 她 牠
句	jù	gōu, gǒu, gòu	佝 枸, 狗 耇 苟 佝 笥 岣, 够
每	měi	huǐ, huì	悔, 诲 晦
且	qiě	zū, zǔ	租, 阻 诅 组 祖 俎
我	wǒ	é, è	俄 莪 涐 娥 峨 哦 钺 睋 蛾 鹅, 饿

上表中的部件音,有的发音完全相同,有的只是声调不同(上表中声调不同的用逗号隔开)。

部件音音符多半相当于全表音音符,有的相当于半表音音符,表音作用不可小觑。

有些音符由"简化偏旁"担任。由"简化偏旁"担任的音符要追溯原字才能了解其读音的来源。例如:

表 12. 简化偏旁音符例表

形声字	音符	形声字	音符
奖 桨, 酱	将	练 炼	柬

上表中的"柬"是部件音音符。

还要强调指出:形声字义符表义和音符表音的功能虽已弱化,但是形音义统一的造字原理依然存在,为恢复和发展这一科学的造字原理预留着空间。我们认为,汉字下一步改革的首要任务就是设法恢复和发展形音义相统一这一科学的造字原理,使汉字的形音义达到更高程度的统一。

四、汉字表义和表音方法的独特优势

1. 汉字表义方法的独特优势

用象形符号表义,或用象形符号与象形符号组合表义,都是直接表义。这是汉字跟拼音文字的重要区别之一。拼音文字是记音表义，由音生义；汉字是象形表义，由形生义。由音生义不能见其形而知其义，所以是间接表义；由形生义可以见其形而知其义，所以是直接表义。直接表义就具有直观性，不需要或者不必单纯依靠语音转换就能识别字义。例如，看到带"艹"的汉字，就知道其意思多半跟花草、蔬菜等有关；看到带"木"的汉字，就知道其意思多半跟树木或木制品有关；看到带"氵"的汉字，就知道其意思多半与水或其他液体有关；看到带"心"（忄）的汉字，就知道其意思多半跟思想、情感、意志、心态等有关；看到带"月"（肉）的汉字，就知道其意思多半跟身体的器官或肢体等有关……有大量的汉字即使不知道它们的发音，也可以根据字形猜到它们的大意，结合上下文猜测字义的把握更大。由此可见，直接表义不但便于理解和记忆，而且便于快速识别字义。能快速识别字义就能加快阅读速度，节约阅读时间。这就是汉字表义方法的独特优势，这种独特优势是汉字表义方法科学性的有力证明。

2. 汉字表音方法的独特优势

人们普遍认为，拼音文字用字母表音，所以是表音文字，汉字不是用字母表音，所以不是表音文字。认为汉字不是表音文字，就是不承认汉字有表音功能。这是误解。其实，汉字不但有表音功能，其表音方法还具有独特的优势。下面具体说明。

2.1 什么是文字的表音方法

人们对文字的表音功能有误解，是因为对文字的表音方法有误解。因此，讨论文字的表音方法，必须首先说明什么是表音方法。我们认为，无论什么语言，语音表达和识别的基本单位都是音节，因为音节是发音固定和可以感知的最小的语音单位。只有发音固定和可以感知的最小的语音单位才能成为语音表达和识别的基本单位。所谓文字表音，首先是表示音节的发音；所谓文字的表音方法，首先是文字用什么方法表示音节的发音；避开音节的发音，文字的表音方法就无从谈起。这就是我们对文字表音方法的基本认识，也是研究文字表音方法所必须树立的一个基本观念。

强调音节是语音表达和识别的基本单位，就是否认字母是语音表达和识别的基本单位。英文字母虽然都有自己的读音，但是英文字母的读音只是字母名称的读音，字母名称的读音跟音节的发音不是完全对应的。英文词由一个或多个音节组成，由多个音节组成的词的读音，就是音节读音的组合。下文将举例说明，字母在音节中的读音不是固定的，同一个字母在不同音节中的读音不一定相同，同样的音节所用字母不一定相同。此外，并不是所有音节中的所有的字母都能读音，不能读音的字母在语音上就无从感知。因为读音不是固定的，也不是都能读音的，所以英文字母不是英语语音表达和识别的基本单位。前面说拼音文字是记音表义的文字，这里所说的"音"，是指音节以及音节与音节组合的发音，不是指字母名称的读音。

树立"音节是语音表达和识别的基本单位"的观念，是理解文字表音方法的关键。对许多人来说，这可能是个"结"。上面首先讨论什么是表音方法，就是希望能打开这个"结"。只有打开了这个"结"，才能正确认识文字的表音方法，尤其是正确认识汉字的表音方法。

2.2 汉字的表音方法

汉字跟拼音文字的另一个重要区别是表音方法不同。拼音文字的表音方法是用字母或字母组合表示音节的发音，汉字的表音方法是汉字本身表示音节的发音。汉字本身表示音节的发音就是直接表音。象形字、指事字和会意字都是直接表音，形声字由义符和音符组成，音符就表示音节的发音，这也是直接表音。直接表音是汉字表音方法的一大优点。所谓"优点"，也是相比较而言，我们说"直接表音是汉字表音方法的一大优点"，就是跟英文词的表音方法相比较而言。英文词虽然是用字母或字母组合表示音节以及音节与音节组合的发音，但是如前所述，英文字母的读音不能直接表示英文词的读音。英文词由字母组成，字母的读音不能直接表示词的读音，就是形音脱节。英文词形音脱节的现象相当严重。例如：

    gentleman, ground

    write, right

    phonetic, five

在上面的例子中，g 在 gentleman 和 ground 中的读音不同；write 和 right 发音完全相同，所用字母和字母组合却不完全相同；phonetic 和 five 中的同一个字母 i 的发音截然不同，f 和 ph 的发音却又完全相同，e 在 phonetic 中有读音，在 five 中却没有读音，如此等等。这类情况在英文中普遍存在，是常规而非特殊。

汉字形音一体，英文词形音脱节，这就是汉字跟英文词表音方法的根本区别。

2.3 语音学习难易程度的客观标准

我们说"直接表音是汉字表音方法的一大优点"，是因为汉字直接表音的方法使汉语语音容易学。也许很少有人认同这个观点，因此要详加说明。

人们普遍认为，英语文字用字母表音，语音必然容易学，语音容易学词就容易学；汉字不是用字母表音，汉字的读音必然难学，读音难学就连带到汉字难学。这是极大的误解。产生这样的误解，是主观想象的结果，并没有理论依据。我们认为，语言学习的难易程度，包括语音学习的难易程度，都是相比较而言的。比较主要是拿学习不同的二语做比较，又主要是拿学习二语非亲属语言做比较。英语人学法语，法语人学英语，是学习亲属语言，不能与学习非亲属语言相比较。英语人学汉语，汉语人学英语，都是学习二语非亲属语言，所以可以拿英语人学汉语跟汉语人学英语做比较。比较要有客观标准。什么是语音学习难易程度的客观标准？前面说过，语音表达和识别的基本单位是音节，因此，语音学习要以音节为基本单位。英语人学汉语和汉语人学英语，语音学习的难易程度首先表现为音节学习的难易程度。音节学习的难易程度是由音节的数量、音节的生成方式和音义关系等多方面的因素决定的，因此，要把音节的数量、音节的生成方式和音义关系等作为衡量语音学习难易程度的客观标准。为什么要拿音节的数量作为衡量的客观标准？因为音节的数量跟理解、模仿和记忆的负担有关，数量多，理解、模仿和记忆的负担就重；数量少，理解、模仿和记忆的负担就轻。为什么要拿音节的生成方式作为衡量的客观标准？因为音节的生成方式跟理解、模仿和记忆的难易程度有关，生成方式复杂，理解、模仿和记忆的难度就大；生成方式简单，理解、模仿和记忆的难度就小。为什么要拿音节的音义关系作为衡量的客观标准？因为音义统一就容易理解和记忆，音义脱节就不容易理解和记忆。如果用上述标准衡量语音学习的难易程度，就不难得出这样的结论：学习汉字的读音比学习英文词的读音要容易得多。原因是：一个汉字的读音就是一个汉语音节的发音，而汉语音节的数量是封闭式的，只有1333个。英语有多少个音节？有不同的学者用不同的方法进行研究的结果，认为有一万个左右（详见潘文国1997第151页，霍凯特2002第317页）。这比汉语音节的数量要多得多，上万个音节都要一个一个地学。1333个汉语音节的生成元素有21个声母、35个韵母和5个基本声调。英语音节的生成元素是字母或字母组合，有多少个字母或字母组合，也需要研究，不过可以肯定，一定比汉语音节的生成元素多得多。汉语音节的生成方式也是封闭式的，都是声母、韵母和声调的组合。英语音节中的字母和字母组合不一定相同，字母和字母组合不同就是生成方式不同，需要一个一个地模仿和记忆。汉语音节都是音义黏着的天然整体，英语音节却不是都有表义作用。

弄清语音学习难易程度的客观标准，就可以看到，汉字直接表音正是汉字表音方法的独特优势。一个汉字的读音就是一个音节的发音，而音节数量有限、生成方式固定、语言音节音义黏着。汉语音节的这些特点都决定了汉语音节容易学，音节容易学就意味着汉字的读音容易学。汉字表音方法的这一独特优势，是汉字表音方法科学性的有力证明。

习惯了拼音文字的人，认为汉字不是用字母表音，所以必须一个一个地死记硬背。这是认为汉字难学的原因之一。其实，学习任何文字都需要记忆。学习英语文字难道不需要记忆吗？问题不在于是不是需要记忆，而在于记忆负担的大小，记忆负担的大小由需要记忆的要素的多少和记忆难度的大小决定。学习汉字需要记忆的要素，实际上只有28个笔画、200多个非整字部件和由这些笔画和部件组合生成的2500～7000个汉字。其中，占汉字总数90%左右的形声字并非都需要死记硬背。况且，很少有人需要掌握7000个汉字。这些事实说明，无论从数量上看，还是从难易程度上看，学习汉字都比学习英语文字的记忆负担小得多。记忆负担的大小，还要看怎样教。汉字教学如果无序，让学生觉得汉字都像图画，自然会加重记忆负担；如果建立起科学的汉字教学系统，按照由笔画到整字或由笔画到部件再到整字的程序循序渐进地进行汉字教学，把形音义的教学统一起来，学生的记忆负担就能大大减轻。把形音义的教学统一起来，就不是所有的汉字都需要死记硬背。

已有大量的实践证明，我国学前儿童可以轻轻松松地学会一两千甚至两三千个汉字，养成自主阅读能力。四五岁至七八岁的儿童正处于阅读发展的最佳期，在阅读最佳期内养成自主阅读能力，可以加快智力发展，难学的课程就不再难学，厌学情绪也可随之消失。这足以证明，汉字难学论是不真实的理论，也是有害的理论。可是，流行已久的汉字难学论的阴影仍然笼罩着中华大地。君不见：大街小巷的各种名牌上仍然标注着汉语拼音，各种媒体上的英文术语还有日益增多的趋势，学前阶段的汉字教学受到严格限制，小学生要先学汉语拼音，国人对英语的热情远远超过对汉语的热情……这是为什么？会导致什么结果？难道还不该为"汉字难学"翻案吗？

引文目录

张静贤（1992）《现代汉字教程》，北京，现代出版社。

潘文国（1997）《汉英语对比纲要》第151页，北京语言大学出版社。

霍凯特（2002）《现代语言学教程》，索振羽、叶蜚声译，北京大学出版社。

参考文献

许　慎（121）《说文解字》，北京，中华书局1981。
周有光（1961）《汉字改革概论》，北京，文字改革出版社。
裘锡圭（1985）《汉字的性质》，《中国语文》第1期。
苏培成（1991）现代汉字和现代汉字学，《纪念王力先生九十诞辰文集》，济南，山东教育出版社。
王　宁（1991）汉字的优化和简化，《中国社会科学》第1期。
张光鉴（1992）《相似论》，南京，江苏科学技术出版社。
张静贤（1992）《现代汉字教程》，北京，现代出版社。
霍陈婉媛、汤伟才（1993）汉字阅读初探，《世界汉语教学》第4期。
施正宇（1994）现代形声字形符意义的分析，《语言教学与研究》第3期。
石定果（1994）会意汉字内部结构的复合程序，《世界汉语教学》第1期。
杨洪清、朱新兰（1997）《现代说文解字字典·初级版》，北京，群众出版社。
曹先擢、苏培成（1999）《汉字形义分析字典》，北京大学出版社。
张光鉴等（2000）《科学教育与相似论》，南京，江苏科学技术出版社。

第三章　词法

第一节　什么是词法

第二节　名词组合规则例解

第三节　动词组合规则例解

第四节　静词组合规则例解

第五节　数词组合规则例解

第六节　词语组合规则的多样性特点

本书还不能对所有的词法现象进行全面讨论。本章第一节说明什么是词法，接着的三节分别以名词、动词和静词为重点，举例说明汉语词语的组合规则。词语的组合规则包括词语的生成方式、组合关系和词义结构特点。因为是举例性的，所以都叫"例解"。第五节讨论数词的生成方式及其与汉语生成机制的关系，也是"例解"。第六节把词语的生成方式、组合关系和词义结构特点归纳起来，做个小结，阐明汉语词语组合规则的多样性特点及其形成的原因。

　　汉语的句法是词法的自然延伸，大部分句法规则跟词法规则具有一致性。本章讨论词法，不但是为了讨论词法本身，而且也是为了给后面讨论句法提供必要的基础。

第三章　词法

第一节　什么是词法

> 一、什么是词法
> 二、词法与构词法

一、什么是词法

词法就是词语的组合规则，包括词型和词类，以及词语的生成方式、组合关系和词义结构特点。关于词型和词类，本书第一章第三节谈到：根据词的结构特点，我们把汉语的词分为基本词和复合词两类，再把复合词分为基本复合词和多重复合词两类。由字与字组合生成的是基本词，由字与基本词或基本词与基本词组合生成的是基本复合词，大于基本复合词的是多重复合词。这就是汉语的词型。根据词义，我们把汉语的词分为九类，即名词、数词、量词、动词、静词、主述词、状词、连词、虚词。这就是汉语的词类。这一章以名词、动词、静词和数词为代表，专门讨论词语的生成方式、组合关系和词义结构特点。

二、词法与构词法

流行的汉语语法虽然重视词类和构词法，却不太重视词法。构词法跟我们所说的词法不是等同的概念。构词法的研究和教学都立足于词，着眼于词的构成，采用切分的方法，是从上往下看。词法的研究和教学则立足于字，着眼于怎样用字组词，采用组合的方法，是从下往上看。从下往上看，注重字的特点和作用，能够看到一个字可以组成哪些词，也更便于解释词的生成方式、组合关系和词义结构特点。立足于词，字的特点和作用往往被忽视，也无法看到一个字可以组成哪些词。构词法的研究如果要解释词的生成方式、组合关系和词义结构特点，就必须再回到字，再从下往上看。

说明词法与构词法的立足点和研究方法不同，并不是认为语法研究只能采用由小到大的组合的方法。实际上，语法研究也需要从上往下看，采用切分的方法。当我们还不知道一种语言现象是由哪些和什么单位构成的时候，就需要进行切分，直至无法再分。这就是说，切分的方法可用于探索未知领域。字本位观念的形成，就得益于对语法单位的切分。汉语语法研究发展到今天，已经有条件从下往上看，采用组合的方法。组合的方法也可用于进一步探索未知领域（例如探索由小到大的组合规则），还可以用于解释已经形成的观念和强化已经解释过的规则，因此尤其适用于教学语法。在汉语教学中，利用已有的研究成果，采用以字为基本单位的层层组合的方法，更能帮助学生理解字义和基于字义的词义，逐渐掌握词语的组合规则，养成举一反三的能力。

参考文献

陆志韦等（1957）《汉语的构词法》，北京，科学出版社。

王绍新（1987）谈汉语复合词内部的语义构成，《语言教学与研究》第3期。

刘叔新（1990）《汉语描写词汇学》，北京，商务印书馆。

许德楠（1990）《实用词汇学》，北京，燕山出版社。

许德楠（1992）词语的文化内涵与信息性的若干关系，《语言教学与研究》第2期。

符淮青（1996）《词义的分析和描写》，北京，语文出版社。

程　娟（2004）《词汇专题研究》，北京语言大学出版社。

第二节　名词组合规则例解

> 一、"名名结构"名词
> 二、"名动结构"名词
> 三、"数名结构"名词
> 四、"动名结构"名词
> 五、"动动结构"名词
> 六、"静名结构"名词
> 七、"静动结构"名词
> 八、"附加式"名词
> 九、"重叠式"名词

具有名字性质的词语是名词。本节仅以上表所列九种名词为例,粗略说明它们的生成方式、组合关系和词义结构特点。

一、"名名结构"名词

意思相关的名字可以互相组合,生成"名名结构"名词。下面举例说明"名名结构"名词的组合关系和词义结构特点。

"名名结构"名词可以表示并列关系和限中关系。

1. 并列关系

并列关系就是组成成分意思并列的组合关系。表示并列关系的"名名结构"名词,词义结构至少有以下特点。

(1)词义是参与组合的名字的字义相加。可以用"和、与"等连字连接并列成分,或者用顿号把并列成分隔开。例如:

　　花草　军民　前后　左右　上下　里外
　　南方和北方　父与子　春、夏、秋、冬

（2）词义与参与组合的一个名字的字义相同或相近。例如：

国家（国） 人口（人） 树木（树） 上面（上）
地方（地） 人民（民） 身体（体）

（3）词义为引申义或比喻义。用引申和比喻的方法组词，是汉语词语生成方式的特点之一。下面是表示引申义和比喻义的名词的例子。

山水：由山和水引申为画山水风景的画儿。
手足：用手和足比喻弟兄。
股肱：用股（大腿）和肱（胳膊）比喻在左右辅佐很得力的人。
牛马：用牛和马比喻卖苦力而地位低下的人。
风云：用风和云比喻层出不穷、变化莫测和具有震撼作用的事端。
杯弓蛇影：有人看到映在酒杯里的弓的影子，误以为是蛇。以此比喻疑神疑鬼，自作自受。

引申义和比喻义也是意合，是意合的一种特殊方式，而不是非意合现象。字义或词义具有引申义和比喻义不是汉语独有的现象，其他语言也是如此。因此，除了像"杯弓蛇影"这样的典故需要专门解释以外，一般只要在教材的字词表中进行对译就可以帮助学生理解。

表示并列关系的"名名结构"名词，词义如果包含整体与部分的关系以及长幼、尊卑的关系，字序是整体在前，部分在后，长者、尊者在前，幼者、卑者在后。例如：

国家　父子　姐妹　师生　君臣　主仆

表示并列关系的"名名结构"名词，如果涉及男女的排序，字序总是男前女后。例如：

男女　父母　公婆　夫妻　子女

2. 限中关系

限中关系都是限定成分在前，中心成分在后。表示限中关系的"名名结构"名词，词义结构至少有以下特点。

（1）限定成分说明中心成分的内容、类别、特点等。例如：

汉语　厂长
农民工　北京人　电影节　黄金周　妇女运动　国家建设
动物园　图书馆　语言学院　计算机系
脸色　春雨　鸡蛋　鸭蛋　母校　鲤鱼
电器　火车　海员

（2）限定成分说明中心成分的质料、用途等。例如：

① 木梳　丝袜　布鞋　毛衣　铁器　钢板　砖瓦房　白菜馅儿
② 锅盖　门闩　鱼钩　商场　食品店　会议室　体育馆　住宅楼
　　饺子馅儿

上面例①的限定成分说明中心成分的质料，例②的限定成分说明中心成分的用途。拿"白菜馅儿"和"饺子馅儿"做比较，可以更加清楚地看到"质料"和"用途"的区别。"白菜馅儿"中的"白菜"是指"馅儿"的质料，"饺子馅儿"中的"饺子"是指"馅儿"的用途。

表示限中关系的"名名结构"名词，词义如果包含整体与部分的关系，字序是"整体"在前，"部分"在后。例如：

北方　山区　床上　桌面　房顶　教室里
中国地图　意大利面条　日本料理　北京市海淀区中关村

（3）词义为比喻义。例如：

水晶：用"洁净如水"比喻一种物体。
眼线：用"与眼连线"比喻暗中探秘的人。
心病：用"心中之病"比喻心中牵挂着的难题。
镜花·水月：用"镜中之花和水中之月"比喻有形无实，可望而不可得。
杯水·车薪：用"拿一杯水去灭一车着了火的柴"比喻数量太少，无济于事。

二、"名动结构"名词

名字可以与意思相关的动字相组合，生成"名动结构"名词。下面举例说明

"名动结构"名词的组合关系和词义结构特点。

"名动结构"可以表示限中关系和主述关系。

1. 限中关系

表示限中关系的"名动结构"名词至少有以下词义结构特点。

（1）名字是动字动作的对象。例如：

  学说 书展 房管 环境保护 教育投资 营养搭配 机器制造

上面"学说"中的"学"是名字，意为学问；"说"是动字，意为论述。"学说"就是关于学问的论述，字序不能改变。其他例子的字序或词序可以改变，字序或词序改变后就成为动受关系动词。这说明，字序或词序有决定词类和词义的作用。

（2）词义是转义。例如：

  手套 手铐 火烧 锅贴 铁板烧 创可贴

上例中的"手套、手铐"是用品，并说明使用方法；"锅贴、火烧、铁板烧"是食品，同时说明制作方式；"创可贴"是一种药品，同时说明使用范围和使用方法。作为物品名称，上面各例的词义固定，字序不能改变。"手套、手铐、火烧、锅贴、铁板烧"的字序虽然可以改变，但改变后的"贴锅"和"烧铁板"就成为动受关系动词，不是物品的名称。"贴锅"和"烧铁板"虽然词义可解，却不常用。这说明，按照"意合"规则组词，不但要注意可解性，而且要注意常用性。

2. 主述关系

表示主述关系的"名动结构"名词，有以下词义结构特点。

（1）名字是施动者。例如：

  地震 海啸 霜降 冬至 圣诞 天赋 水流 音响 心跳 军需

上面的例子，只有"霜降""水流"的字序可以改变为"降霜""流水"。"降霜"是动受关系动词，口语中多说"下霜"。"流水"兼做动受关系动词和限中关系名词。其他各例的字序不能改变，是因为不能通过改变字序组成新词。

（2）名字是受动者。例如：

  日食 位置

三、"数名结构"名词

数字可以跟意思相关的名字相组合,生成"数名结构"名词,用于表示限中关系。词义结构至少有以下特点。

(1)数字说明它后面的名字所代表的人或事物的数量。例如:

> 两家　三口　四季　五天　八国　八仙　五官　三军　三角　五星
> 五十年　六十五岁　三十六计

(2)数字说明它后面的名字所代表的人或事物的次序。例如:

> 三弟　五月　二十一世纪

在上面的例子中,"三弟"是兄弟中排行第三的弟弟,"五月"是一年中的第五个月,"二十一世纪"是公元第二十一个世纪。

(3)数字代表概数或范围。例如:

> 五金:泛指金属,不限于"金、银、铜、铁、锡"。
> 三言两语:说的话不多。
> 一年半载:大致的时间。
> 五湖四海:泛指广大的区域。

"数名结构"名词如果由两个以上的"数名结构"组合生成,词序是由大到小。例如:

> 三月八号　一九四九年十月一日　八楼九层十二号
> 一排数十株乌桕树

四、"动名结构"名词

动字可以与意思相关的名字相组合,生成"动名结构"名词。"动名结构"名词一般也表示限中关系,词义结构至少有以下特点。

(1)动字说明名字的性质、特点等。例如:

> 劳动力　见面会　团圆饭　旅行社
> 游行队伍　竞争对手　退休人员
> 动画　飞机　成语　作品

犯罪现场 乌合之众

（2）动字代表用途。例如：

食品 饮料 泳装 睡衣 夹板
浑天仪 望远镜 起重机 计算器 写字板 运动场 游泳池
洗澡盆 工作室 竞赛场地
注意事项 作息时间 开会地点 建筑材料

（3）指人的"动名结构"名词，动字说明名字的身份。例如：

学生 作家 司机 服务员

五、"动动结构"名词

意思相关的动字可以互相组合，生成"动动结构"名词。"动动结构"名词多半表示并列关系，词义结构特点是动字的意思相加。例如：

思想 行动 举措 作为 设施 学习 工作 经济

上面的"学习、工作"兼做动词，"经济"兼做静词。

六、"静名结构"名词

静字可以与意思相关的名字相组合，生成"静名结构"名词，一般表示限中关系。词义结构至少有以下特点。

（1）静字说明名字的性质、特点、类别等。例如：

红花 美女 新年 长城 方面·大耳
好地方 知名度 成功者
副厂长 年轻人

（2）词义为引申义或比喻义。例如：

老师 老板 老公 老婆
老赵 大王 小郑
小时 小人
坏蛋 红娘

上面例子中的"老师、老板、老公、老婆"中的"老"不是指年老,而是表示尊敬或亲热。"老师"是对教师的尊称,"老板"是对经营单位资产拥有者的尊称,属于引申义。"老公"是对丈夫的昵称,"老婆"是对妻子的昵称,属于比喻义。"老、大、小"加在朋友、同事等的姓氏前,作为称呼或称谓,表示亲切,也属于比喻义。其中"老"一般用于中年以上的人,"大"一般用于中年人,"小"一般用于年轻人。"小时、小人"中的"小"不是指细小,而是指类别。"小时"是由"小"引申出来的不长的一段时间,"小人"是由"小"引申出来的品质不好的人,属于引申义。"红娘"不是指红色的娘,而是指为男女爱情或婚姻牵线的人,是用文学作品中的一个起同样作用的人做比喻,属于比喻义。"坏蛋"不是指坏了的蛋,而是比喻不好的人,也是比喻义。

七、"静动结构"名词

静字可以与意思相关的动字相组合,生成"静动结构"名词,一般表示限中关系。词义结构特点是静字说明动字动作的特点。例如:

新闻　旧交　远见

八、"附加式"名词

"附加式"名词有"前加式"和"后加式",下面是几种常用的"后加式"名词。
(1)名+们。在指人的名字后面附加"们",就表示复数。例如:

我们　你们　他们　人们　朋友们

"们"是指人名词的复数标记。带"们"的名词前面不能再用表示数量的词语,如果名字的前面有表示数量的词语,后面就不能加"们"。例如,不能说"三个朋友们、很多朋友们、各位朋友们"。这也体现了汉语词语的"意合"特点,如果前面有表示复数的数量词语,再加"们"就是不必要的重复。

(2)名(动)+子(儿)。有些名字后面加"儿、子",就成为名词;有些动字后面加"子",也成为名词。"儿、子"读轻声。例如:

① 花儿　桃儿　苗儿　盖儿　画儿　蛐蛐儿
② 儿子　妻子　桌子　帽子　房子　村子　本子　面子　里子
③ 锯子　凿子　梳子

上面例③中的"锯、凿、梳"是动字。

"子"读第三声原调时有特指学者的意思，或是对人的美称。由原调"子"组成的名词不属于"附加式"名词。例如：

① 老子　庄子　墨子　孔子　孟子　诸子
② 孝子　学子　男子　女子

上面例①中的"子"是特指学者，"老子、庄子、墨子、孔子、孟子"等都是中国古代著名的学者，"诸子"有诸位学者的意思。例②中的"子"是对人的美称。"孝子"是对特别能孝敬家庭长辈的男人的美称，"学子"是对学生的美称，"男子、女子"是对男人、女人的美称。

（3）动+的。在动字后面加"的"，就生成"动的结构"名词，"的"就成为名词标记。例如：

吃的　喝的　穿的　生吃的
煎的　红烧的　清蒸的　仿造的
开车的（汽车司机）　教书的（教师）
经商的（做生意的人）　卖煤的（卖煤的人）
看笑话的（幸灾乐祸的人）
吃闲饭的（只消费不做事的人）

有些指人的"动的结构"名词，含有认为所指对象不值得尊敬的意思。例如，"教书的"就含有认为所指的教师不值得尊敬的意思，"经商的"就含有认为所指的商业工作者不值得尊敬的意思，"开车的"就含有认为所指的汽车司机不值得尊敬的意思，"看笑话的、吃闲饭的"就含有认为所指之人不值得尊敬的意思。

九、"重叠式"名词

有些名字可以重叠，生成"重叠式"名词，表示并列关系。词义结构有以下特点。

（1）重叠后意思不变。例如：

爸爸＝爸　妈妈＝妈　哥哥＝哥　姐姐＝姐　妹妹＝妹
叔叔＝叔　奶奶＝奶

（2）重叠后的意思是"每一个""所有的"或"众多的"。例如：

家家　人人　个个　天天　月月　年年　事事　处处
日日夜夜　时时刻刻　分分秒秒　家家户户　方方面面
形形色色　条条框框　花花草草　点点滴滴　上上下下

上面列举的九种生成方式的名词，含有并列、限中、主述等组合关系，这些组合关系各有自己的词义结构特点。

参考文献

朱德熙（1982）《语法讲义》第4章，北京，商务印书馆。

陆俭明（1988）现代汉语中数量词的作用，《语法研究和探索》第4辑，北京大学出版社。

马庆株（1990）数词、量词的语义成分和数量结构的语法功能，《中国语文》第3期。

邢福义（1997）《汉语语法学》第2章第2节，长春，东北师范大学出版社。

第三节　动词组合规则例解

> 一、"动动结构"动词
> 二、"动名结构"动词
> 三、"动数结构"动词
> 四、"动静结构"动词
> 五、"名动结构"动词
> 六、"静动结构"动词
> 七、"状动结构"动词
> 八、"重叠式"动词

具有动字性质的词语是动词。本节仅以上表所列八种动词为例，粗略说明它们的生成方式、组合关系和词义结构特点。

一、"动动结构"动词

意思相关的动字可以互相组合，生成"动动结构"动词。下面举例说明"动动结构"动词的组合关系和词义结构特点。

1. 并列关系

表示并列关系的"动动结构"动词，词义结构至少有以下特点。

（1）词义是参与组合的动字的字义相加。由字义相反或相对的动字组合生成的"动动结构"动词，词义是参与组合的动字的字义相加。例如：

① 来去　往返　上下　成败　收支　进退　进出
② 买和卖　前进或后退　上去还是下来
③ 出现　批评　改革　开放　吃喝　打闹　关停并转
④ 卧薪尝胆　斩草除根　起死回生　妻离子散　观看并选出
⑤ 纲举目张　水到渠成　水落石出

上面例①中动字的字义相反，字序按动作发生的先后顺序排列。凡动作的发生有先后顺序的词语，字序都不能改变。例②中动字或动词的意思相反，有"和、或、还是"连接，连字前后的动字或动词的字序可以对调，不同的字序代表对动作先后顺序的选择。例③中动字的字义相对，字序不能改变，属于固定格式。例④中的动词词义相对，词序不能改变，也属于固定格式。例⑤中的动词之间有因果关系，词序也不能改变。凡表示原因关系的动词，都是表示原因的成分在前，表示结果的成分在后。

（2）词义与参与组合的动字的字义相同或相近。由字义相同或相近的动字组合生成的"动动结构"动词，词义与参与组合的动字的字义相同或相近。例如：

① 观看　站立　比赛　学习　给予　洗澡　游泳　表演　竞争　团圆
② 打击　斗争　喜欢

上面例①的字序不能改变，属于固定格式。例②的字序可以改变，字序改变后词义不变。

我们把"洗澡、游泳"归入"动动结构"动词，是因为在古代汉语中，"澡、泳"都是动字，词义结构特点似跟"观看、学习"等相同。在现代汉语中，人们好像已经把"洗澡"跟"洗衣服"同等看待，把"游泳"跟"游长江"同等看待，在不知不觉中，就把"澡"和"泳"当成了名字，通行"洗个澡、游一下泳"等说法，"洗洗澡、游游泳"也就跟"打打球、散散步"成了同样的结构方式。不过也有人不解："澡"和"泳"到底是什么东西？似乎可以认为："澡"和"泳"可以兼做名字，因此，"洗澡、游泳"是兼有"动名结构"特点的"动动结构"不及物动词。

（3）词义为比喻义。例如：

担当　生活　锻炼　捉摸　推敲

上面各词中的动字都表示具体的动作，词义不是动字字义的加合，而是用动字的字义做比喻，所以属于比喻义。其中，"推敲"出自一个诗人反复思考一个诗句中用"推"还是用"敲"的典故。

2. 限中关系

表示限中关系的"动动结构"动词，前面的动字说明后面的动字动作的方式、内容、趋向等。例如：

复习　代表　旅行　游行　改嫁　出行　出嫁　上报　下放

3. 动受关系

表示动受关系的"动动结构"动词，后面的动字是前面的动字动作的对象或内容。例如：

  松绑　观战　看演出　练习写字　组织参观　欢迎参加　拒绝出席

上面"松绑"中的"松"是动字，意为松开。

4. 动结关系

动结关系是指动作与动作结果的组合关系。表示动结关系的"动动结构"动词，后面的动字代表前面的动字动作的结果。例如：

  住在　记住　看见　补上　留下　让开　来到　除去　分给　写完
  感动　当作　饿死　成为　冻成　打造成

5. 动补关系

表示动补关系的"动动结构"动词，后面的动字补充说明前面的动字动作的特点。例如：

  乘以　信以为真

6. 连动关系

连动关系即由同一施动者发出两个或多个相关的连续动作的组合关系。表示连动关系的"动动结构"动词，字序都按动作发生的先后顺序排列，词义结构至少有以下特点。

（1）后面的动作说明前面的动作的目的。例如：

  来看　去吃饭　上去看看　进来坐坐　望梅止渴　回家过年
  出国旅游　包饺子吃　买衣服穿
  上街买东西　进城看朋友　去图书馆借书

（2）前面的动作说明后面的动作的原因。例如：

  生病住院　杀人偿命　种瓜得瓜　功成身退

（3）前面的动作是后面的动作的条件。例如：

  劳动致富　交钱提货

（4）前面的动作是后面的动作的方式。例如：

坐飞机来北京　有时间看朋友　放学回去碰上了他
结合汉语实际做一些探索性的研究工作

7. 连锁关系

连锁关系即由不同的施动者发出两个或多个相关的连续动作的组合关系。表示连锁关系的"动动结构"动词，前面的动词动作的受动者是后面的动词动作的施动者。例如：

① 请客吃饭（"客"是"请"的受动者，是"吃饭"的施动者）
② 问他叫什么名字（"他"是"问"的受动者，是"叫"的施动者）
③ 要你给他做饭（"你"是"要"的受动者，是"给他做饭"的施动者）
④ 让我向你们问好（"我"是"让"的受动者，是"向你们问好"的施动者）

连锁关系可以包含连动关系。例如，上面例③中的"给他做饭"，例④中的"向你们问好"，都是连动关系。

"有名动"结构可以表示连动关系，也可以表示连锁关系。例如：

① （他）有饭吃　（我）没有地方住
② （他家）有贵客来　（我）有同学在上海工作　（我们班）没有同学迟到

上面的例①是表示连动关系的"有名动"结构，"（他）有饭吃"中的"有饭"和"吃"的施动者都是"他"（"他"有饭，"他"吃），"（我）没有地方住"中的"没有"和"住"的施动者都是"我"（"我"没有，"我"住）。例②是表示连锁关系的"有名动"结构，"（他家）有贵客来"中有"他家"和"贵客"两个施动者（"他家"有，"贵客"来），"（我）有同学在上海工作"中有"我"和"同学"两个施动者（"我"有，"同学"在上海工作），"（我们班）没有同学迟到"中有"我们班"和"同学"两个施动者（"我们班"没有，"同学"迟到）。

连锁关系和连动关系的主要区别是：连锁关系是不同的施动者发出两个或多个意思相关的连续动作，连动关系是同一个施动者发出两个或多个意思相关的连续动作。

8. 主述关系

表示主述关系的"动动结构"动词，前面的动词说明动作或情况，后面的动词说明做什么或怎么样。例如：

爱民—如子　欲罢—不能　把人—不当人　把老朋友—忘了
没吃饱—自然要再吃

二、"动名结构"动词

动字可以与意思相关的名字相组合，生成"动名结构"动词。下面举例说明"动名结构"动词的组合关系和词义结构特点。

1. 动受关系

表示动受关系的"动名结构"动词，词义结构至少有以下特点。

（1）名字是动字动作的对象、内容、结果等。例如：

① 吃饭　开门　看书　找人　上街　上课　回家　进城　过河
　　见面　叫张强　考老师　考物理　参观工厂　学习汉语　复习功课
　　喜欢春天　酷爱自由　锻炼身体　发展经济
② 造桥　写字　画画儿　生产食品　兴建廉租房
③ 动心　动情　开花　长草　下雨　出太阳
④ 教我们汉语　给他一本书　分给他们一点儿东西

上述各组动词的词义结构特点不完全相同。

例①和例②的区别是：例①中的名字都是现实存在，例②中的名字是动字动作后才出现，实际上是动字动作的结果。这说明，这类"动名结构"动受关系动词也包含结果义。

例①中的"锻炼身体"是使身体得到锻炼，"发展经济"是使经济得到发展，"锻炼、发展"是"使动字"。

例③中的名字都是施动者，"动心"是"心动"，"动情"是"情动"。"开花"是"花开"，"长草"是"草长"，"下雨"是"雨下"，"出太阳"是"太阳出"。这里的"动、开、长、下、出"都是"自动字"。

例④的动字后面有两个受动者名字，前面的名字是动作的对象，后面的名字是动作的内容。能带两个受动者名字的动字必须具有这样的字义特点：它可以把一个受动者名字作为动作的对象，把另一个受动者名字作为动作的内容。只有少数动字具有这样的字义特点。不少二汉学习者把"见面、结婚"当成原本性单位，习惯于说"见面朋友、结婚你"。要向学生说明："见面"和"结婚"都是动受关系动词，"见、结"后面已经有了一个受动者名字，不能再跟其他受动者名字。

动字后面的两个受动者名字，通行的语法书上叫"双宾语"，其中一个叫"近宾语"或"直接宾语"，另一个叫"远宾语"或"间接宾语"。"近、远、直接、间接"都不能直接反映词义结构特点。我们不采用"双宾语"的说法，还因为"宾语"是句子成分的概念。

（2）名字代表动字动作的目的。例如：

考大学　考研究生　考公务员

上面的"考大学"是为了上大学，"考研究生"是为了成为研究生，"考公务员"是为了成为公务员。"上大学、成为研究生、成为公务员"都是"考"的目的。

（3）名字是动字动作的处所。例如：

溜冰　滑雪　航海　住院　出国　起床

在上面的例子中，"冰、雪、海、院、国、床"都代表处所。"溜冰"是在冰上运动，"滑雪"是在雪上滑行，"航海"是在海上航行，"住院"是在医院里住，"出国"是从本国出去，"起床"是从床上起来。

（4）名字是动字动作的方向。例如：

向东　朝南　靠前　往后

在上面的例子中，"东、南、前、后"是方位名字，都代表动字动作的方向。

2. 动结关系

有些"动动结构"动结关系动词，可以与意思相关的名字相组合，生成"动名结构"动词。这类"动名结构"动词的词义结构特点是，第一个动字（动词）后面的成分是该动字（动词）动作的结果。例如：

① 结成冰　去到那里　住在城里
② 冻死在马路上　打造成知名品牌　培养成为优秀人才

例①中的"结成、去到、住在"是"动动结构"动结关系动词，其中的"结、去、住"是第一个动字，"成冰、到那里、在城里"就是第一个动字"结、去、住"的结果。例②中的"冻死在、打造成、培养成为"也是"动动结构"动结关系动词，其中的"冻死、打造、培养"是第一个动词，"在马路上、成知名品牌、成为优秀人才"就是第一个动词"冻死、打造、培养"的结果。

三、"动数结构"动词

"动数结构"包括"动+数、动+数量、动+数量名"。"动数结构"多半表示动补关系，至少有以下词义结构特点。

（1）数字是动作的数量。由动字跟数字（数量词、数量名短语）组合生成的"动数结构"动词，数字代表动作的数量。例如：

①举一·反三　说三·道四

②写三遍　去一趟　打一仗

例①中的数字是概数。

（2）数字是动作结果的数量。由"动结关系"动词与数字（数量词、数量名短语）组合生成的"动数结构"动词，数字代表动字动作结果的数量、时间等。例如：

留下不少钱　饿死很多人　看见很多警察　让开一条路

写完一本书　抓住一个小偷　等于零　成立于1949年

（3）数量名短语是施动者。由趋向动词和趋向短语跟指人（或动物）的数量名短语组合生成的"动名结构"动词，数量名短语是施动者。例如：

表13. 趋向动词、趋向短语与数量名短语组合例表

来		两个人	去		两个人
上	来	两个人	上	去	两个人
下			下		
进			进		
出			出		
回			回		
过			过		

续表

来		两个人	去		两个人
走	上 下 进 出 回 过	来	两个人	走	上 下 进 出 回 过	去	两个人

（4）数量名短语是动作的内容。由趋向短语跟数量名短语组合生成的"动名结构"动词，数量名短语是趋向短语动作的内容。例如：

　　送过去两本书　买回来一筐苹果

由趋向短语跟数量名短语组合生成的"动名结构"动词，数量名短语也可以放在"来、去"的前面。试比较：

　　走上来两个人　走上两个人来
　　送上来两本书　送上两本书来

四、"动静结构"动词

动字可以与意思相关的静字相组合，生成"动静结构"动词。下面举例说明"动静结构"动词的组合关系和词义结构特点。

1. 动结关系

表示"动结关系"的"动静结构"动词，静字代表动字动作的结果。例如：

　　吃饱　长大　升高　降低　瞄准　拿好　抓紧　给足　补齐　充满
　　刷新　站稳　说明　打碎　想清楚　打扮漂亮　打扫卫生

表示动结关系的"动静结构"动词，可以与意思相关的名字、数字、数量名短语等相组合，生成"动名结构"动词。其中的名字、数字、数量名短语等是动词动作结果的内容、数量等。例如：

　　吃饱饭　抓紧时间　给足面子　补齐差额　刷新纪录　生满了倒刺

长高三米　写对五个汉字　唱好每一支歌　想清楚这几个问题

"打扮漂亮""打扫卫生"具有不及物性，后面不能跟随表示动作结果的词语。

2. 动补关系

表示"动补关系"的"动静结构"动词，静字补充说明动字动作的状况、内容等。例如：

走好　看重　恢复疲劳

可以用"吃饱"和"走好"、"打扫卫生"和"恢复疲劳"做比较，区分"动静结构"动词的动结关系和动补关系。"吃饱"的意思是"吃"以至于"饱"，"饱"是"吃"的结果，所以"吃饱"是动结关系；"走好"的意思不是"走"以至于"好"，而是"好好地走"，"好"是"走"的状况，所以"走好"是动补关系。"打扫卫生"的意思是通过"打扫"达到"卫生"，"卫生"是"打扫"的结果，所以"打扫卫生"是动结关系；"恢复疲劳"的意思不是通过"恢复"达到"疲劳"，而是通过"恢复"解除"疲劳"，"疲劳"是解除的内容，所以"恢复疲劳"是动补关系。

"恢复疲劳"的词义结构特点比较特别，这跟"恢复"和"疲劳"的词义搭配有关。"恢复"是"使动词"，是"使回到原状"的意思。只有失去原状的东西才能回到原状，其词义才能与"恢复"搭配。例如，我们可以说"恢复自由、恢复外交关系"。"恢复自由"的意思是：原来是自由的，后来失去了自由，要通过"恢复"才能使自由回到原状。"恢复外交关系"的意思是：原来有外交关系，后来中断了，要通过"恢复"才能使外交关系回到原状。"疲劳"是因为过于劳累而使体力失去了原状，只有通过"恢复"，才能使体力回到原状。"恢复疲劳"就是从过于劳累中恢复过来，使体力回到原来的状况。为什么不说"恢复体力"？"恢复体力"也合语法，不过跟"恢复疲劳"的意思不同。体力的消耗有可能出于病痛等其他原因，因此，"恢复体力"不能准确地表示"从过于劳累中恢复过来"。这个例子正好说明：一个词语的词义的形成，就是这个词语的构成成分的意思互相搭配的结果。这个例子还可以进一步证实，汉语的组合就是意义的组合。

五、"名动结构"动词

名字可以与意思相关的动字相组合，生成"名动结构"动词。下面举例说明

"名动结构"动词的组合关系和词义结构特点。

1. 主述关系

表示主述关系的"名动结构"动词,词义结构至少有以下特点。

(1) 名字是施动者,动字是施动者的动作行为。例如:

　　日出　国有　自习　自治　自慰　家教(不严)　人为　三人为众
　　刀枪不入　能者多劳　多方受益

(2) 名字是受动者,动字是对受动者施加的动作行为。例如:

　　① 分秒必争　寸土不让　张冠李戴
　　② 法制　城管　河道清理　项目开发　土地利用

(3) 名字是受述者,动字说明受述者的状况、特点等。例如:

　　南方有灾　明天下雨　市场营销　实事求是　刀下留人

2. 限中关系

表示限中关系的"名动结构"动词,词义结构至少有以下特点。

(1) 名字是动字动作的内容、特点等。例如:

　　法定　军训　春耕　秋收

可以用"法制"和"法定"做比较,区分"名动结构"动词的主述关系和限中关系。"法制"是"制法"的意思,"法"是受动者,可见"法制"是主述关系。"法定"不是"定法",而是"法律规定",所以"法定"是限中关系。同样,"军训"不是训练军队,而是军事方面的训练;"春耕"不是耕种春天,而是在春天耕种;"秋收"不是收割秋天,而是在秋天收割。因此,"军训、春耕、秋收"也是限中关系,不是主述关系。

(2) 名字是动字动作的方向。由方位名字和动字组成的"名动结构"动词,名字是动字动作的方向。例如:

　　东流　西行　南下　北上　南来·北往　东张·西望

六、"静动结构"动词

静字可以与意思相关的动字相组合,生成"静动结构"动词。"静动结构"动词一般表示限中关系，静字说明动字动作的方式、特点等。例如：

简称　大写　真想　热爱　难吃　好看　长跑　苦练　哀求　高呼
暗恋　明抢　早来　晚走　迟到　少说　多做　猛吃　狠打　密布
高攀　慢走　快跑　远离　强迫　假装　乱弹琴
平安到达　友好往来　好久不见
仔细检查（细查）　真诚邀请（诚邀）　和平发展　顽强拼搏
稍足自慰　好自为之　大有作为

七、"状动结构"动词

状字可以跟意思相关的动字相组合，生成"状动结构"动词。"状动结构"动词也是表示限中关系，状字是限定成分，动字是中心成分，状字说明动字动作的状况。例如：

① 也来　常去　唯见　都有　都在　忽觉　很愿意　常常说
　　一定去　刚刚走　最喜欢　同样喜欢　非常热爱　已经动身
② 着急地说　愤怒地喊道　不紧不慢地走　热情地会见了我们

上面例②中的"着急地"等是由静词与"地"组成的状词，"地"是状词的标记。在"状动结构"动词中，作为限定成分的"也、都"可以连用，字序是"也都"，不是"都也"。中心成分如果是否定式，"也都"要放在否定字词的前面。例如：

也都来　也都不来
也都是　也都不是
也都在　也都不在
也都有　也都没有

八、"重叠式"动词

有些动字可以重叠，生成"重叠式"动词。重叠式动词的组合关系是并列关系。

1. 动字重叠

动字重叠有两种方式。

（1）"AA"式。例如：

  想想　看看　走走　尝尝　玩玩　笑笑

（2）"A—A"式。例如：

  想一想　看一看　尝一尝　走一走　玩一玩　笑一笑

2. 动词重叠

动词重叠也有两种方式。

（1）"ABAB"式。例如：

  研究研究　考虑考虑　规划规划　学习学习　休息休息

（2）"AABB"式。例如：

  进进出出　来来往往　打打闹闹　打打停停　哭哭啼啼

动字和动词重叠有强化词义的作用，重叠后的意思跟参与重叠的字词的字义和词义有关。在"AA、A—A、ABAB"重叠式中，如果动字、动词的字义、词义具有严肃性，重叠后多半表示认真地做。例如，"想想、想一想"的意思是认真地想，"考虑考虑"的意思是认真地考虑。如果动字的字义有轻松的特点，重叠后就表示轻松地做，例如，"笑笑、笑一笑"是轻松地笑，"休息休息"是轻松地休息。"AABB"重叠式动词多半表示动作反复而频繁。

上面列举的八种生成方式的动词，包含并列、限中、动受、动结、动补、连动、连锁、主述等组合关系，这些组合关系各有自己的词义结构特点。

参考文献

陆志韦等（1957）《汉语的构词法》，北京，科学出版社。

朱德熙（1982）《语法讲义》第 5 章，北京，商务印书馆。

王绍新（1987）谈汉语复合词内部的语义构成，《语言教学与研究》第 3 期。

马庆株（1989）自主动词和非自主动词，《中国语言学报》第 3 辑。

李临定（1990）《现代汉语动词》，北京，中国社会科学出版社。

刘叔新（1990）《汉语描写词汇学》，北京，商务印书馆。

许德楠（1990）《实用词汇学》，北京，燕山出版社。

许德楠（1992）词语的文化内涵与信息性的若干关系,《语言教学与研究》第 2 期。

郭　锐（1993）汉语动词的过程结构,《中国语文》第 6 期。

胡裕树、范　晓（1995）《动词研究》,郑州,河南大学出版社。

符淮青（1996）《词义的分析和描写》,北京,语文出版社。

邢福义（1997）《汉语语法学》第 2 章第 2 节,长春,东北师范大学出版社。

程　娟（2004）《词汇专题研究》,北京语言大学出版社。

第四节 静词组合规则例解

> 一、"静静结构"静词
> 二、"静名结构"静词
> 三、"静数结构"静词
> 四、"静动结构"静词
> 五、"名静结构"静词
> 六、"状静结构"静词
> 七、"动名结构"静词
> 八、"重叠式"静词

具有静字性质的词语是静词。本节仅以上表所列八种生成方式的静词为例，粗略说明它们的组合关系和词义结构特点。

一、"静静结构"静词

意思相关的静字可以互相组合，生成"静静结构"静词。下面是"静静结构"静词的组合关系和词义结构特点的例子。

1. 并列关系

表示并列关系的"静静结构"静词至少有以下词义结构特点。

（1）由字义相对的静字组合生成的"静静结构"静词，词义是组成成分的字义相加。例如：

　　弱小　优柔（寡断）　敏锐　清澈　红润　悲愤　闷热　轻松愉快
　　聪明漂亮

（2）由字义相同或相近的静字组合生成的"静静结构"静词，词义与参与组合的静字的字义相同或相近。例如：

　　美好　稀少　和平　悲哀　长久　广大　明亮　寒冷

（3）由字义相反的静字组合生成的"静静结构"静词，词义有正反对照的特点。可以在静字的前面加"不"，重叠起来表示程度适中。例如：

长短　不长不短
高低　不高不低
大小　不大不小
好坏　不好不坏
多少　不多不少
远近　不远不近
快慢　不快不慢
冷热　不冷不热

（4）词义为比喻义。例如：

冷清　清白　圆滑　浅薄

2. 限中关系

表示限中关系的"静静结构"静词，前面的静字说明后面的静字的字义特点。例如：

真好　好久　（长治）久安　特强　阴险　蔫坏　深红　灰白　浅绿

3. 静补关系

静补关系是指静字与其补充成分的组合关系。表示静补关系的"静静结构"静词，后面的静字补充说明静态达到的程度高。例如：

乐极（生悲）　坏透　大多了　好极了

上面的"大多了、好极了"中的"了"的作用是表示肯定。

可以用"真好"和"坏透"做比较，区分"静静结构"静词的限中关系和静补关系。"真好"的"真"是限定成分，"好"是中心成分，所以"真好"是限中关系；"坏透"的"坏"是中心成分，"透"是补充成分，所以"坏透"是静补关系。限定成分在前，补充成分在后，是汉语的普遍规则。

二、"静名结构"静词

"静名结构"静词一般表示限中关系,静字说明名字的字义特点。例如:

大声　大度　小气　小心眼儿　热情　热心　冷眼　实际
强势　多病　缺医·少药　多灾·多难

三、"静数结构"静词

"静数结构"静词一般表示静补关系,其中的"数"包括数量词和数量名短语。数量词和数量名短语补充说明静字所代表的事物特点的数量。例如:

① 痛快一下　高兴几天
② (丈夫比妻子)大四岁　(哥哥比弟弟)高一头
　 (他们比我们)少两个人　(五月比四月)多一天

上面的例②一般用于比较句,静字代表比较的结果,数量词和数量名短语代表比较结果的差额。

四、"静动结构"静词

下面举例说明"静动结构"静词的组合关系和词义结构特点。

1. 限中关系

表示限中关系的"静动结构"静词,静字说明动字的特点。例如:

① 多思　远虑　强攻　硬闯　长治(久安)　(优柔)寡断
② 热闹　轻浮　紧张

上面例②的词义是比喻义。

2. 静补关系

表示静补关系的"静动结构"静词,动词的词义一般是比喻义,作用是补充说明静字字义的特点。例如:

静如山　滑如游鱼　美如天仙　固若金汤

五、"名静结构"静词

下面举例说明"名静结构"静词的组合关系和词义结构特点。

1. 主述关系

表示主述关系的"名静结构"静词，名字是主体，静字是述体，述体说明主体的特点或状况等。例如：

年轻　客满　眼红　气短　心寒　资深　身体好

国家兴旺　经济发达　心里高兴

兵强·马壮　心狠·手辣　眉清·目秀

上面例子中的"兵强·马壮、心狠·手辣、眉清·目秀"是并列关系静词，其中的"兵强、马壮、心狠、手辣、眉清、目秀"是名静结构静词。

2. 限中关系

表示限中关系的"名静结构"静词，多半表示比喻义，名字比喻静字的字义特点。例如：

火热　冰冷　雪白　粉红　米黄

上面的"火热"就是像火一样的热，"冰冷"就是像冰一样的冷，"雪白"就是像雪一样的白，"粉红"就是像粉色那样的红，"米黄"就是像米色那样的黄。这里的"米"似指小米。

六、"状静结构"静词

"状静结构"静词表示限中关系，静字是中心成分，状字说明中心成分的状况。例如：

很多　太大　略小　稍足（自慰）　非常有名　更加积极

"很"用于限定静字，表示程度高时要重读。如果不重读，一般只起非对比作用，并不表示程度。静字如果不用"很"限定，往往有正反对比的作用。例如：

① 他们钱多。（我们钱少）

② 夏天白天长。（冬天白天短）

③ 有的人喜欢热闹。（有的人喜欢安静）

④ 东部经济发达。（西部经济不发达）

⑤ 身体不好的人容易生病。（身体好的人不容易生病）

有"很"限定的静词的否定式多半为"不太",较少用"不很"。例如:

① 这本书很好——那本书不太好。

② 那里人很多——这里人不太多。

③ 他弟弟个子很高——他妹妹个子不太高。

"也都"用于限定静词,要放在静词的前面;静词如果是否定式,"也都"要放在否定字词的前面。试比较:

也都很好　也都不太好

也都很大　也都不太大

用于限定静词和动词的"都"和"不"可以连用,连用时字序可以是"不都",也可以是"都不"。字序不同,意思也不同。"都不"否定全部,"不都"否定部分。试比较:

① 他们都不太高兴(他们全部不太高兴);他们不都很高兴(他们部分人很高兴)。

② 他们都不积极(他们全部不积极);他们不都很积极(他们部分人很积极)。

③ 她们都不漂亮(她们全部不漂亮);她们不都很漂亮(她们部分人很漂亮)。

④ 他们都不来(他们全部不来);他们不都来(他们部分人来)。

⑤ 他们都不是学生(他们全部不是学生);他们不都是学生(他们部分人是学生)。

⑥ 他们都不在家(他们全部不在家);他们不都在家(他们部分人在家)。

⑦ 他们都没有钱(他们全部没有钱);他们不都没有钱(他们部分人有钱)。

七、"动名结构"静词

"动名结构"静词一般表示动受关系,名字是动字动作行为的对象或内容等。例如:

卫生　知名　有名　有趣　积极　感人　动人　迷人

"感人、动人、迷人"中的"感、动、迷"是使动字，"感人、动人"的意思是使人感动，"迷人"的意思是使人着迷。

八、"重叠式"静词

有些静字和静词可以互相重叠，或者跟其他重叠式词语相组合，生成"重叠式"静词。"重叠式"静词的组合关系是并列关系。下面举例说明"重叠式"静词的生成方式和词义结构特点。

1. AA 式

AA 重叠式静词有强化词义的作用。例如：

（目光）炯炯　（气势）汹汹　（以其）昏昏　（使人）昭昭
慢慢（倒下）　轻轻（放下）　清清（的泉水）　高高（的山上）

2. ABB 式

ABB 重叠式静词也有强化词义的作用。例如：

干巴巴　傻乎乎　沉甸甸　冷飕飕　阴森森　硬生生　绿油油
白花花　乱哄哄　灰蒙蒙

上面的例子，重叠部分都表示程度高。

3. ABAB 式

ABAB 重叠式静词一般表示短时性，相当于静词加"一下"。例如：

高兴高兴　亲热亲热　痛快痛快

上面的"高兴高兴、亲热亲热、痛快痛快"相当于"高兴一下、亲热一下、痛快一下"。

4. AABB 式

AABB 重叠式静词的词义结构至少有以下特点。

（1）有强化词义的作用。例如：

大大方方　开开心心　高高兴兴　亲亲热热　整整齐齐　白白净净
健健康康　勤勤恳恳　简简单单　严严实实　忙忙碌碌　冷冷清清

恍恍惚惚　迷迷糊糊　鬼鬼祟祟　奇奇怪怪　堂堂正正　大大咧咧
洋洋洒洒　花花绿绿　形形色色

（2）强调不一致。由两个意思相反或相对的重叠式静词组合生成的重叠式静词，用于强调不一致。例如：

大大小小　高高低低　好好坏坏　多多少少　稀稀拉拉

汉语静词的上述八种生成方式包含并列、限中、静补、主述、动受等组合关系。也就是说，汉语的静词至少可以表示并列、限中、静补、主述、动受等组合关系，这些组合关系各有自己的词义结构特点。

参考文献

朱德熙（1956）现代汉语形容词研究，《语言研究》第1期。

陆志韦等（1957）《汉语的构词法》，北京，科学出版社。

朱德熙（1982）《语法讲义》第5章，北京，商务印书馆。

王绍新（1987）谈汉语复合词内部的语义构成，《语言教学与研究》第3期。

刘叔新（1990）《汉语描写词汇学》，北京，商务印书馆。

许德楠（1990）《实用词汇学》，北京，燕山出版社。

许德楠（1992）词语的文化内涵与信息性的若干关系，《语言教学与研究》第2期。

符淮青（1996）《词义的分析和描写》，北京，语文出版社。

邢福义（1997）《汉语语法学》第2章第2节，长春，东北师范大学出版社。

程　娟（2004）《词汇专题研究》，北京语言大学出版社。

第五节　数词组合规则例解

> 一、数字
> 二、数词
> 三、数词的生成方式与汉语生成机制的关系

汉语的数目用数字和数词表示，下面分别介绍汉语的数字和数词以及数词的生成方式，最后说明数词的生成方式跟汉语生成机制的关系。

一、数字

汉语有 15 个常用数字，由小到大依次是：

零（〇）、一、二、三、四、五、六、七、八、九、十、百、千、万、亿。

一至九的数字代表单位数，我们把它们叫作单位数字；"十、百、千、万、亿"代表两位以上的数目，我们把它们叫作多位数字。单位数字中的"九"最大，多位数字中的"十"最小。

多位数字的生成方式如下：

十：$10 \times 1 = 10$

百：$10 \times 10 = 100$

千：$10 \times 100 = 1,000$

万：$10 \times 1,000 = 10,000$

亿：$10,000 \times 10,000 = 100,000,000$

汉语的数字有小写和大写之分，大写的数字主要用于与财务账目有关的重要文本。小写数字和大写数字对照如下：

〇 一 二 三 四 五 六 七 八 九 十 百 千 万 亿
零 壹 贰 叁 肆 伍 陆 柒 捌 玖 拾 佰 仟 万 亿

二、数词

汉语的数词也有基本数词和复合数词之分，复合数词也有基本复合数词和多重复合数词之分。由数字与数字直接组合生成的是基本数词，由基本数词与数字或由基本数词与基本数词组合生成的是基本复合数词，大于基本复合数词的是多重复合数词。下面举例说明各类数词的生成方式。

1. 基本数词

基本数词包括"十"在前的基本数词和"十"在后的基本数词两类。"十"在后，"百、千、万、亿"也在后。生成方式如下：

（1）"十"在前的基本数词。"十"在前的基本数词，生成方式是单位数字相加。例如：

十一　十二　十三　十四　十五　十六　十七　十八　十九

"十"在前的基本数词所表示的数目都大于"十"、小于"二十"。

（2）"十"在后的基本数词。"十"在后的基本数词，生成方式是单位数字相乘。下表包括全部"十"在后的基本数词。

表 14."十、百、千、万、亿"在后的基本数词表

	十	百	千	万	亿
一	一十	一百	一千	一万	一亿
二	二十	二百	二千	二万	二亿
三	三十	三百	三千	三万	三亿
四	四十	四百	四千	四万	四亿
五	五十	五百	五千	五万	五亿
六	六十	六百	六千	六万	六亿
七	七十	七百	七千	七万	七亿
八	八十	八百	八千	八万	八亿
九	九十	九百	九千	九万	九亿
十				十万	十亿

口述时，基本数词中的"一十"只说"十"；"二百"可以说"两百"，"二十"不能说"两十"；"二千、二万、二亿"常说"两千、两万、两亿"。

2. 基本复合数词

基本复合数词所表示的数目都大于"二十",生成方式有:

(1)基本数词+数字。例如:

二十三 ← 二十 + 三

三十四 ← 三十 + 四

(2)基本数词+基本数词。例如:

四百五十 ← 四百 + 五十

五千六百 ← 五千 + 六百

六万七千 ← 六万 + 七千

十万九千 ← 十万 + 九千

(3)基本数词分别乘以万、亿。例如:

四十万 ← 四十 × 万

五十亿 ← 五十 × 亿

基本复合数词的词序是:按"万、千、百"的顺序由大到小排列。

3. 多重复合数词

多重复合数词所表示的数目都大于"百",生成方式是:

(1)基本数词与基本数词相加,如果尾数是数字,再与数字相加。例如:

二百二十二 ← 二百 + 二十 + 二

二千三百四十 ← 二千 + 三百 + 四十

三千三百四十五 ← 三千 + 三百 + 四十 + 五

四万三千三百四十五 ← 四万 + 三千 + 三百 + 四十 + 五

十万三千三百四十五 ← 十万 + 三千 + 三百 + 四十 + 五

(2)包含"万"的多重复合数词的生成方式是:基本数词+万+基本复合数词或多重复合数词。多重复合数词中的"万"相当于一个基本数词。例如:

十二万三千三百四十五 ← 十二 + 万 + 三千 + 三百 + 四十 + 五

二十万三千三百四十五 ← 二十 + 万 + 三千 + 三百 + 四十 + 五
五百万三千三百四十五 ← 五百 + 万 + 三千 + 三百 + 四十 + 五
六千万三千三百四十五 ← 六千 + 万 + 三千 + 三百 + 四十 + 五

上面的例子说明：多重复合数词的生成方式都是基本数词与基本数词相加，再与最后的数字相加。词序也是按"万、千、百"的顺序由大到小排列。

汉语的零数可以用"〇"表示。例如：

一百〇二　　　　　← 一百　　　+（〇十）+ 二
四千〇八十二　　　← 四千　　　+（〇百）+ 八十二
五万〇七百八十二　← 五万　　　+（〇千）+ 七百八十二
六十万七千〇八十二 ← 六十万　+ 七千 +（〇百）+ 八十二
七十八万〇八十二　← 七十八万 +（〇千〇百）+ 八十二

"〇"的大写形式是"零"。例如：

一百〇二：　　　　　一百零二
四千〇八十二：　　　四千零八十二
七十八万〇八十二：七十八万零八十二

"亿"等于一万个"万"，只能与"…千万"直接相加，不能与小于"…千万"的数词直接相加。如果要与小于"…千万"的数词相加，"亿"的后面必须加"零"。例如：

四亿五千万　　　　　　　← 　四亿 + 五千万
四亿五千五百万　　　　　← 　四亿 + 五千五百万
四亿〇五百万三千三百四十五 ← 　四亿 +（〇千万）+ 五百万三千三百四十五
十三亿〇三千三百四十五　← 十三亿 +（〇千〇百万）+ 三千三百四十五

"亿"的前面可以加量字"个"，组成数量名短语。例如，可以说：

一亿：　一个亿
两亿：　两个亿
十四亿：十四个亿

三、数词的生成方式与汉语生成机制的关系

从上面的介绍可以看到：数词的词型也包括基本结构、基本复合结构和多重复合结构；基本复合结构和多重复合结构都以基本结构为基础；各类数词的生成方式也都体现以字为基本单位的二合机制。这一事实对我们关于汉语的生成机制就是"以字为基本单位的二合机制"的认识是强有力的支撑，因为数目表达的方法代表最深层的思维模式，这样的思维模式是一种刚性规范，不是可此可彼的。

参考文献

朱德熙（1982）《语法讲义》第 4 章，北京，商务印书馆。
马庆株（1990）数词、量词的语义成分和数量结构的语法功能，《中国语文》第 3 期。
邢福义（1997）《汉语语法学》第 2 章第 3 节，长春，东北师范大学出版社。

第六节　词语组合规则的多样性特点

> 一、词语生成方式的多样性
> 二、词语组合关系的多样性
> 三、词义结构特点的多样性

所有语言的语法都有一定的复杂性。汉语词法的复杂性主要表现为词语生成方式、组合关系和词义结构特点的多样性。下面简要说明。

一、词语生成方式的多样性

词语的生成方式是指一个词语由什么字词组合生成，哪个字词在前，哪个字词在后。把以上各节的例子归结起来，名词的生成方式至少有 14 种，动词至少有 11 种，静词至少有 14 种。列表如下：

表 15. 名词、动词和静词的生成方式一览表

词类	生成方式	小计
名词	名＋名　名＋数　名＋动　名＋静　数＋名　数＋量（＋名） 动＋名　动＋动　静＋名　静＋量　静＋动　状＋名 附加式　重叠式	14
动词	动＋动　动＋名　动＋数量（数量名）　动＋静　动＋助 名＋动　数量＋动　静＋动　状＋动　重叠式 "动得动"和"动得静"格式"得"字短语	11
静词	静＋静　静＋名　静＋数　静＋动　静＋状　名＋名 名＋动　名＋静　动＋动　动＋名　动＋静　状＋静 重叠式　"静得动"、"静得很"、"静得多"格式"得"字短语	14
		合计 39

上表中的名词、动词和静词共有 39 种生成方式。这 39 种生成方式有些是重叠的，例如，名词、动词和静词的生成方式都有"名＋动"、"动＋名"、"静＋动"和

"重叠式"，名词和动词的生成方式都有"动＋动"，名词和静词的生成方式都有"静＋名"。这里就包含重叠。除去重叠的，还有25种生成方式，这25种生成方式都跟词类有对应关系。列表如下：

表16. 名词、动词和静词的生成方式与词类对照表

序号	生成方式	词类	序号	生成方式	词类
1	名＋名	名词　静词	14	静＋名	名词　静词
2	名＋数	名词	15	静＋数	静词
3	名＋动	名词　动词　静词	16	静＋量	名词
4	名＋静	名词　静词	17	静＋动	名词　动词　静词
5	数＋名	名词	18	静＋状	静词
6	数＋量（＋名）	名词	19	状＋名	名词
7	数量＋动	动词	20	状＋动	动词
8	动＋动	名词　动词	21	状＋静	静词
9	动＋名	名词　动词	22	重叠式	名词　动词　静词
10	动＋数量（＋名）	动词	23	附加式	名词
11	动＋静	动词　静词	24	"得"字短语	动词
12	动＋助	动词	25	"得"字短语	静词
13	静＋静	静词			

上表所列25种生成方式并非尽举，但已足以说明汉语词语生成方式的多样性。

二、词语组合关系的多样性

词语的组合关系就是词语内部的语义结构关系，也就是词语的组成成分互相作用的关系。把上面各节讨论的内容归结起来，就可以看到：汉语的名词、动词和静词至少有九种组合关系，这九种组合关系跟词类和词语生成方式有对应关系。列表如下：

表17. 名词、动词和静词的组合关系与词类和生成方式对照表

组合关系	词类	生成方式
1.并列关系	名词	名＋名

续表

组合关系	词类	生成方式
1. 并列关系	动词	动＋动
	静词	静＋静
2. 限中关系	名词	名＋名　数＋名　静＋名　静＋动　动＋名　名＋动　数量名短语
	动词	动＋动　名＋动　静＋动　状＋动　"对…来说"格式　"对"字短语
	静词	静＋静　静＋名　静＋动　名＋静　状＋静
3. 主述关系	名词	名＋动
	动词	名＋动　"对名静"、"对动动"格式　"对"字短语
	静词	名＋静
4. 动受关系	动词	动＋动　动＋名　动＋静
	静词	动＋名
5. 动结关系	动词	动＋动　动＋静　表示结果的"动得动"、"动得静"格式"得"字短语
6. 动补关系	动词	动＋动　动＋名　动＋静　表示可能的"动得动"、"动得静"格式"得"字短语
7. 连动关系	动词	动＋动　"在"字短语　"对名动"格式　"对"字短语
8. 连锁关系	动词	动＋动
9. 静补关系	静词	静＋静　"静得动"、"静得很"、"静得多"格式"得"字短语

上表所列九种组合关系也非尽举，但足以说明汉语词语组合关系的多样性。从上表还可以看到，词语的组合关系就存在于词类和词语的生成方式之中，是由词类和词语的生成方式共同决定的。

三、词义结构特点的多样性

词义结构特点是指一个词的词义跟组成该词的字的字义的关系。前面说过，汉语词语的组合关系是对词义结构特点的概括，上表所列九种组合关系中的词语，各有自己的词义结构特点。词义结构特点是由字义、词类和词语生成方式共同决定的。

汉语难以数计的词语是由数量有限的"字"组合生成的。数量有限的"字"能够组合生成难以数计的词语,是因为"字"具有一字多义、多类和多用的特点。一字多义、多类和多用决定了字与字、字与词、词与词的组合具有多向性。所谓多向性,就是同一个和同一类字词可以与多个和多类其他字词相组合。这就使词语数量的发展具有巨大的空间。字与字、字与词、词与词组合的多向性是词语生成方式多样性的决定性因素,词语生成方式的多样性又决定了组合关系和词义结构特点的多样性。这就是说,汉语词语生成方式、组合关系和词义结构特点的多样性,归根到底是由字的特性决定的。不了解字的特性,就无法理解词语生成方式、组合关系和词义结构特点多样性,也就无法理解字本位汉语观和组合汉语。

介绍词语的生成方式、组合关系和词义结构特点,就是介绍汉语的词形结构与词义结构相统一的特点。这正是二汉教学的需要。前面说过,语言学习就是学习一种形式结构所表示的是什么样的语义结构,一种语义结构要用什么样的形式结构来表示。二汉学习者只有正确理解汉语词语的生成方式、组合关系和词义结构特点,才能正确理解词语的词形和词义的关系,才能通过词形正确理解基于字义的词义,并逐渐学会正确组词。

本书对汉语词语的生成方式、组合关系和词义结构特点的分类和解释,到底能在多大的程度上反映汉语的语言事实,还要通过实践加以验证。只有结合教学实践继续研讨,才能使分类和解释更加贴近语言事实。本书的分类和解释如能为进一步研究提供一点儿思路,笔者就心满意足了。

参考文献

陆志韦等(1957)《汉语的构词法》,北京,科学出版社。
朱德熙(1982)《语法讲义》第 2 章、第 3 章,北京,商务印书馆。
王绍新(1987)谈汉语复合词内部的语义构成,《语言教学与研究》第 3 期。
刘叔新(1990)《汉语描写词汇学》,北京,商务印书馆。
许德楠(1990)《实用词汇学》,北京,燕山出版社。
许德楠(1992)词语的文化内涵与信息性的若干关系,《语言教学与研究》第 2 期。
符淮青(1996)《词义的分析和描写》,北京,语文出版社。
程 娟(2004)《词汇专题研究》,北京语言大学出版社。

第四章　句法结构和基本句例解

第一节　关于句法结构

第二节　是非句、存在句和有无句

第三节　描述句、叙事句和比较句

第四节　主动句和被动句

第五节　"把"字短语和"把"字句

句子是语言交际的基本单位，所以语法研究必须以句法为中心。组合汉语语法也是句法中心语法，只是跟流行的"句法中心语法"有所不同。主要的区别是：组合汉语语法的"中心"是以字法和基于字法的词法为基础的"中心"，而不是以句子成分为基础的"中心"。以句子成分为基础的"中心"，是脱离字法和词法的"中心"。本书在上面的两章分别讨论了字法和词法，这也是为了给讨论句法这个"中心"打基础。

　　我们把汉语的句子分为基本句和复合句两类，复合句则包括基本复合句、多重复合句和更大的多重复合句。本章讨论基本句，下一章讨论复合句。我们暂时还不能对汉语的句法现象做全面的描写，本书对基本句和复合句的讨论，都是举例性的，所以都叫"例解"。以例解的方式讨论句法，是为了说明汉语的生成机制和组合规则在句法中的体现，并给组合汉语的句法教学提供最起码的句法学依据。

第一节 关于句法结构

> 一、怎样研究汉语的句法结构
> 二、主述结构和基本句

句法结构是句子生成规则的具体体现。句子生成规则包括句子的生成方式、组合关系和句义结构特点，以及它们之间的相互关系。这就是说，研究汉语的句法结构，就包括研究汉语句子的生成方式、组合关系、句义结构特点以及它们之间的相互关系。这一节讨论句法结构，只是讨论句法结构的一般规则。

一、怎样研究汉语的句法结构

研究汉语的句法结构，必须立足于汉语的组合特点，反映汉语的本来面貌。

汉语各级单位的生成方式具有高度的一致性，这就是由小到大的组合生成，包括由字的生成元素到字的组合生成，由字到词的组合生成，由字词到基本句的组合生成，由基本句到复合句的组合生成；各级单位的组合，基本上都是"二合"。这就是汉语的本来面貌。

汉语各级单位的结构类型也具有高度的一致性，这就是都有基本结构和复合结构以及基本复合结构和多重复合结构之分。字有基本字和复合字之分，复合字又有基本复合字和多重复合字之分；词有基本词和复合词之分，复合词又有基本复合词和多重复合词之分；句有基本句和复合句之分，复合句又有基本复合句和多重复合句之分。字以下的单位，音节的语音结构有基本结构和复合结构之分，复合结构又有基本复合结构和多重复合结构之分。汉字字形的结构单位包括笔画和部件，笔画有基本笔画和复合笔画之分，复合笔画又有基本复合笔画和多重复合笔画之分；部件有基本部件和复合部件之分，复合部件又有基本复合部件和多重复合部件之分。

这也是汉语的本来面貌。

汉语各级单位生成方式的一致性和结构类型的一致性，决定了可以用同样的思路去研究字法、词法和句法。用同样的思路去研究，就是都要着眼于生成方式和组合关系以及体现在生成方式和组合关系之中的语义结构特点。字法研究要着眼于字的生成方式、组合关系和字义结构特点，词法研究要着眼于词的生成方式、组合关系和词义结构特点，句法研究要着眼于句子的生成方式、组合关系和句义结构特点。

汉语句子的生成方式、组合关系和句义结构特点都体现在主述结构以及主述结构与主述结构的关系之中。基本句都是主述结构；复合句由基本句与基本句组合生成，基本句与基本句的组合就是主述结构与主述结构的组合。由此可见，主述结构就是汉语句法结构的核心，只要抓住了主述结构以及主述结构与主述结构的关系，就能厘清句子的生成方式和组合关系，就能透过生成方式和组合关系去了解句义结构特点。汉语句子形式结构和语义结构的统一，就表现为句子的生成方式、组合关系和句义结构特点的统一。

二、主述结构和基本句

1. 什么是主述结构

霍盖特（1958）在用主谓结构分析句法遇到困难时提出了"topic-comment"这一新的句法结构框架。"topic-comment"一般译为"话题—说明"，我们叫"主体—述体"。

我们所说的"主述结构"，就是由主体（Topic）和述体（Comment）组合生成的两个相互依存的语义单位。所谓相互依存，就是两者不可分离：主体是对述体而言，没有述体，就谈不上主体；述体是对主体而言，没有主体，也谈不上述体。从形式结构看，主体在前，述体在后。从语义结构看，主体是已知信息和述体陈述的对象，代表"谁"或"什么"，述体是使知信息，用于陈述主体，说明主体"做什么"或"怎么样"。"谁（什么）——做什么（怎么样）"就是主述结构的语义结构模式。例如：

① 日—出　地—震　头—疼　脸—红　身体—健康　经济—落后
　 花—开·花—落

② 我｜来。　他｜不是中国人。　我｜有很多书。　教授｜不在家。
　 弟弟｜长高了。

上面的例①和例②都是主述结构。有些主述结构在一般情况下不能单独成句，这类主述结构是词，叫"主述词"，如例①。大部分主述结构都可以独立成句，可以独立成句的主述结构是基本句，如例②。我们用连接号"—"把主述结构词的主体和述体隔开，用单竖线"｜"把基本句的主体和述体隔开。连接号和单竖线前面的是主体，后面的是述体。

主述结构反映汉语人社团的思维过程和表达程序。这种思维过程和表达程序的特点就是"二合"和"二分"以及思维过程与表达程序相一致。所谓思维过程与表达程序相一致，就是先看到什么、先想到什么，就先说或先写什么。思维过程与表达程序相一致有利于对客观世界的快速反映。速度有决定效率的作用，对客观世界的快速反映，对一个人、一个民族、一个国家或社会的发展具有极其重要的作用。这种作用无所不在，但是在通常情况下不容易觉察，只有在分秒必争的关键时刻才能充分显现出来。

2. 主述结构的生成方式和组合关系的主要特点

（1）语义相关的单位都可以组成主述结构。所谓语义相关，就是能够构成陈述与被陈述的关系。无论是代表人的，还是代表事物或事件的字、词和主述结构，都可以担任主体，也都可以担任述体。例如：

① 他｜不是学生。
② 他们｜有五个女儿。
③ 他们的大女儿｜住在上海。
④ 在城里打工的农民｜叫农民工。
⑤ 我国农村的人口｜比城市多。
⑥ 南方的气候｜和北方不一样。
⑦ 这｜就是选择坐火车、不选择坐飞机的原因。
⑧ 马小月｜身体不太好。
⑨ <u>经济发展了</u>｜才有条件提高人民的生活水平。
⑩ <u>你一整天都没吃饭</u>｜<u>我怎么不担心</u>？

在上面的例子中，带下画线的部分是可以单独成句的主述结构。这些例子说明，可以单独成句的主述结构也可以担任主述结构的主体或述体。

（2）主体不受施受关系的约束。主体可以是施动者，也可以是受动者，还可以是受述者——我们把既不是施动者、也不是受动者的主体叫作受述者主体。例如：

① 他们｜在马路边卖东西。

② 窗户｜没关好。

③ 杯子｜打破了。

④ 代表团｜迎来了。

⑤ 这段话中有的句子｜常常被引用。

⑥ 长城｜到了。

⑦ 白板上｜写着字。

⑧ 台上｜坐着主席团。

⑨ 公路两边｜种了很多树。

⑩ 今天晚上｜来的人特别多。

在上面的例子中，只有例①的主体是施动者。例②～例⑥的主体是受动者，例⑦～例⑩的主体是受述者。这说明，受动者和受述者也可以担任主述结构的主体。

（3）主体是有定的。主述结构的主体都是有定的。"有定"即不是任何一个，所提供的信息一般为交际双方所共知，属于已知信息。表示时间、地点、方位、数量等的语义单位都是已知信息，所以都可以担任主体。例如：

① 今天｜星期六。

② 十月一日｜是中国的国庆节。

③ 春天｜是旅游的好季节。

④ 好久｜不见了！

⑤ 上海｜离北京很远。

⑥ 那里｜没有人。

⑦ 东面｜有警察！

⑧ 三个人｜不多。

⑨ 一个半小时｜就到。

⑩ 一万年｜太久！

（4）述体的生成方式和组合关系也具有多样性。主述结构的述体可以有多种生成方式和组合关系，单字和各种结构类型的词语都可以担任主述结构的述体。例如：

① 我｜去。（述体是单字）
② 我｜去办公室。（述体是"动名结构"动受关系动词）
③ 我｜去办公室开会。（述体是"动动结构"连动关系动词）
④ 今天｜很冷。（述体是"状静结构"限中关系静词）
⑤ 今天｜天气—很好。（述体是主述结构）
⑥ 今天｜比昨天—冷多了。（述体是主述结构）

以上各类例子都说明，汉语的主体和述体不同于英语的主语和谓语。因此，不能按"主谓"观念分析汉语的句子。我们讨论汉语基本句的组合关系，也是为了把汉语的主体和述体跟英语的主语和谓语区别开来。汉语主述结构的组合关系代表汉语人社团的思维过程和表达程序，说明汉语人的表达程序跟思维过程完全一致。

引文目录

霍盖特（1958）《现代语言学教程》，北京大学出版社 1986。

参考文献

李　讷、汤普森（1976）主语和主题：一种新的语言类型学，李谷城摘译，《国外语言学》1984 年第 2 期。

徐通锵（1991）语义句法刍议——语言的结构基础和语法研究的方法论初探，《语言教学与研究》第 3 期。《徐通锵自选集》，郑州，河南教育出版社 1993。

徐通锵（1997）《语言论》，长春，东北师范大学出版社。

第二节　是非句、存在句和有无句

> 一、是非句
> 二、存在句
> 三、有无句

语言交际就是语义的表达和理解。因此，我们就从语义表达和理解的角度对句子进行分类和解释。本章讨论基本句，就是从语义表达和理解的角度对几种常用的基本句进行分类和解释。这一节先讨论是非句、存在句和有无句。

一、是非句

1. 什么是"是非句"

我们把说明主体"是什么"或"不是什么"的句子叫作"是非句"。"是非句"的生成方式是"主体+'是'字结构"。"'是'字结构"是由动字"是"与意思相关的名字组合生成的语义单位，其中的名字与主体有包容关系（主体是名字所指的一部分）。下面说明"是非句"的语义结构特点。

（1）主体是人，述体说明主体的身份、特点以及与主体的关系等。例如：

① 王老师｜是中国人。
② 他爸爸、妈妈｜都是农民。
③ 孔子｜是中国古代伟大的思想家、政治家、教育家。
④ 李霞｜是王大中的女朋友。
⑤ 王大中和李霞｜都是性格内向的人。
⑥ 我们｜都是学习汉语的学生。
⑦ 语言研究的后备军｜主要是大学中文系和外语系的学生。（吕叔湘，《把我国语言科学推向前进》）

（2）主体是事物或事件，述体说明主体的性质、特点、内容、发生的缘由等。

例如：

① 实践｜是检验真理的唯一标准。

② 教育｜是一个民族最根本的事业。（邓小平《教育是一个民族最根本的事业》）

③ 我们的任务，｜是要正确处理这些矛盾。（毛泽东《论十大关系》）

④ 汉语研究工作者当前的首要任务｜是促进现代汉语的规范化。（吕叔湘《汉语研究工作者的当前任务》）

⑤ 这里所说的统筹兼顾，｜是指对于六亿人口的统筹兼顾。（毛泽东《关于正确处理人民内部矛盾的问题》）

⑥ 我们要实现的四个现代化，｜是中国式的四个现代化。（邓小平《中国在本世纪的目标是实现小康》）

⑦ 现在世界发生大转折，｜就是个机遇。（邓小平《总结经验，使用人才》）

⑧ 尊重知识、尊重人才｜是长远的根本大计。（邓小平《教育是一个民族最根本的事业》）

（3）主体是时间、地点、方位、数量等，述体是跟主体相关的具体内容。例如：

① 今天｜是他的生日。

② 三月八日｜是国际劳动妇女节。

③ 北京西郊和北郊｜是最美的地方。

④ 南面｜是马路。

⑤ 九｜是三的三倍。

⑥ 60岁｜是中国男人退休的年龄。

⑦ 21世纪｜真的是中国世纪吗？

（4）"动的结构"名词可以放在"是"字的后面组成'是'字结构，担任"是非句"的述体。例如：

① 这些人｜是新来的。

② 他们｜是昨天来的。

③ 他们｜是从南方来的。

④ 他们｜是坐高铁来的。

⑤ 这样的错误｜是不能容忍的。

2. "是非句"的否定式

"是非句"的否定式一般是在"是"字前加"不"。例如：

① 孔子｜不是现代人。

② 李霞｜不是王大中的妹妹。

③ 他们｜不是第一次见面。

在书面语和一些固定说法中也用"非"否定，"非"即"不是"。例如：

① 人｜非圣贤。（孰能无过？）

② 事实｜并非如此。

"不是……就是……"是肯定式，表示二者必居其一。例如：

① 得第一的｜不是你就是他。

② 他｜一天到晚不是吃就是喝。

③ 这几天｜不是刮风就是下雨。

3. "是非句"的时间表示法

如果要说明主体什么时候是什么或不是什么，只需要在"是"或"不是"的前面加表示时间的字词。例如：

① 他父亲｜以前是工人。

② 他们｜小时候是好朋友。

③ 他｜那时候不是领导。

4. "是非句"的变化态

"是非句"的变化态表示从"是"到"不是"或从"不是"到"是"的变化，表示的方法是在句尾加状态虚字"了"。例如：

① 她｜不是你妻子了。

② 孙朋｜十年以前就是教授了。

③ 我们｜是老朋友了。

④ 这些孩子｜明年就是大学生了。

因为"是"只表示"是非",不存在是否发生、保持和经历的问题,所以没有发生态、保持态和经历态。

二、存在句

1. 什么是"存在句"

我们把说明主体是否存在于某处的句子叫作"存在句"。"存在句"的生成方式是"主体+'在'字结构"。"在"字结构是由动字"在"与方所名字组合生成的语义单位。"在"字结构不同于"在"字短语,"在"字短语表示"在哪里做什么","在"字结构只表示"在哪里"。"在哪里做什么"是连动关系,由"在"字短语做述体的句子不是存在句。

"存在句"的主体可以是人,也可以是事物;述体说明主体所处的地点、方位等。例如:

① 南京 | 在长江南岸。

② 他家 | 在上海的郊区。

③ 马老师 | 在教室里。

④ 饭 | 在蒸锅里。

2. "存在句"的否定式

"存在句"通常有以下两种否定的方法。

(1) 用"不"否定。"不"要放在"在"字的前面。例如:

① 李霞 | 不在这里。

② 马老师 | 不在学校。

③ 王玉 | 不在家。

(2) 用"没"否定。表示过去和现在不在,也可以用"没"。"没在"一般用于口语。例如:

① 王玉 | 没在家。

② 马老师 | 没在学校。

③ 李霞 | 没在这里。

"不在……就在……"是肯定式,表示二者必居其一。例如:

① 我 | 今天不在家就在办公室。
② 他 | 不在北京就在上海。

3. "存在句"的时间表示法

如果要说明主体什么时候是否存在于某处，只需要在"在"或"不在、没在"的前面加表示时间的字词。例如：

① 他家 | 过去在农村。
② 马老师 | 今天在家。
③ 李冰 | 昨天没在家。
④ 王大中 | 明天不在学校。

4. "存在句"的变化态

存在句的变化态表示由"在"到"不在"或由"不在"到"在"的变化，表示的方法也是在句尾加"了"。例如：

① 学生们 | 在教室里了。（学生们原来不在教室里）
② 他家 | 不在农村了。（他家以前在农村）
③ 孙教授 | 明天不在北京了。（他今天还在北京）

"不在了"的特殊用法。"不在了"的"在"是"存在"的意思。说某人"不在了"，多半是某人"已经去世"的委婉说法；说某物"不在了"，多半是说某物已经消失，通常带有惋惜的意思。这类说法一般用于口语。例如：

① 马小月的父亲 | 早就不在了。
② 中国有很多珍贵的文物 | 都不在了。

因为"在"只表示是否存在，没有是否发生、保持和经历的问题，所以也没有发生态、保持态和经历态。

三、有无句

1. 什么是"有无句"

我们把说明主体是否拥有什么的句子叫作"有无句"。"有无句"的生成方式是"主体+'有'字结构"。"有"字结构是由动字"有"与意思相关的名字组合生成的语义单位。代表人和事物以及时间、地点、方位等的语义单位都可以担任"有无句"

的主体,"有无句"的述体说明主体是否拥有什么。例如:

① 我｜有很多外国朋友。

② 我们｜都有中文书。

③ 明天｜有雨。

④ 星期六｜有足球比赛。

⑤ 到处｜都有树木和花草。

⑥ 东面｜有警察。

⑦ 中国地图上｜有长城、黄河和长江。

"有"可以用"很"限定,不过"很有"的内容一般是抽象的概念。例如,可以说"很有风度、很有作为、很有面子、很有钱",却不能说"很有人、很有朋友、很有房子"。"很有钱"是"很富有"的意思,其中的"钱"不是指钱币。如果指钱币,要说"有很多钱"。

"具有"也是"有"的意思,一般用于书面语。"具有"的内容通常也是抽象的概念,而不是具体的人或事物。例如:

① 同类事物的形状｜具有某种相似性。

② 汉字｜具有直观表义的特点。

2. "有无句"的否定式

"有无句"的否定式一般是在"有"的前面加"没"。例如:

① 他｜没有钱。

② 星期六｜没有课。

③ 村子里｜没有游泳池。

④ 院子里｜没有树。

在口语中,也可用"没"代替"没有"。例如:

① 他｜没钱。

② 星期六｜没课。

③ 村子里｜没游泳池。

④ 院子里｜没树。

"没有……就没有……"是肯定式。"没有……"是假设的条件,"就没有……"是假设的结果,通过假设条件和假设结果来肯定条件和结果,实际上是用否定式强调肯定。例如:

① 没有改革就没有今后的发展。(意为有改革才有今后的发展)(邓小平《改革开放是很大的试验》)

② 没有共产党,就没有新中国。(意为有共产党才有新中国)(歌词)

"有"的另一种否定式是"无"。"无"即"没有",也必须放在要否定的语义单位的前面。"无"多半用在短语或固定说法中。用"无"否定的语义单位不一定都是"有无句"的否定式。例如,下面的句子,除了例①,都不是"有无句"。

① 此人 | 无情·无义。

② 一家人 | 衣食无着。

③ 他们 | 无处可去,欲哭无泪。

④ 他们 | 无话不谈。

⑤ 你 | 何必无事生非!

⑥ 他 | 无缘·无故对谁发脾气?

⑦ 目中无人 | 会有好结果吗?

3. "有无句"的时间表示法

如果要说明主体什么时候是否拥有什么,只需要在"有、没、没有"的前面加表示时间的字词。例如:

① 他家 | 明天有客人。

② 他们 | 过去很有钱。

③ 这个学校 | 以前没有外国学生。

④ 那里 | 常常没有水。

4. "有无句"的状态表示法

"有无句"一般只有变化态和经历态。分述如下:

(1)变化态。"有无句"的变化态表示"从有到无"或"从无到有"的变化,表示的方法也是在句尾加"了"。例如:

① 她哥哥｜有女朋友了。（她哥哥原来没有女朋友）
② 郑老师｜明年就有自己的房子了。（现在还没有自己的房子）
③ 这个学校｜今年已经有五千名学生了。（过去不到五千名）
④ 家里｜没（有）钱了。（家里原来有钱）
⑤ 下周｜没（有）课了。（本周有课）

（2）经历态。"有无句"的经历态表示有过某种经历和体验，表示的方法是在"有"的后面加"过"。例如：

① 他们｜有过一个儿子。（现在没有了）
② 他们家｜有过自己的房子。（已经卖了）
③ 老一辈人｜多半都有过不幸的遭遇。
④ 这样的事｜从来没有过。

第三节　描述句、叙事句和比较句

> 一、描述句
> 二、叙事句
> 三、比较句

一、描述句

1. 什么是"描述句"

我们把描述主体特点的句子叫作"描述句"。"描述句"的主体可以是人，也可以是事物或事件，述体是静字或由静字做述体的主述结构。述体的作用是说明主体的特点。例如：

① 中国 | 很大。
② 那里的风景 | 很美。
③ 当汉语老师 | 很光荣。
④ 他们的新房 | 又宽敞又明亮。
⑤ 他父母 | 身体非常好。
⑥ 这几个汉字 | 发音相同。
⑦ 中国北方 | 冬天很冷。

在上面的例子中，带下画线的是由静字做述体的主述结构。

对二汉学习者要特别说明，汉语的"描述句"不需要动字。"描述句"也可以在静字的前面加"是"，不过这里的"是"要重读，作用是强调"的确如此"，没有"是否"的意思。例如：

① 中国 | 是很大。（的确很大）
② 那里的风景 | 是很美。（的确很美）
③ 当汉语老师 | 是很光荣。（的确很光荣）

④ 他｜身体是非常好。（的确非常好）

⑤ 这些汉字｜发音是相同。（的确相同）

⑥ 中国北方｜冬天是很冷。（的确很冷）

上面的"描述句",④、⑤、⑥的述体都是由静字做述体的主述结构,静字前面的"是"都表示强调。

2."描述句"的否定式

"描述句"有不同的否定方式。

（1）述体如果是单个的静字,一般是在静字的前面加"不"。例如：

① 教师的工资｜不高。

② 马小月｜身体不好。

（2）述体如果是状静结构静词,一般用"不是"或"不太"否定。如果用"不太"否定,静字的前面就不能再用其他限定成分。试比较：

① 那里的风景｜很美。

　那里的风景｜不是很美。

　那里的风景｜不太美。

② 他｜身体非常好。

　他｜身体不是非常好。

　他｜身体不太好。

3."描述句"的时间表示法

"描述句"的时间表示法是在静字的前面加表示时间的字词。述体如果是主述结构,时间字词多半要放在主述结构的前面。例如：

① 这条河｜以前很深。

② 这条马路｜以后会更美。

③ 农民的生活｜明年将更好。

④ 马小月｜最近身体不太好。

⑤ 那里的农民｜过去生活水平很低。

"会、将"是表示将来时间的时间字,"将"多半用于书面语。

4. "描述句"的状态表示法

"描述句"一般也只有变化态和经历态。

（1）变化态。"描述句"的变化态表示情况发生了变化，表示的方法也是在句尾加"了"。例如：

① 今年住校的学生｜多了。（以前住校的学生不多）

②（这些小树长大以后，）这里的风景｜就更美了。（将比现在美）

（2）经历态。"描述句"的经历态表示曾经有过某种经历，表示的方法是在静字的后面加"过"。例如：

① 他俩｜好过。（他俩现在的关系不好了）

② 这里的雨水｜多过。（这里的雨水现在不多了）

二、叙事句

1. 什么是"叙事句"

我们把叙述事物或事件的句子叫作"叙事句"。"叙事句"是与后面将要讨论的"行动句"相对的句式，两者的主要区别是："行动句"的主体和述体之间存在着施受关系，主体或者是施动者，或者是受动者。"叙事句"的主体和述体之间不存在施受关系，主体只是受述者。"叙事句"也不同于"是非句""存在句""有无句"和"描述句"。"叙事句"的述体不说明主体"是什么"或"不是什么"，不说明主体是否存在于某处或是否拥有什么，也不描述主体的特点。

2. "叙事句"的语义结构特点

常见的"叙事句"至少有以下语义结构特点：

（1）主体是时间、地点等特定的条件，述体是特定条件下发生的情况或事件。例如：

① 今天｜星期六。

② 周末｜不上课。

③ 夏季｜常常下雨吗？

④ 上汉语课的时候｜没有人说英语。

⑤ 参观以后｜我们一起吃饭。

⑥ 南方｜是不是很少下雪？

⑦ 住宅楼｜过去不允许开公司。

（2）主体是特定的情况或事件，述体对此情况或事件加以评述。例如：

① 打的｜比较快。

② 见到您｜真高兴！

③ 人生七十｜古来稀。

④ 开车｜一个小时就到。

⑤ 晚上坐火车｜一点儿也不耽误白天的工作。

⑥ 这件事｜必须坚持下去。（邓小平《改革开放是很大的试验》）

⑦ 问题｜在于对"北京语音"的理解。（吕叔湘《汉语研究工作者的当前任务》）

⑧ 不管做哪种学问，｜总不外乎"摆事实、讲道理"六个字。（吕叔湘《把我国语言科学推向前进》）

⑨ 一万年｜太久。

⑩ 两个人｜就够。

（3）主体是事物，述体说明该事物的遭遇或受到的影响。例如：

① 我的肚子｜笑疼了。

② 两只眼睛｜哭得通红通红的。

三、比较句

我们把用于比较人或事物异同的句子叫作"比较句"。"比较句"有多种生成方式和语义结构特点，下面仅以三种"比较句"为例，说明"比较句"的生成方式和语义结构特点。

1. 用"比"的"比较句"

用"比"的"比较句"的作用是说明不同的人或事物的差异。其生成方式和语义结构特点是：比较前项＋比＋比较后项＋比较的结果。"比较前项"是主体，"比＋比较后项＋比较的结果"是述体。比较的结果是比较前项即主体的特点。例如：

① 美国｜比日本大。（美国大）

② 北方｜比南方冷。（北方冷）

③ 哥哥｜比弟弟高。（哥哥高）

④ （中国）南方｜比北方发达。（南方发达）

⑤ 弟弟｜比哥哥懂礼貌。（弟弟懂礼貌）

比较后项的中心成分如果已在比较前项中出现，可以省略。例如：

① 农民的生活水平｜比市民（的生活水平）低。（农民的生活水平低）

② 中国的人口｜比美国（的人口）多。（中国的人口多）

③ 发达国家的科学技术｜比发展中国家（的科学技术）先进。（发达国家的科学技术先进）

在比较的结果中用"更"，说明比较后项也已达到一定的程度，只是比较前项达到的程度更高。例如：

① 哥哥｜比弟弟更高。（弟弟高，哥哥更高）

② 农民的生活水平｜比市民更低。（市民的生活水平低，农民的生活水平更低）

③ 北方｜比南方更冷。（南方冷，北方更冷）

用"比"的"比较句"的否定式用"不比"和"没有"。"不比"是对比较结果的否定，"没有"表示与比较的结果相反。例如：

① 哥哥｜不比弟弟高。（否定"哥哥比弟弟高"）

② 哥哥｜不比弟弟更高。（否定"哥哥比弟弟更高"）

③ 哥哥｜没有弟弟高。（与"哥哥比弟弟高"相反，是弟弟比哥哥高）

2. 用"一样、相同"的"比较句"

用"一样、相同"的"比较句"的作用是说明比较的对象是否相同。其生成方式和语义结构特点是：比较的对象＋（主述结构的主体）＋比较的结果。比较的对象是句子的主体，述体是"一样、相同"或由"一样、相同"做述体的主述结构。如果述体是由"一样、相同"做述体的主述结构，比较的内容是主述结构的主体。"一样、相同"是比较的结果。否定式是"不一样、不（相）同"。例如：

① 这两辆自行车｜一样。

② 这两件衣服｜不一样。

③姐姐和妹妹｜性格—不一样。

④南方人和北方人｜生活习惯—不一样。

⑤"是"和"事"｜发音—相同。

⑥这两件衣服｜样式—不（相）同。

在上面的例子中，带下画线的是主述结构，其中的主体是比较的内容。

"一样"（"不一样"）的后面还可以有比较的内容。例如：

①这两辆自行车｜一样新。

②这两件衣服｜不一样长。

上面例子中的"新"和"长"是比较的内容。

3. 用"跟（和、与、同）……一样"的"比较句"

用"跟（和、与、同）……一样"的"比较句"的作用也是说明比较的对象是否相同。其生成方式和语义结构特点是：比较前项 + 跟（和、与、同）+ 比较后项 + 一样（比较的结果）。比较前项是主体，比较后项在述体中，其中心成分可以省略。"一样"是比较的结果，否定式是"不一样"。例如：

①你的自行车｜跟我的（自行车）一样。

②南方的气候｜和北方（的气候）不一样。

③南方人的生活习惯｜与北方人（的生活习惯）不一样。

④东方人的样子｜同西方人（的样子）不一样。

第四节　主动句和被动句

> 一、主动句
> 二、被动句

一、主动句

1. 什么是"主动句"

我们把主体是施动者的句子叫作"主动句"。"主动句"的生成方式是"主体 + 述体动字",述体动字代表主体的动作行为,说明主体做什么。例如:

① 他｜去。
② 中国女人｜一般55岁退休。
③ 他｜想当作家。
④ 他们｜在学校里学习汉语。
⑤ 这些学生｜常常到校外打工。

2. "主动句"的否定式

"主动句"有"不"或"不是"两种常用的否定方式。

(1) 用"不"否定。如果要否定常然和未然的动作或动作的状况,就在要否定的语义单位之前加"不"。例如:

① 他｜不去。
② 中国女人｜一般50岁不退休。
③ 他｜不想当作家。
④ 他们｜不在学校里学习汉语。
　　他们｜在学校里不学习汉语。
⑤ 这些学生｜不常常到校外打工。
　　这些学生｜常常不到校外打工。(意为他们常常只在校内打工。)

这些学生｜常常到校外不打工。

（2）用"不是"否定。如果要否定常然和未然的事实，就在要否定的语义单位之前加"不是"。例如：

① 中国女人｜一般不是 50 岁退休。（"50 岁退休"不是事实）
② 他｜不是想当作家。（"想当作家"不是事实）
③ 他们｜不是在学校里学习汉语。（"在学校里学习汉语"不是事实）
　他们｜在学校里不是学习汉语。（"学习汉语"不是事实）
④ 这些学生｜不是常常到校外打工。（"常常到校外打工"不是事实）
　这些学生｜常常不是到校外打工。（"到校外打工"不是事实）
　这些学生｜常常到校外不是打工。（"打工"不是事实）

已然的动作或事件要用发生态，发生态的否定式就是在要否定的语义单位的前面加"没（有）"。

3."主动句"的时间表示法

要表示在某个特定的时间做某事，就在要限定的语义单位的前面加时间字词。例如：

① 他｜以前想当作家。
② 李冰｜小时候最喜欢游泳和滑冰。
③ 他们｜去年没在学校里学习汉语。
④ 校长｜今天要出去开会。
⑤ 那些外国人｜明天不去长城。
⑥ 这些学生｜常常到校外打工。
⑦ 他｜必须每天都上班。
⑧ 很多年轻人｜都在这时候结婚。

4."主动句"的状态表示法

"主动句"有发生态、变化态、保持态和经历态。分述如下：

（1）发生态。例如：

① 警察｜来了。
② 他｜买了一个大西瓜。

③董事长｜去上海了。

　　④那些孩子｜下了课就回家了。

（2）变化态。例如：

　　①孩子们｜长大了。

　　②他｜不想当作家了。

　　③他们｜不在学校里学习汉语了。

　　④那些外国人｜明天不去长城了。

（3）保持态。例如：

　　①｜不要躺着看书。

　　②保安｜都在门口站着呢。

　　③捧着金饭碗｜要饭吃。

　　④祥子｜拿着两包火柴，进了人和厂。（老舍《骆驼祥子》）

（4）经历态。例如：

　　①他们｜都学过英语。

　　②他们｜一起照过相。

　　③没吃过梨子｜就不知道梨子的滋味。

二、被动句

主体是受动者、述体是施动者的句子叫"被动句"。我们把"被动句"分为"无标记被动句"和"有标记被动句"两类。

1. 无标记被动句

要说明某人或某物受到什么作用或影响，产生了什么结果，就用"无标记被动句"。

1.1 "无标记被动句"的生成方式和语义结构特点

"无标记被动句"的生成方式是"主体＋述体动字"，语义结构特点是：主体是受动者，述体包括施动者的行动＋施动者行动的结果或对受动者造成的影响。例如：

　　①桌子｜放在门口。

　　　桌子｜可以放在门口。

②住宅楼｜建在山坡上。

　住宅楼｜可以建在山坡上。

③他的喜怒哀乐｜都写在脸上。

④院子｜打扫得很干净。

⑤她的钱包｜丢了。

⑥他买的那件新衣服｜弄脏了。

⑦这个问题｜现在可以解决了。

⑧窗户｜都关着。

⑨那个小偷｜在派出所关着呢。

⑩绿队｜打败过。

"无标记被动句"也有发生态、变化态、保持态和经历态。上面的例⑤和例⑥是发生态，例⑦是变化态，例⑧和例⑨是保持态，例⑩是经历态。

1.2 "无标记被动句"的否定式

（1）"无标记被动句"一般用"不是、不会、不要"等否定常然和未然的动作，"不是、不会、不要"必须放在要否定的语义单位的前面。如果动字的前面有"可以"，否定式一般用"不能"。例如：

①桌子｜不是放在门口。

　桌子｜不会放在门口。

　桌子｜不要放在门口。

　桌子｜不能放在门口。

②住宅楼｜不是建在山坡上。

　住宅楼｜不会建在山坡上。

　住宅楼｜不要建在山坡上。

　住宅楼｜不能建在山坡上。

（2）表示发生态、变化态、保持态、经历态的"无标记被动句"，否定式就是发生态、变化态、保持态、经历态的否定式。例如：

①他的钱包｜丢了。

　他的钱包｜没丢。

② 这个问题｜现在可以解决了。

这个问题｜现在不能解决了。

③ 那个小偷｜在派出所关着呢。

那个小偷｜没在派出所关着。

④ 绿队｜打败过。

绿队｜没打败过。

（3）"无标记被动句"的述体如果是"动得静"短语，否定式就是"动得静"短语的否定式。前面说过，"动得静"短语表示可能或结果，表示可能的否定式是"动不静"，表示结果的否定式是"动得不静"。试比较：

① 这件衣服｜洗得干净。

这件衣服｜洗不干净。

② 这件衣服｜洗得很干净。

这件衣服｜洗得不太干净。

③ 屋子｜装修得完。

屋子｜装修不完。

④ 屋子｜装修得很好。

屋子｜装修得不太好。

1.3 "无标记被动句"的时间表示法

"无标记被动句"的时间表示法也是在动字的前面加时间词语。例如：

① 院子｜以前打扫得不太干净。

② 桌子｜今天放在门口。

③ 这个问题｜下周解决。

2. 有标记被动句

如果要指出施动者，或者要特别强调受动者的被动性，必须用"有标记被动句"。"有标记被动句"的语法标记是"被"，也可以用"给、让、叫"等。用"被"的"被动句"更强调被动性，语气比较严肃；用"给、让、叫"的"被动句"语气相对随和。

2.1 "有标记被动句"的生成方式和语义结构特点

"有标记被动句"的生成方式和语义结构特点是：主体（受动者）+被（给、

让、叫）[＋施动者]＋施动者的行动＋施动者行动的结果或对受动者造成的影响。

"有标记被动句"和"无标记被动句"的主要区别是："有标记被动句"有"被（给、让、叫）(＋施动者)"，"无标记被动句"没有"被（给、让、叫）(＋施动者)"。试比较：

① 那个小偷｜关着呢。
　　那个小偷｜被关着呢。
　　那个小偷｜被派出所关着呢。
② 桌子｜放在门口。
　　桌子｜被放在门口。
③ 院子｜打扫得很干净。
　　院子｜给打扫得很干净。
④ 这间屋子｜装扮得很漂亮。
　　这间屋子｜给装扮得很漂亮。
⑤ 她的钱包｜丢了。
　　她的钱包｜给丢了。
　　她的钱包｜被我丢了。
⑥ 那个杯子｜打破了。
　　那个杯子｜被打破了。
　　那个杯子｜叫小家伙打破了。
⑦ 绿队｜打败过。
　　绿队｜被打败过。
　　绿队｜被红队打败过。
⑧ 问题｜已经解决了。
　　问题｜已经被解决了。
　　问题｜已经被他们解决了。
⑨ 他买的那件新衣服｜弄脏了。
　　他买的那件新衣服｜被弄脏了。
　　他买的那件新衣服｜让我弄脏了。

2.2 "有标记被动句"的否定式

（1）"有标记被动句"一般用"不要、不会"等否定常然和未然的动作，否定词要放在"被（给、让、叫）"的前面。例如：

我们｜不要被他吓倒。

我们｜不会让他吓倒。

（2）表示发生态、保持态、经历态的"有标记被动句"，否定式就是发生态、保持态、经历态的否定式。例如：

① 绿队｜被红队打败了。

　绿队｜没被红队打败。

② 那个小偷｜被派出所关着呢。

　那个小偷｜没被派出所关着。

③ 绿队｜被红队打败过。

　绿队｜没被红队打败过。

我没有找到表示变化态的"有标记被动句"的例子。

2.3 "有标记被动句"的时间表示法

要表示"有标记被动句"动作发生的时间，就在"被（给、让、叫）"的前面加时间字词。例如：

① 桌子｜总是被放在门口。

② 桌子｜已经被放在门口。

③ 绿队｜昨天被打败了。

④ 那个小偷｜去年叫派出所关了24小时。

参考文献

饶长溶（1990）《把字句·被字句》，北京，人民教育出版社。

刘叔新（1993）现代汉语被动句的范围和类别问题，《刘叔新自选集》，郑州，河南
　　教育出版社。

李临定（1994）"被"字句，《李临定自选集》，郑州，河南教育出版社。

第五节 "把"字短语和"把"字句

> 一、"把"字短语
> 二、"把"字句
> 三、"把"字句的条件
> 四、"把"字句教学

一、"把"字短语

"把"字句是一种特殊的句型,它的特殊性就在于它的述体是"把"字短语。本节首先讨论"把"字短语,就是为了给讨论"把"字句打好基础。

"把"字短语是一种特殊的短语,它的特殊性就在于套着两层主述结构:"把"字短语本身是主述结构,"把"字后面的成分也是主述结构。这样,"把"字句就套着三层主述结构:"把"字句本身是第一层主述结构,"把"字短语是第二层主述结构,"把"字后面的成分是第三层主述结构。我们把第三层主述结构叫作"末层主述结构"。

"把"字短语的生成方式和语义结构特点都跟"把"字的字义有关。"把"字是具有"处置、对待、致使"等不同意思的动字,根据"把"字的不同的意思,我们把"把"字短语分为处置式、对待式和致使式三种类型。这三种类型的"把"字短语的生成方式和语义结构特点既有共同点,也有不同点,共同点和不同点都表现在末层主述结构上。

下面分别讨论三类不同的"把"字短语。

1. 处置式"把"字短语

处置式"把"字短语的作用是表示怎样处置某人或某物,以及处置的结果如何。例如:

① 把桌子—搬走("桌子—搬走"是末层主述结构,主体"桌子"是

"把"的对象,也是述体动字"搬"的对象。述体"搬走"是动结关系动词,"走"即"离开",是"搬"的结果)

② 把饺子—吃完("饺子—吃完"是末层主述结构,主体"饺子"是"把"的对象,也是述体动字"吃"的对象。述体"吃完"是动结关系动词,"完"即"不剩下",是"吃"的结果)

③ 把钱—存在银行里("钱—存在银行里"是末层主述结构,主体"钱"是"把"的对象,也是述体动字"存"的对象。述体"存在银行里"是动结关系动词,"在银行里"是"存"的结果)

④ 不能把我们—吓倒("我们—吓倒"是末层主述结构,主体"我们"是"把"的对象,也是述体动字"吓"的对象。"吓倒"是动结关系动词,"倒"是"吓"的结果)

⑤ 把老命—搭上("老命—搭上"是末层主述结构,主体"老命"是"把"的对象,也是述体动字"搭"的对象。述体"搭上"是动结关系动词。"上"是个多义动字,其词义跟它前面的动字的字义有关。"搭上"即随"搭"而去,"上"是"搭"的结果)

⑥ 把小偷—关起来("小偷—关起来"是末层主述结构,主体"小偷"是"把"的对象,也是述体动字"关"的对象。述体"关起来"是动结关系动词。"起来"是个多义动词,其词义跟它前面的动字的字义有关。"关起来"表示由开放到封闭,"起来"代表封闭,是"关"的结果)

⑦ 把绿队—打败了("绿队—打败了"是末层主述结构,主体"绿队"是"把"的对象,也是述体动字"打"的对象。述体"打败了"是动结关系状态动词,"败了"是"打"的结果)

⑧ 把院子—打扫得很干净("院子—打扫得很干净"是末层主述结构,主体"院子"是"把"的对象,也是述体动字"打扫"的对象。述体"打扫得很干净"是动结关系"得"字短语,"很干净"是"打扫"的结果)

因为处置式"把"字短语的作用是表示怎样处置某人或某物,以及处置的结果如何,所以对末层主述结构的述体动词有选择性。选择的标准就是必须包含结果义。在上面的例子中,述体动词有动结关系动词(搬走、吃完、存在银行里、吓倒、搭上、关起来)、动结关系状态动词(打败了)、动结关系"得"字短语(打扫得很干净）。这些动词都包含结果义。

2. 对待式"把"字短语

对待式"把"字短语的作用是表示如何对待某人或某物，产生了什么结果。例如：

① 把他—选为村委会主任（"他—选为村委会主任"是末层主述结构，主体"他"是"把"的对象，也是述体动字"选"的对象。述体"选为村委会主任"是动结关系动词，"为村委会主任"是"选"的结果）

② 把老朋友—忘了（"老朋友—忘了"是末层主述结构，主体"老朋友"是"把"的对象，也是述体动字"忘"的对象。述体"忘了"是动结关系状态动词，"了"表示消失，是"忘"的结果）

③ 把你—恨透了（"你—恨透了"是末层主述结构，主体"你"是"把"的对象，也是述体动字"恨"的对象。述体"恨透了"是动结关系状态动词，"透了"是"恨"的结果，表示"恨"的程度高）

④ 把我—哄得团团转（"我—哄得团团转"是末层主述结构，主体"我"是"把"的对象，也是述体动字"哄"的对象。述体"哄得团团转"是动结关系"得"字短语，"团团转"是"哄"的结果）

在上面的例子中，末层主述结构的述体有动结关系动词（选为村委会主任）、动结关系状态动词（忘了、恨透了）、动结关系"得"字短语（哄得团团转）。这说明，对待式"把"字短语的末层主述结构的述体动词也都包含结果义。

3. 致使式"把"字短语

致使式"把"字短语的作用是导致某人或某物产生某种结果或受到某种影响。例如：

① 把衣服—弄脏了（"衣服—弄脏了"是末层主述结构，主体"衣服"是"把"的对象，也是述体动字"弄"的对象。述体"弄脏了"是动结关系状态动词，"脏了"是"弄"的结果）

② 把肚子—笑疼了（"肚子—笑疼了"是末层主述结构，主体"肚子"是"把"的对象和述体"笑疼了"的受述者。"笑疼了"是动结关系状态动词，"疼了"是"笑"的结果）

③ 把眼睛—哭红了（"眼睛—哭红了"是末层主述结构，主体"眼睛"是

"把"的对象和述体"哭红了"的受述者。"哭红了"是动结关系状态动词,"红了"是"哭"的结果)

④ 把我—心疼死了("我—心疼死了"是末层主述结构,主体"我"是"把"的对象和述体"心疼死了"的受述者。"心疼死了"是静补关系状态静词,"死了"是"心疼"的结果,表示"心疼"的程度高)

⑤ 把他—乐坏了("他—乐坏了"是末层主述结构,其中的"他"是"把"的对象和述体"乐坏了"的受述者。"乐坏了"是静补关系状态静词,"坏了"是"乐"的结果,表示"乐"的程度高)

⑥ 把他—高兴得跳了起来。("他—高兴得跳了起来"是末层主述结构,主体"他"是"把"的对象和述体"高兴得跳了起来"的受述者。"高兴得跳了起来"是静补关系"得"字短语,"跳了起来"是"高兴"的结果,表示"高兴"的程度高)

在上面的例子中,末层主述结构的述体有动结关系状态动词(弄脏了、笑疼了、哭红了)、静补关系状态静词(心疼死了、乐坏了)和静补关系"得"字短语(高兴得跳了起来)。其中的动词、静词和"得"字短语都包含结果义。

从上面的讨论可以看到,上述三类"把"字短语既有共同点,也有不同点。

共同点是:

(1)三类"把"字短语的生成方式都是"把+主述结构";

(2)三类"把"字短语都包含两层主述结构:"把"字短语本身是主述结构,"把"字后面的成分也是主述结构——末层主述结构;

(3)三类"把"字短语的末层主述结构的述体都包含结果义。

不同点是:

(1)三类"把"字短语的语义结构特点各不相同:处置式"把"字短语的作用是有意对末层主述结构的主体进行处置;对待式"把"字短语也是对末层主述结构的主体的有意的行为,不过此行为不是"处置",而是"对待",体现一种态度;致使式"把"字短语只是表示在客观上对末层主述结构的主体造成某种结果。

(2)处置式和对待式"把"字短语的末层主述结构的生成方式都是"名+动",致使式"把"字短语的末层主述结构有"名+动"和"名+静"两种生成方式。

(3)在处置式和对待式"把"字短语中,末层主述结构的主体都是"把"的对象和述体动字动作的对象;在致使式"把"字短语中,只有例①的主体是述体动字动作的对象,其余都是受述者。

二、"把"字句

1. 什么是"把"字句

主体是施动者或受述者、述体是"把"字短语的句子叫"把"字句。"把"字句的生成方式是:施动者或受述者主体+"把"字短语。有些"把"字句中的"把"字短语的末层主述结构兼有无标记被动句或叙事句的特点。例如:

①(你们)|不要把桌子—放在门口。
　　　　　桌子|放在门口。(无标记被动句)

②他家|把院子—打扫得很干净。
　　　院子|打扫得很干净。(无标记被动句)

③她|把他的钱包—丢了。
　　他的钱包|丢了。(无标记被动句)

④红队|把绿队—打败了。
　　绿队|打败了。(无标记被动句)

⑤他们|已经把问题—解决了。
　　问题|解决了。(无标记被动句)

⑥谁|把他买的那件新衣服—弄脏了?
　　他买的那件新衣服|弄脏了。(无标记被动句)

⑦派出所|把那个小偷—关了24小时。
　　那个小偷|关了24小时。(无标记被动句)

⑧他说的笑话|把我的肚子—都笑疼了。(句子的主体是受述者)
　　我的肚子|都笑疼了。(叙事句)

⑨她|伤心得把眼睛—都哭红了。(句子的主体是受述者)
　　眼睛|都哭红了。(叙事句)

上面的例子说明,"把"字句是比无标记被动句和叙事句更为复杂的句型。

2."把"字句的语义结构特点

"把"字句的语义结构特点是由"把"字短语的特点决定的。根据"把"字短语的特点，"把"字句也可以分为"处置式、对待式、致使式"三种类型。"把"字短语为"处置式"的"把"字句是处置式"把"字句，"把"字短语为"对待式"的"把"字句是对待式"把"字句，"把"字短语为"致使式"的"把"字句是致使式"把"字句。这三类"把"字句的语义结构特点不完全相同，下面分别举例说明。

2.1 处置式"把"字句的语义结构特点

下面是处置式"把"字句的例子：

① 你｜把桌子—搬走。
② 派出所｜把那个小偷—关了24小时。
③ 他们｜已经把问题—解决了。
④ 蓝队｜把绿队—打败了。
⑤ 他家｜把院子—打扫得很干净。

从上面的例子可以看到，处置式"把"字句的语义结构至少有下列特点：

（1）表示施动者主体的有意的行动，施动者行动的目的是对某人或某物进行处置，使其发生某种变化或受到某种影响。

（2）担任述体的是处置式"把"字短语，末层主述结构的主体是"把"的对象，也是述体动词动作的对象即受动者。述体动词代表施动者主体的动作行为，都包含结果义，此结果就是施动者使受动者发生的变化或受到的影响。

把上面的意思归结起来，处置式"把"字句的语义结构特点是：施动者有意对受动者做什么（未然）或做了什么（已然），使受动者怎么样（未然）或怎么样了（已然）。再用下面的公式表示：

主体（施动者）＋把＋把的对象（受动者）＋施动者的动作＋动作的结果（受动者的变化或受到的影响）

2.2 对待式"把"字句的语义结构特点

下面是对待式"把"字句的例子：

① 大家｜把他—选为村长。
② 他｜把我—哄得团团转。
③ 你｜怎么把老朋友—忘了？
④ 她｜把你—恨死了。

从上面的例子可以看到，对待式"把"字句和处置式"把"字句的语义结构特点既有相同点，也有不同点。不同点如下：

（1）对待式"把"字句表示施动者如何"对待"而不是如何"处置"某人或某物。

（2）对待式"把"字句中的结果不都是受动者的变化或受到的影响，也可以是施动者自己的变化或受到的影响。例如，例③的"忘了"是施动者自己"忘了"；例④的"恨死了"是"恨得要死"的意思，"要死"是施动者自己而不是"把"的对象。

把上面的意思归结起来，对待式"把"字句的语义结构特点是：施动者对受动者怎么样，受动者或施动者自己因此而怎么样（未然）或怎么样了（已然）。再用下面的公式表示：

　　　　主体（施动者）+ 把 + 把的对象（受动者）+ 施动者的动作 + 动作的结果（受/施动者的变化或受到的影响）

2.3 致使式"把"字句的语义结构特点

下面是致使式"把"字句的例子：

① 老王 | 把你的衣服—弄脏了。
② 她 | 伤心得把眼睛—都哭红了。
③ 他说的笑话 | 把我的肚子—都笑疼了。
④ 这次胜利 | 把他—乐坏了。
⑤ 看见他天天这样辛苦 | 把我—心疼死了。
⑥ 踢进去一个球 | 把他—高兴得跳了起来。

从上面的例子可以看到，致使式"把"字句的语义结构特点跟上述两类"把"字句都不完全相同。主要的区别是：

（1）致使式"把"字句的主体有的是施动者，有的是受述者。上面的例子，只有例①的主体是施动者，其余各句的主体都是受述者。

（2）致使式"把"字句的施动者主体的动作行为既不是有意的，也不代表施动者对受动者的态度，而只是客观地叙述施动者做什么（未然）或做了什么（已然），导致（未然）或导致了（已然）什么结果。

（3）致使式"把"字句中的"把"字短语，末层主述结构的述体有的是动词，有的是静词。在上面的例子中，例①~例④是动词，例⑤和例⑥是静词。

（4）致使式"把"字句中的"把"字短语，末层主述结构的述体即使是动词，该动词也不一定都代表句子主体的动作。在上面的例子中，只有例①和例②的末层主述结构的述体动词是句子主体的动作。

（5）在致使式"把"字句中，末层主述结构的受述者主体虽然是"把"的对象，却不一定是述体动字动作的对象。例如，"眼睛哭红了"的"眼睛"不是"哭"的对象，"肚子笑疼了"中的"肚子"不是"笑"的对象。

把上面的意思归结起来，致使式"把"字句的语义结构特点是：句子的主体导致"把"的对象怎么样（未然）或怎么样了（已然）。再用下面的公式表示：

主体（施动者/受述者）+把+把的对象（受动者/受述者）+把的对象受到的影响

三、"把"字句的条件

二汉学习者学习"把"字句，主要的困难是不知道在什么情况下必须使用"把"字句，在什么情况下不能使用"把"字句。根据上面的讨论，针对二汉学习者遇到的问题，再把"把"字句必须具备的条件概述如下：

（1）如果需要说明施动者想处置某人或某物，要造成什么结果，就必须使用"把"字句；如果要说明因施动者的态度对某人或某物造成什么结果，也必须使用"把"字句；如果要说明某人、某物或某事导致某人、某物或某事产生什么结果，也可以使用"把"字句。

（2）汉语句子的主体都是有定的，"把"字句末层述体主述结构的主体也必须是有定的。因此，不能说"我把三个练习做完了"，因为"三个练习"不是有定的。"三个练习"如果是有定的，就要说"这三个练习"或"那三个练习"或"老师布置的三个练习"，这个句子就要改为"我把这（那/老师布置的）三个练习做完了"。"三个练习"如果不是有定的，就不能使用"把"字句，这个句子要改为"我做完了三个练习"。

（3）"把"字句末层主述结构的述体动字必须包含"处置"义或"对待"义或"致使"义。因此，不能说"那棵树把花开多了"，因为"花开"是"开花"的意思，"开"是"自动字"，"自动字"没有"处置""对待"或"致使"义。

（4）"把"字句末层主述结构的述体动字或静字必须包含结果义。因此，不能说"我把饺子吃在五道口食堂"，因为"在五道口食堂"不是"吃"的结果。也不能说

"我女朋友把我恨了",因为"恨了"没有结果义,其中的"了"是表示变化的(由不恨到恨的变化),不是表示结果的。同理,也不能说"把……爱了""把……想了"。

四、"把"字句教学

"把"字句是二汉学习者最难掌握的一种句型。"把"字句难,难就难在要涉及句法、词法和字法方面的诸多规则。跟"把"字句有关的句法规则主要是主述关系,词法规则主要是相关的动词、静词和短语是否包含结果义,字法规则主要是字义,包括"把"字的字义、自动字和使动字的字义等。

上述语法规则都没有超出汉语语法普遍规则的范围,因此,只要按照循序渐进的原则,让学生在掌握了上述句法、词法和字法规则的基础上学习"把"字句,就能使"把"字句的学习化难为易。

有些"把"字句的末层主述结构兼有无标记被动句和叙事句的特点,因此,让学生学过无标记被动句和叙事句之后再学习"把"字句,也能使"把"字句的学习化难为易。

相比较而言,三类"把"字句中的处置式"把"字句的生成方式和语义结构特点最容易理解,致使式"把"字句的生成方式和语义结构特点最为复杂。因此,按照处置式、对待式和致使式的顺序教"把"字句,可以进一步使"把"字句的学习化难为易。

以上所说,都是对需要介绍语法规则的学生而言。对小学生(尤其是低年级的小学生)和学前儿童不需要介绍语法规则,"把"字句的教学只需要放在合适和尽可能直观的语言环境中进行练习。

参考文献

吕叔湘(1948)把字用法的研究,《汉语语法论文集》,北京,科学出版社1955。

吕叔湘(1965)被字句、把字句动词带宾语,《汉语语法论文集》(增订本),北京,商务印书馆1984。

饶长溶(1990)《把字句·被字句》,北京,人民教育出版社。

第五章　复合句的生成方式和复合句例解

第一节　复合句的生成方式和组合层次

第二节　并列复句、递进复句、转折复句

第三节　因果复句、条件复句、假设复句

第四节　连动复句、连锁复句、主述复句

如前所述，汉语的句子有基本句和复合句之分，复合句又有基本复合句和多重复合句之分。一种类型的多重复合句中往往套着其他类型的复合句，形成复杂的语义结构特点。

本书关于复合句的讨论也是举例性的。下面第一节举例说明复合句的生成方式和组合层次，这是讲复合句的形式结构。接着的三节按组合关系分类，仅以分出的九类复合句为代表，举例说明体现在生成方式和组合关系之中的复合句的句义结构特点。因为都是举例性的，所以都叫"例解"。希望通过这些实例的解释，能说明汉语复合句的下列特点：

1. 以基本句为基本组合单位，逐级组合生成；

2. 复合句的组合也是意合、直接组合和"二合"，只有组合单位超过二的并列复句属于非二合现象。

3. 复合句也是形式结构和语义结构的统一体，形式结构和语义结构的统一也表现为组合层次直接表现组合关系。

4. 复合句的语义结构特点也体现在生成方式和组合关系之中。

复合句教学是培养汉语学习者成段表达能力的关键，希望本章的讨论能够部分满足复合句教学的需要。我们关于复合句的分类也是初步的，解释不一定精确，需要进一步研究，尤其要通过教学实践加以检验、补充和修正。只有把握好汉语研究和汉语教学的互动关系，才能使汉语研究逐渐趋向成熟。

第五章　复合句的生成方式和复合句例解

第一节　复合句的生成方式和组合层次

> 一、复合句的生成方式
> 二、复合句的分句
> 三、复合句的组合层次

一、复合句的生成方式

汉语由字到词、由字词到句子的组合，有扩展和组装两种方式。扩展就是由小到大，是滚雪球式的；组装就是由少到多，是搭积木式的。例如：

```
扩展                    组装
   京                           不吃早饭
   北京                   天天   不吃早饭
   在北京              她 天天   不吃早饭
   住在北京            她 天天   不吃早饭  是为了减肥。
   也住在北京
   他也住在北京。
```

上面的例子是由字到词再到基本句的扩展和组装。扩展和组装是从不同的角度说的，实际上，扩展就包含组装，组装也包含扩展。例如：

① 　　　　　　　　胜利
　　　　　　　　一切胜利
　　　　　　　所取得的一切胜利
　　　　　　搞革命所取得的一切胜利
　　　　　我们搞革命所取得的一切胜利
　　　　过去我们搞革命所取得的一切胜利

（邓小平《解放思想，实事求是，团结一致向前看》）

② 折磨与酷刑
受到的折磨与酷刑
从官儿们那里受到的折磨与酷刑
他们从官儿们那里受到的折磨与酷刑
集中了他们从官儿们那里受到的折磨与酷刑
中印两国老百姓集中了他们从官儿们那里受到的折磨与酷刑

（季羡林《牛棚杂忆》）

③ 能治
段皇爷能治
只有段皇爷能治
他的伤只有段皇爷能治
也说过他的伤只有段皇爷能治

（金庸《射雕英雄传》）

上面的例子，从左往右看，是由小到大的扩展；从上往下看，是由少到多的组装。例①和例②是名词，例③是动词。从上往下看也是扩展和组装：下一行是上一行的扩展，上一行用于下一行的组装。无论从哪个角度说，扩展和组装都是开放式的，理论上可以无限地扩展和组装下去。

汉语复合句的生成也有扩展和组装两种方式。复合句最小的扩展和组装单位是基本句，生成方式是：由基本句到基本复合句，由基本句和基本复合句到多重复合句，由基本句、基本复合句、多重复合句到更大的多重复合句。这就是说，复合句就是以基本句为基本单位，层层扩展和组装起来的。基本句、基本复合句、多重复合句和更大的多重复合句，都可以参与复合句的扩展和组装，成为复合句的扩展和组装单位。

扩展和组装也属于直接组合。在汉语教学中，用扩展和组装的方式进行练习，既有助于温故知新，也有助于学会举一反三。组词和组句都可以用扩展和组装的方法进行练习。

二、复合句的分句

复合句的扩展和组装单位都叫分句。其中，基本复合句的分句是基本句，多重复合句和更大的多重复合句的分句有的是基本句，有的是基本复合句，有的是多重

第五章 复合句的生成方式和复合句例解

复合句和更大的多重复合句。

下面在分析复合句的生成方式和组合层次时，用单竖线"｜"把基本句的主体和述体隔开，单竖线前面是基本句的主体，后面是述体（单竖线前面如果不出现主体，就是零主体基本句）；用下画线标明作为分句的基本句，下画线就代表一个组合层次；用双竖线"‖"把基本句隔开，双竖线前后的都是基本句；用"[ ]"标明作为分句的基本复合句，"[ ]"里面的就是作为分句的基本复合句；用"【 】"标明作为分句的多重复合句，"【 】"里面的就是作为分句的多重复合句；用"〖 〗"标明作为分句的更大的多重复合句，"〖 〗"里面的就是作为分句的更大的多重复合句。必要时用连接线标明组合层次。

有些非主述结构也可以担任复合句的主体分句。例如：

① <u>我们整个经济发展的战略，</u>‖[能源、交通｜是重点，‖农业｜也是重点。]（邓小平《前十年为后十年做好准备》）

② <u>建国十一年来，</u>‖[汉语研究｜较之过去有了长足的进步，‖但是同这一学科的需要比较起来，｜还是远远不够。]（吕叔湘《汉语研究工作者的当前任务》）

③ <u>一天，</u>‖【老宋｜正做早饭，‖[｜听见庙门响了一声，‖｜接着就听见那口钟当当当地响起来。]】（赵树理《李家庄的变迁》）

④ <u>在应对国际金融危机的困难情况下，</u>‖[我们｜更加注重保障和改善民生，‖｜切实解决人民群众最关心、最直接、最现实的利益问题。]（温家宝《政府工作报告》）

⑤ <u>汉语史的研究，</u>‖[这｜是范围极其广大，内容极其丰富的一个部门，‖｜也是问题异常复杂，工作异常繁重的一个部门。]（吕叔湘《汉语研究工作者的当前任务》）

⑥ <u>回顾起来，</u>‖[我们的语法研究工作｜不免有些偏颇，‖对于用法的研究｜是非常不够的。]（吕叔湘《汉语研究工作者的当前任务》）

⑦ <u>总起来说，</u>‖[这五年，｜是改革开放和全面建设小康社会取得重大进展的五年，‖｜是我国综合国力大幅提升和人民得到更多实惠的五年，‖｜是我国国际地位和影响显著提高的五年，‖｜是党的创造力、凝聚力、战斗力明显增强和全党全国各族人民团结更加紧密的五年。]（胡锦涛《在党的十七大上的报告》）

⑧ 在社会主义事业中，‖【[｜要想不经过艰难曲折，｜不付出极大努力，｜总是一帆风顺，｜容易得到成功，]‖这种想法，｜只是幻想。】(毛泽东《关于正确处理人民内部矛盾的问题》)

⑨ 现在看得很清楚，‖【[｜实行对外开放政策，｜搞计划经济和市场经济相结合，｜进行一系列的体制改革，]‖这个路子｜是对的。】(邓小平《社会主义和市场经济不存在根本矛盾》)

在上面的例子中，带下画线的单位都是非主述结构。因为它们都是后面的分句陈述的对象，代表"谁"或"什么"，所以是复合句的主体分句，其语法作用就相当于基本句。它们后面的分句都是陈述这个主体分句的，代表"做什么"或"怎么样"，属于述体分句。

三、复合句的组合层次

复合句的组合也有层次性。复合句的基本组合单位是基本句，基本句由主体和述体组合生成，只有一个组合层次；基本复合句由基本句与基本句组合生成，有两个组合层次；多重复合句和更大的多重复合句则有三个以上的组合层次。例如：

① 我这第二次生命｜得之偶然，‖｜过得愉快。(基本句＋基本句，两个组合层次)

[我这第二次生命｜得之偶然，‖｜过得愉快，] 自己｜觉得满意。
(基本复合句＋基本句，三个组合层次)

总的说来，‖【[我这第二次生命｜得之偶然，‖｜过得愉快，]‖自己｜觉得满意。】(基本句＋多重复合句，四个组合层次)(费孝通《我的第二次学术生命》)

② 日日夜夜，分分秒秒，｜都让神经紧张到最高限度，‖｜让五官的本能发挥到最高限度。(基本句＋基本句，两个组合层次)

我们住在里面的人，‖[日日夜夜，分分秒秒，｜都让神经紧张到最高限度，‖｜让五官的本能发挥到最高限度。](基本句＋基本复合句，三个组合层次)

我们住在里面的人，‖【[日日夜夜，分分秒秒，│都让神经紧张到最高限度，‖│让五官的本能发挥到最高限度，]‖[处处│有荆棘坑坎，‖时时│有横祸飞来。]】(基本句+多重复合句，四个组合层次)(季羡林《牛棚杂忆》)

③│强制推行一种风格，一种学派，‖│禁止另一种风格，另一种学派。(基本句+基本句，两个组合层次)

│利用行政力量，‖[│强制推行一种风格，一种学派，‖│禁止另一种风格，另一种学派。](基本句+基本复合句，三个组合层次)

【│利用行政力量，‖[│强制推行一种风格，一种学派，‖│禁止另一种风格，另一种学派，]】‖我们认为│会有害于艺术和科学的发展。(多重复合句+基本句，四个组合层次)(毛泽东《关于正确处理人民内部矛盾的问题》)

④│刚刚从台湾归来，‖行装│还未放下。(基本句+基本句，两个组合层次)

[│刚刚从台湾归来，‖行装│还未放下，]‖【妻子│急忙告诉我：‖["你妈│病危，‖老家│来过几次电话了。"]】(基本句+多重复合句，四个组合层次)(鲁光《我的笔名叫鲁光》)

⑤│能够为中国语言学的新领域发挥自己一点点余热，‖心情│还是很愉快的。(基本句+基本句，两个组合层次)

垂暮之年，[│能够为中国语言学的新领域发挥自己一点点余热，‖心情│还是很愉快的。](基本句+基本复合句，三个组合层次)

｜虽时有力不从心之感，‖【但垂暮之年，[｜能够为中国语言学的新领域发挥自己一点点余热，‖心情｜还是很愉快的。]}(基本句+多重复合句，四个组合层次)

二十年来｜一面虚心学习，一面结合汉语实际作一些探索性的研究工作，‖{虽时｜有力不从心之感，‖【但垂暮之年，｜[能够为中国语言学的新领域发挥自己一点点余热，‖心情｜还是很愉快的。]}}(基本句+更大的多重复合句，五个组合层次)(林焘《语言学论文集》)

上面每一个序号下面的例句都是一组例句，每一组例句都是由小到大排列的，较小的例句都是较大的例句的扩展和组装单位。从中可以看到：基本复合句和多重复合句都是以基本句为基础，层层扩展和组装起来的，扩展单位和组装单位完全一致。

参考文献

廖序东（1958）复句的分析，《语文学习》3月号。

张志公（1982）《现代汉语·中册》，北京，人民教育出版社。

朱德熙（1982）《语法讲义》第17章，北京，商务印书馆。

刘月华、潘文娱、故semantics（1983）《实用现代汉语语法》第5编，北京，外语教学与研究出版社。

邢福义（1985）《复句与关系词语》，哈尔滨，黑龙江人民出版社。

黄成稳（1990）《复句》，北京，人民教育出版社。

邢福义（1997）《汉语语法学》第3章，长春，东北师范大学出版社。

第二节 并列复句、递进复句、转折复句

> 一、并列复句
> 二、递进复句
> 三、转折复句

我们还是从语义表达和理解的角度对复合句进行分类和解释。复合句的语义结构特点同样存在于组合关系之中，组合关系又存在于组合层次之中。上面已经讨论过复合句的生成方式和组合层次，接下来重点讨论复合句的组合关系和语义结构特点。本节先讨论并列复句、递进复句和转折复句。

一、并列复句

1. 基本并列复句

由语义相关的基本句与基本句组合生成的并列复句是"基本并列复句"。"基本并列复句"分句之间的语义结构特点是分句的意思相加。例如：

① 小毛｜开了门，‖ 春喜媳妇｜进来了。（赵树理《李家庄的变迁》）

② 铁锁｜气得抬不起头来，‖ 修福老汉｜拉着胳膊把他送到家。（赵树理《李家庄的变迁》）

③ 大家｜都围拢着看契，‖ 李如珍｜却只看着春喜。（赵树理《李家庄的变迁》）

④ 艺术上不同的形式和风格｜可以自由发展，‖ 科学上不同的学派｜可以自由争论。（毛泽东《关于正确处理人民内部矛盾的问题》）

⑤ 贫穷｜不是社会主义，‖ 社会主义｜要消灭贫穷。（邓小平《政治上发展民主，经济上实行改革》）

⑥ 当今世界｜正在发生广泛而深刻的变化，‖ 当代中国｜正在发生广泛而深刻的变革。（胡锦涛《在党的十七大上的报告》）

⑦ 过去我们搞革命所取得的一切胜利，｜靠的是实事求是；‖现在我们要实现四个现代化，｜同样要靠实事求是。（邓小平《解放思想，实事求是，团结一致向前看》）

⑧ 中国人被人认为不文明的时代｜已经过去了，‖我们｜将以一个具有高度文化的民族出现于世界。（毛泽东《中国人民从此站起来了》）

⑨ 此处｜不留爷，‖｜自有留爷处。（老舍《骆驼祥子》）

⑩ 老松的干上｜染上了金红，‖飞鸟的翅儿｜闪起金光，‖一切的东西｜都带出笑意。（老舍《骆驼祥子》）

"基本并列复句"可以在分句的述体部分加"还""也""既……也"等，用于强调并列述体所表示的意思完全一致。"还""也"要放在后面分句述体的前面，"既"和"也"要分别放在前面和后面的分句述体的前面。例如：

① 林小姐｜喜欢吃饺子，‖她｜**还**喜欢吃鱼。

② 他｜不大关心战争怎样的毁坏田地，‖｜**也**不大注意春雨的有无。（老舍《骆驼祥子》）

③ 我｜**既**研究佛教的历史，‖｜**也**搞点佛教的义理。（季羡林《牛棚杂忆》）

2. 多重并列复句

大于基本并列复句的并列复句是"多重并列复句"。"多重并列复句"的分句有基本句或基本复合句或多重复合句等不同的类型，分句之间的语义结构特点也是分句的意思相加。（用黑体字标明的是作为多重复句组合单位的分句，后同）例如：

① **实现人类的希望｜离不开科学，**‖**第三世界摆脱贫困｜离不开科学，**‖**维护世界和平｜也离不开科学。**（由三个分句组合生成）（邓小平《中国要发展，离不开科学》）

② [我们｜历来提倡艰苦奋斗，‖｜反对把个人物质利益看得高于一切；]**（基本并列）**‖[我们｜也历来提倡关心群众的生活，‖｜反对不关心群众痛痒的官僚主义。]**（基本并列）**（由两个"基本并列复句"组合生成）（毛泽东《论十大关系》）

③[要是咱们的孩子｜都是男儿，‖　｜那么让他们结为兄弟，](基本假设)‖[｜倘若都是女儿，‖　｜就结为姊妹，](基本假设)‖[｜若是一男一女，‖　｜那就结为夫妻。](基本假设)(由三个"基本假设复句"组合生成)(金庸《射雕英雄传》)

④[大家｜见小喜和他引来的那个人满脸凶气，‖　｜都搭不上碴，](基本主述)‖[只有修福老汉和冷元的爹｜绕着小喜，‖　｜一边走，一边苦苦哀求。](基本连动)(由"基本主述复句"与"基本连动复句"组合生成)(赵树理《李家庄的变迁》)

⑤【｜吃过中饭后，‖[他｜提了两个大葫芦，‖　｜到村头酒店去沽酒，](基本主述)】(多重主述)‖【｜到得店前，‖[却见一对门板｜关得紧紧的，‖酒帘｜也收了起来。](基本并列)】(多重主述)(由两个"多重主述复句"组合生成)(金庸《射雕英雄传》)

⑥【｜忘了一切困苦，一切危险，一切疼痛；‖[｜不管身上是怎样褴褛污浊，‖太阳的光明与热力｜并没将他除外，](基本条件)】(多重并列)【他｜是生活在一个有光有热力的宇宙里：‖[他｜高兴，他｜想欢呼！](基本并列)】(多重因果)(由"多重并列复句"与"多重因果复句"组合生成)(老舍《骆驼祥子》)

⑦[｜刚走到门脸上，‖灯光下｜走来个四十多岁的男人，](基本并列)‖[他｜似乎认识这个人的面貌态度，‖　｜可是不敢去招呼。](基本转折)(由"基本并列复句"和"基本转折复句"组合生成)(老舍《骆驼祥子》)

二、递进复句

由语义相关的分句组合生成，分句之间的组合关系为递进关系的复合句叫"递进复句"，"递进"是指后面的分句比前面的分句的意思"更进一层"。

1. 基本递进复句

"基本递进复句"有多种生成方式，不同的生成方式各有其句义结构特点。举例如下。

1.1 用"不但……而且"连接前后分句

"不但"和"而且"要分别放在前后分句的述体动字的前面，"不但"分句肯定一种事实，"而且"分句表示比这种事实更进一层。多数情况下，"不但"分句的主体也是"而且"分句的主体，"而且"分句不再出现主体。例如：

① 他｜不但恨那些兵，‖ ｜而且恨世上的一切了。（老舍《骆驼祥子》）
② 我｜不但赶上这个时机，‖ ｜而且能住进大院。（季羡林《牛棚杂忆》）
③ 这软甲｜不但刀枪不入，‖ ｜而且生满了倒刺，……（金庸《射雕英雄传》）
④（时日｜过去，）他｜不但越上越快，‖ ｜而且越爬越高。（金庸《射雕英雄传》）

"不但……而且"也可以说成或写成"非但……而且""不但……也""不光……也""不但……还""不仅……而且"等。例如：

① 裘千仞｜非但武功惊人，‖ ｜而且极有才略，……（金庸《射雕英雄传》）
② 他们｜不但学习了佛教史和佛教教义，‖ ｜也学习了地狱学。（季羡林《牛棚杂忆》）
③ 进行口语语法的研究，｜不光是为了更好地了解口语，‖ ｜也是为了更好地了解书面语。（吕叔湘《汉语研究工作者的当前任务》）
④ 中国的发展，｜不仅使中国人民稳定地走上了富裕安康的广阔道路，‖ ｜而且为世界经济发展和人类文明进步作出了重大贡献。（胡锦涛《在党的十七大上的报告》）
⑤ 我们｜不但善于破坏一个旧世界，‖ 我们｜还将善于建设一个新世界。（毛泽东《在中国共产党第七届中央委员会第二次全体会议上的报告》）

在上面的例子中，"非但、不光、不仅（不仅仅）"都可以用"不但"替换，替换后意思不变；例①～例④后面的分句都不出现主体，其中，例②和例③的"也"可以用"而且"替换，替换后意思也不变；例⑤的"还"可以用"也"替换，但不能用"而且"替换，原因是后面的分句是主述句，有自己的主体。

1.2 用"而且"连接后面的分句

前面的分句陈述一种事实，"而且"分句表示后面的分句比前面分句的意思更进一层。例如：

① (您｜别信他撒谎，)‖他｜心里骂你，‖｜而且骂得甚是恶毒。（金庸《射雕英雄传》）

② 到上海读大学，｜我就再也帮不上父亲的忙，‖｜而且手艺也荒疏了。（鲁光《我的笔名叫鲁光》）

③ "莫谈国事"的纸条｜可是保存了下来，‖｜而且字写的更大。（老舍《茶馆》）

④ 可是他心中另有一些事儿，｜使他憋闷得慌，‖而且一时｜没有方法去开脱。（老舍《骆驼祥子》）

⑤ 科学技术这一仗，｜一定要打，‖｜而且必须打好。（毛泽东《不搞科学技术，生产力无法提高》）

1.3 用"既……又"连接前后分句或前后分句中的相关成分

"既"和"又"分别放在前后分句或分句的相关成分的前面，"既"肯定一种事实，"又"表示比这种事实更进一层。例如：

① (蒙古语中，)"哲别"两字｜**既**指"枪矛"，‖｜**又**是"神箭手"之意。（金庸《射雕英雄传》）

② 这位姑娘｜相貌**既**好，‖｜武艺**又**高，……（金庸《射雕英雄传》）

③ 他们｜武功**既**高，‖｜**又**是人多势众，……（金庸《射雕英雄传》）

"既……又"跟"既……也"的意思不同。"既……又"表示递进，"既……也"表示并列，所以不能互相替换。

2. 多重递进复句

大于基本递进复句的递进复句是"多重递进复句"。例如：

① 一句话｜**不仅仅**是一连串的音节，‖[这些音节｜有轻有重，‖整个的语句｜**还**有高低升降的一定模式。]**(基本递进)**（含有基本递进复句）（吕叔湘《汉语研究工作者的当前任务》）

② (这七日七夜之中，)‖[他｜**不但**已将内伤逐步解去，‖外伤创口｜起始愈口，]**(基本并列)**‖**而且**与黄蓉两人的内功｜也已有了进益。（含有基本并列复句）（金庸《射雕英雄传》）

注意：在"基本递进复句"中，"不仅……还"中的"还"可以用"也"替换。

但上面例①中的"还"不能用"也"替换,原因是此句中的"还"不但与前面分句中的"不仅仅"相呼应,而且与后面分句中的"有轻有重"相呼应。

三、转折复句

由语义相关的分句组合生成,分句之间的组合关系为转折关系的复合句叫"转折复句"。"转折复句"通常用"虽然……但是(却、然而)""但(是)""虽然……可是""可是"等表示转折关系。下面分别举例说明。

1. 基本转折复句

"基本转折复句"也有多种生成方式,不同的生成方式各有其句义结构特点。例如:

1.1 用"虽然……但是"连接前后分句

"虽然"分句承认一种事实,"但是"分句指出与这种事实相对的另一面的事实。"虽然"一般放在分句述体的前面,"但是"要放在分句主体的前面。例如:

① 我│虽然是个杂家,‖但是杂中还是有重点的。(季羡林《牛棚杂忆》)

② 我│虽然也像胡适之博士那样有点考据癖,‖但是我不想在这里施展本领了。(季羡林《牛棚杂忆》)

③ 我│虽然已经没有正式的行政工作,‖但是社会工作和社会活动,│却是有增无减。(季羡林《牛棚杂忆》)

④ │虽然早已过了退休的年龄,‖但是学校│决定我不退休,……(季羡林《牛棚杂忆》)

⑤ 这位工人│虽然也绷着脸,一言不发,‖但是对我们一句训斥的话│都没有说过。(季羡林《牛棚杂忆》)

"虽然……但是"转折复句中的"虽然"也可以用"虽","但是"也可以用"却""然而"等,意思一样。"却"要放在分句述体的前面。例如:

① │虽是小事,‖│却小中见大,……(季羡林《牛棚杂忆》)

② 口里│虽是这么说着,‖眼里│却滚下泪来。(赵树理《李家庄的变迁》)

③ 我自己│虽非作家,‖│却也有一些舞笔弄墨的经验。(季羡林《牛棚杂忆》)

④（在我眼中，）｜**虽然**近在咫尺，｜**却**如蓬山万里了。（季羡林《牛棚杂忆》）

⑤（时间｜终于到了，）｜**虽然**不是午时三刻，‖**然而**滋味｜也差不多。（季羡林《牛棚杂忆》）

"虽"、"却"、"然而"等多半用于书面语。

1.2 用"但是"连接后面的分句

前面的分句陈述一种事实，"但是"分句指出与这种事实相对的另一面的事实。"但是"一般放在分句的前面，分句如果是零主体，"但是"就放在述体的前面。例如：

① 我们的书面语和口语｜基本上是一致的，‖｜**但是**也不能否认这二者在风格上有些距离。（吕叔湘《汉语研究工作者的当前任务》）

② 一个人做学问｜不可能没有一些看法，‖**但是**当你进行观察和试验的时候，｜一定要把你那些看法暂时忘掉。（吕叔湘《把我国语言科学推向前进》）

③ 事实｜是客观存在，‖**但是**你｜要观察它，才能认识它。（吕叔湘《把我国语言科学推向前进》）

④（建国十一年来，）汉语研究｜较之过去有了长足的进步，‖**但是**同这一学科的需要比较起来，｜还是远远不够。（吕叔湘《把我国语言科学推向前进》）

1.3 用"虽然……可是"连接前后分句

"虽然"分句承认一种事实，"可是"分句指出与这种事实相对的另一面的事实。"虽然"一般放在分句主体的前面，也可以放在分句述体的前面；"可是"只能放在分句主体的前面，分句如果是零主体，就放在述体的前面。例如：

①（他｜来自乡间，）｜**虽然**一向没有想到娶亲的事，‖**可是**心中｜并非没有个算计……（老舍《骆驼祥子》）

②（四外｜由一致的漆黑，渐渐能分出深浅，）｜**虽然**还辨不出颜色，‖**可是**田亩远树｜已都在普遍的灰暗中有了形状。（老舍《骆驼祥子》）

③（他｜也能看到自己身上的一切，）｜虽然是那么破烂狼狈，‖可是能相信自己｜确是还活着呢……（老舍《骆驼祥子》）

④虽然他｜只在这儿坐了一袋烟的工夫呀，‖｜可是叫我年轻了好几岁！（老舍《茶馆》）

⑤虽然她｜对大家很随便爽快，‖可是大家｜没在背地里讲论过她……（老舍《骆驼祥子》）

"虽然"分句的"虽然"也可以用"虽"，意思不变。不过"虽然"可以放在分句主体的前面，也可以放在分句述体的前面，"虽"却只能放在分句述体的前面。试比较：

①他｜虽年过七十，‖可是腰板｜还不太弯。（老舍《茶馆》）

②虽然他｜年过七十，‖可是腰板｜还不太弯。

*③虽他｜年过七十，‖可是腰板｜还不太弯。

上面的例①可以改为例②，但不能改为例③。例③中"虽"的位置不对，所以句子不能成立。

1.4 用"可是"连接后面的分句

前面的分句陈述一种事实，"可是"分句指出与这种事实相对的另一面的事实。"可是"一般放在分句主体的前面，分句如果是零主体，就放在述体的前面。例如：

①以前的一切辛苦困难｜都可一眨眼忘掉，‖可是他｜忘不了这辆车！（老舍《骆驼祥子》）

②春雨｜不一定顺着人民的盼望而降落，‖可是战争｜不管有没有人盼望总会来到。（老舍《骆驼祥子》）

③他｜看出来女儿未必没那个意思，‖可是祥子｜并没敢往上巴结。（老舍《骆驼祥子》）

④她｜一点不怕他们，‖｜可是也不愿多搭理他们……（老舍《骆驼祥子》）

⑤他｜必须回车厂，‖｜可是真怕回去。（老舍《骆驼祥子》）

⑥对待骆驼的方法，｜他不大晓得，‖可是他｜不怕它们……（老舍《骆驼祥子》）

2. 多重转折复句

大于基本转折复句的转折复句是"多重转折复句"。例如:

① |虽有志于斯,‖[但经验|很少,‖办法|不多。](基本并列)(含有"基本并列复句")(季羡林《牛棚杂忆》)

② 我|虽不是研究法律的学者,‖[|但是在许多国家待过,‖ |也翻过一些法律条文……](基本并列)(含有"基本并列复句")(季羡林《牛棚杂忆》)

③ [飞机|不断来,‖打地洞的家|也很多,](基本并列)‖可是山西票子|越来越不值钱,……(含有"基本并列复句")(赵树理《李家庄的变迁》)

④ (|已经到了望九之年,)虽然大体上说来,我的身体|还算是硬朗的,‖[但是眼睛和耳朵|都已不太灵光,‖ |走路有点"飘"……](基本并列)(含有基本并列复句)(季羡林《牛棚杂忆》)

⑤ 这点钱|不算什么,‖[|可是使他觉到一种人情,一种体谅,|使人心中痛快。](基本主述)(含有"基本主述复句")(老舍《骆驼祥子》)

⑥ (一种明知不妥,而很愿试试的大胆与迷惑|紧紧地捉住他的心,)‖[小的时候去用竿子捅马蜂窝|就是这样,‖ |害怕,](基本主述)‖[可是心中|跳着要去试试,‖ |像有什么邪气催着自己似的。](基本主述)(含有两个"基本主述复句")(老舍《骆驼祥子》)

⑦ [这一次普查|以语音为重点,‖这|在推广普通话的初步工作中是完全必要的,](基本主述)‖但是为了进一步配合普通话的推广工作,特别是为了帮助确定普通话的语汇范围,|还有广泛地进行语汇调查的必要。(含有"基本主述复句")(吕叔湘《把我国语言科学推向前进》)

⑧ [我们各方面的建设事业|都在蓬勃地发展着,‖ |成绩很大,](基本主述)‖但是,在目前社会大变动的过渡时期,|困难问题还是很多的。(含有"基本主述复句")(毛泽东《关于正确处理人民内部矛盾的问题》)

"可是"分句中的"可是"也可以用"不过",用"不过"语气相对缓和。例如:

① ｜虽然还碰到过一次查路的,‖[**不过票子**｜**藏得好**,‖｜**没有失了。**](**基本主述**)(含有"基本主述复句")(赵树理《李家庄的变迁》)

②【[｜不论床上的,‖｜不论茶几旁边的,](**基本并列**)‖他们｜谈得都很热闹,】(**多重主述**)**不过铁锁听起来**｜**有许多话听不懂。**(含有"多重主述复句")(赵树理《李家庄的变迁》)

"但是"分句中的"但是"也可以用"但",意思一样。例如:

① 中国的革命｜是伟大的,‖[**但革命以后的路程**｜**更长**,‖**工作**｜**更伟大,更艰苦。**](**基本并列**)(含有"基本并列复句")(毛泽东《在中国共产党第七届中央委员会第二次全体会议上的报告》)

② 他｜明知道骆驼不会帮助他什么,‖[**但他和它们**｜**既同是俘虏**,‖｜**好像必须有些同情。**](**基本主述**)(含有"基本主述复句")(老舍《骆驼祥子》)

③ [他｜有自己的打算,‖｜有些心眼,](**基本主述**)‖｜**但不好向别人讲论。**(含有"基本主述复句")(老舍《骆驼祥子》)

④ [远处｜有了炮声,‖｜很远,](**基本主述**)‖**但清清楚楚的**｜**是炮声。**(含有"基本主述复句")(老舍《骆驼祥子》)

第三节 因果复句、条件复句、假设复句

> 一、因果复句
> 二、条件复句
> 三、假设复句

一、因果复句

由语义相关的分句组合生成，分句之间的组合关系是原因和结果的关系的复合句叫"因果复句"。

1. 基本因果复句

"基本因果复句"也有多种生成方式，不同的生成方式各有其句义结构特点。下面举例说明。

1.1 用"因为……所以"连接前后分句

"因为"分句在前，指出某种原因，是原因分句；"所以"分句在后，说明由该原因所引发的结果，是结果分句。例如：

① **因为**嘴｜常闲着，‖ **所以**他｜有工夫去思想，……（老舍《骆驼祥子》）

② **因为**每个长子麾下｜都是兵众将广，‖ **所以**实力｜特别强大，……（金庸《射雕英雄传》）

如果要特别强调原因，可以在"因为"的前面加"正"；如果要特别强调结果，可以把"所以"分句放在前面，后面的分句用"是因为"。"所以"也可以用"之所以"。例如：

① **正因为**她｜平日很看得起他，‖ ｜**所以**不愿头一个就被她看见他的失败。（老舍《骆驼祥子》）

② 江湖上｜**所以**尊称我一声"郭大侠"，‖ **是因**敬我为国为民、奋

不顾身地助守襄阳。(金庸《神雕侠侣》)

③ 农民｜之所以到城里打工，‖ 是因为城市建设｜需要劳动力，……

上面例②中的"因"是"因为"的意思。在书面语、成语和一些固定说法中，常用"因"或"因……而……"而不用"因为"，如"因噎废食""因祸得福""因我而起"等。

1.2 用"因为"连接分句

（1）"因为"分句在前，说明引发某种结果的原因，后面的分句说明由该原因引发的结果。例如：

① ｜**因为**修理门面，‖ 茶馆｜停了几天营业，……（老舍《茶馆》）

② ｜**因为**看见了渺茫的物形，‖ 他的耳目口鼻｜好似都恢复了应有的作用。（老舍《骆驼祥子》）

③ ｜**因为**来自乡间，‖ 他｜敢挨近牲口们。（老舍《骆驼祥子》）

④ ｜**因为**没有家小，‖ 他｜一向是住在车厂里，……（老舍《骆驼祥子》）

⑤（小毛是闾长，）｜**因为**过了期收不起款来，‖ ｜偷跑了。（赵树理《李家庄的变迁》）

⑥ 春喜｜**因为**家里没有地洞，‖ 成天在李如珍家借他的地洞藏身。（赵树理《李家庄的变迁》）

（2）"因为"分句在后，说明引发某种结果的原因，前面的分句说明由该原因引发的结果。例如：

① 这｜使他非常的痛快，‖ **因为**别的｜没有什么可怕的了。（老舍《骆驼祥子》）

② 她｜比银行经理并不少费心血，‖ **因为**她｜需要更多的小心谨慎。（老舍《骆驼祥子》）

③ 中毒一深，｜却令谷主难办，‖ **因为**一枚丹药｜只治得一人。（金庸《神雕侠侣》）

1.3 用"所以"连接分句

(1)"所以"分句在后,说明由某种原因引发的结果,前面的分句说明引发该结果的原因。例如:

① 他│一向没遇到过像曹先生这样的人,‖ **所以他**│把这个人看成圣贤。(老舍《骆驼祥子》)
② 蒙古人│极少与汉人通婚,‖ │**所以也**没有被汉人同化。(金庸《射雕英雄传》)

(2)"所以"分句在前,说明由某种原因引发的结果,后面的分句说明引发该结果的原因。"所以"要放在分句述体的前面。例如:

① 我们│**所以**能寻到这里,‖ │也是这位姑娘指点的。(金庸《神雕侠侣》)
② 她│**所以**处此险境,‖ │全是为了我。(金庸《神雕侠侣》)

"为了"既可以表示目的,也可以表示原因。

1.4 用"就"连接后面的分句

"就"分句在后,说明由某种原因所引发的结果,前面的分句说明引发该结果的原因。例如:

① 人家│暂时停工,‖ 铁锁│他们**就**暂时没事做……(赵树理《李家庄的变迁》)
② │后来吸上了金丹,‖ │**就**常和邻近的光棍们来往……(赵树理《李家庄的变迁》)
③ 直到天黑│也没说个结果,‖ │**就**都回家吃饭去了。(赵树理《李家庄的变迁》)
④ 铁锁│想起会馆的床下还丢着自己一对旧鞋,‖ │**就**又跑到那里去找。(赵树理《李家庄的变迁》)

1.5 无标记基本因果复句

有些"因果复句"不用表示因果关系的连字连接,我们把这样的因果复句叫作"无标记因果复句"。例如:

他│承认自己是世上最有运气的人，‖上天│送给他三条足以换一辆洋车的活宝贝……（前面的分句表示结果，后面的分句表示原因）（老舍《骆驼祥子》）

2. 多重因果复句

由原因分句和结果分句组合生成的大于"基本因果复句"的因果复句是"多重因果复句"。"多重因果复句"也有"有标记多重因果复句"和"无标记多重因果复句"之分，下面分别讨论。

2.1 有标记多重因果复句

在原因分句或结果分句中有连字连接的多重因果复句是"有标记多重因果复句"。例如：

① 他│必须稳稳当当的快到城里，‖【[**因为**他身上│没有一个钱，‖│没有一点干粮，]（基本并列）‖│不能再多耗时间。】（**多重主述**）（原因分句是"多重主述复句"）（老舍《骆驼祥子》）

② 里间│不热闹，‖**因为**{李如珍│觉着小毛只配烧烟，‖[小毛│也不敢把自己身份估得过高，‖│也还有些拘束，]（基本并列）}（多重并列）‖│因此就谈不起话来。}（**更大的多重因果**）（原因分句是"更大的多重因果复句"）（赵树理《李家庄的变迁》）

③ [铁锁│听了这消息，‖│心里觉着痛快了一下，]（**基本主述**）‖病│也**就**慢慢好起来了。（原因分句是"基本主述复句"）（赵树理《李家庄的变迁》）

④ [杨过│**所以**要杀尼摩星救郭襄，‖│**所以**要遍请当世高手来给她祝寿，]（**基本并列**）‖│全是为了要赢得她的心。（结果分句是"基本并列复句"）（金庸《神雕侠侣》）

⑤ 心里│舒服，‖[对人│**就**更和气，‖买卖│也**就**更顺心。]（**基本并列**）（结果分句是"基本并列复句"）（老舍《骆驼祥子》）

如果要特别强调引发结果的原因，可以用"是因为"。例如：

① 他们的计议│已经一致，‖[│**就**另谈些闲话，‖│等着站岗的送名片来。]（**基本并列**）（结果分句是"基本并列复句"）（赵树理《李家庄的变迁》）

② 大概**是因为**印度尼西亚方面｜烧了我们驻雅加达的大使馆，‖[｜**为了**报复，｜**就**去示威。](**基本因果**)(结果分句是"基本因果复句")(季羡林《牛棚杂忆》)

③ 我｜感到悲哀，【**是因为**我｜九死一生经历了这一场巨变，‖[｜到头来竟然得不到一点了解，‖｜得不到一点同情。(基本并列)】(**多重转折**)(原因分句是"多重转折复句")(季羡林《牛棚杂忆》)

2.2 无标记多重因果复句

在原因分句和结果分句中都没有连字连接的多重因果复句是"无标记多重因果复句"。例如：

① 他｜不是容易欺侮的，‖[｜那么大的个子，‖｜那么宽的肩膀！](**基本并列**)(前面的分句表示结果，后面的分句是"基本并列复句"，表示原因)(老舍《骆驼祥子》)

② [她｜可以很和气，‖｜也可以很毒辣，](**基本并列**)‖ 她｜知道非如此不能在这个世界上活着。(前面的分句是"基本并列复句"，表示结果，后面的分句表示原因)(老舍《骆驼祥子》)

③ 祥子｜对着那片红光要大喊几声，‖【[｜自从被大兵拉去，‖他｜似乎没看见过太阳，](基本主述)‖[｜心中老在咒骂，｜头老低着，](基本并列)‖[｜忘了还有日月，‖｜忘了老天。](基本并列)】(**多重并列**)(前面的分句表示结果，后面的分句是"多重并列复句"，表示原因)(老舍《骆驼祥子》)

④ 【她｜见郭靖年纪轻轻，[｜**不但**本领过人，‖｜**而且**为人厚道，](基本转折)】(**多重连锁**)‖ 一缕情丝，｜竟然就此飘过去粘在他的身上。(前面的分句是"多重连锁复句"，代表原因，后面的分句表示结果)(金庸《射雕英雄传》)

上面的例子，只有例④是原因分句在前，其他各例都是结果分句在前。

二、条件复句

由语义相关的分句组合生成，分句之间的组合关系为条件与结果的关系的复合句叫"条件复句"。"条件复句"也有多种生成方式，生成方式不同，语义结构特点也不同。下面举例说明。

1. 基本条件复句

1.1 用"只有……才"连接前后分句

"只有"分句在前，说明必须具备的条件，是条件分句，"才"分句在后，说明所期盼的结果，是结果分句。这类条件复句的语义结构特点是：要达到所期盼的结果，就必须保证某种条件。语义重点在强调要保证必备的条件。例如：

| **只有那么办，**‖ 国家 | **才**能富强！（老舍《茶馆》）

"才"也可以用"方"表示。例如：

眼下 | 咱们**只有**去北方，‖ | **方**能躲避官兵的追捕。（金庸《射雕英雄传》）

"只有"兼做连词和动词。在"只有……才"中是连词，在下面的句子中是"状动结构"动词：

① 我们家里 | **只有**一大间一小间房子。（季羡林《牛棚杂忆》）

② 贫道 | 平生所学，稍足自慰的**只有**三件。（金庸《射雕英雄传》）

③ 他心中 | **只有**我一个，‖ 那我心中 | 也**只有**他一个。（金庸《射雕英雄传》）

④（我忘记了战火，忘记了饥饿，）我心中 | **只有**身边这个老人。（季羡林《牛棚杂忆》）

"只有"还有"只能"的意思。例如：

① | 无法可想，‖ | **只有**要和尚交出人来。

② 门人 | 做错了事，| **只有**加倍重处，‖ | 决不偏袒。

上面例子中的"只有"都是"只能"的意思。表示"只能"就是代表结果，是结果分句；另一个分句表示原因，是原因分句。上面的例子是"因果复句"，不是"条件复句"。

1.2 用"才"连接后面的分句

"才"分句在后，说明已经产生的结果，前面的分句叙述产生该结果的条件。语义重点在已经产生的结果。例如：

修福老汉｜见他们应允了，‖｜才去找杨三奎和自己两个人做保，……（赵树理《李家庄的变迁》）

1.3 用"只要……就"连接前后分句

"只要"分句在前，说明需要提供的条件，是条件分句；"就"分句在后，说明可以达到预期的结果，是结果分句。语义重点是强调条件，说明只要具备了某种条件，就可以取得预期的结果。例如：

① **只要**你｜此后不再讨厌我、恨我，‖我｜**就**心满意足了。（金庸《神雕侠侣》）

② 姑娘｜**只要**答应以后不再寻仇，‖你｜这**就**去罢！（金庸《神雕侠侣》）

③（这阵法｜由他主持，）｜**只要**打倒此人，‖｜**就**可设法破阵。（金庸《神雕侠侣》）

④（姜二｜谨慎小心，‖｜人很可靠，）**只要**思想搞通了，‖他｜**就**能积极工作。（老舍《春华秋实》）

⑤｜**只要**把站岗的捉住，‖｜**就**能把其余的人困在窑里。（赵树理《李家庄的变迁》）

"只要……就"条件复句中的"就"也可以用"便"，这里的"便"与"就"同义。例如：

①（就是一段树，）｜**只要**浸在水中，‖枝叶｜**便**青葱得可爱。（鲁迅《朝花夕拾》）

② **只要**他的主意｜打定，‖他｜**便**随着心中所开开的那条路儿走；……（老舍《骆驼祥子》）

③ **只要**他｜稍为顺着我一点儿，‖我｜**便**为他死了，也所甘愿。（金庸《神雕侠侣》）

上面例子中的"便"都可以用"就"替换，替换后意思不变。

1.4 用"只要"连接分句

"只要"分句说明前提条件，是条件分句；与此相呼应的分句说明此前提条件必将引发的结果，是结果分句。例如：

① |**只要乖乖听话,** ‖ 我 | 自会给你治好。(金庸《神雕侠侣》)

② **只要大哥** | 有把握, ‖ 我 | 不敢不听您的话!(老舍《春华秋实》)

③ (不论什么好事,) | **只要有小喜、春喜那一伙子搅在里边,** ‖ 一千年 | 也不会弄出好结果来。(赵树理《李家庄的变迁》)

④ (你 | 是我师伯,) **只要你** | 不辱骂我师父, ‖ 我 | 自然听你吩咐。(金庸《神雕侠侣》)

⑤ (这 | 叫作蛤蟆功,) **只要你** | 肯下苦功, ‖ 自然学得会。(金庸《神雕侠侣》)

⑥ | **只要和你在一起,** ‖ 什么地方 | 都好。(金庸《神雕侠侣》)

⑦ (我 | 是乡下人, ‖ 我 | 能吃苦,) | **只要不再作太监的老婆,** ‖ 什么苦处 | 都是甜的!(老舍《茶馆》)

1.5 用"要……就要"连接前后分句

"要"分句在前,说明希望达到的结果,是结果分句;"就要"分句在后,说明必须具备的条件,是条件分句。这类分句的语义结构特点是:如果希望达到某种结果,就必须提供相应的条件。语义重点在提供条件。例如:

① | **要摆脱贫穷,** ‖ | **就要找出一条比较快的发展道路。**(邓小平《我们干的事业是全新的事业》)

② | **要发挥选修课制的长处,** ‖ | **就要把必修课尽量压缩。**(吕叔湘《把我国语言科学推向前进》)

"要……就要"条件复句中的"就要"也可以用"必须、需要"等表示。例如:

① | **要打算白天也照样赶路的话,** ‖ 他 | **必须**使人相信他是个"煤黑子"。(老舍《骆驼祥子》)

② 我 | 觉得要推进我们的研究工作, ‖ | **需要**处理好四个关系,……(吕叔湘《把我国语言科学推向前进》)

2. 多重条件复句

由条件分句和结果分句组合生成的大于"基本条件复句"的条件复句是"多重条件复句"。例如:

① (不管你探究的范围｜多么窄狭，多么专门，)｜只有在知识广博的基础上，‖[你的眼光｜才能放远，‖你的研究｜才能深入。]**(基本并列)**(结果分句是"基本并列复句")(季羡林《牛棚杂忆》)

② ｜只有承认这一个事实，‖[我们的汉语水平｜才能提高，‖别字、病句｜才能减少。]**(基本并列)**(结果分句是"基本并列复句")(季羡林《牛棚杂忆》)

③ ｜要使我国富强起来，‖[｜需要几十年艰苦奋斗的时间，‖其中｜包括执行厉行节约、反对浪费这样一个勤俭建国的方针。]**(基本并列)**(条件分句是"基本并列复句")(毛泽东《关于正确处理人民内部矛盾的问题》)

④ [只要他｜能包赔咱们些损失，‖｜好好向大家赔罪，]**(基本并列)**‖咱们｜就留他悔过也可以！（条件分句是"基本并列复句"）(赵树理《李家庄的变迁》)

⑤ [陈修福老汉｜当保人，‖保证铁锁一月以后还钱，]**(基本连动)**才算放铁锁出了庙。(条件分句是"基本连动复句")(赵树理《李家庄的变迁》)

⑥ [｜只有到了下世纪中叶，‖｜达到了中等发达国家的水平，]**(基本主述)**‖[｜才能说真的搞了社会主义，‖｜才能理直气壮地说社会主义优于资本主义。]**(基本并列)**(条件分句是"基本主述复句"，结果分句是"基本并列复句")(邓小平《社会主义必须摆脱贫穷》)

三、假设复句

"假设复句"也是一种条件复句，它跟一般条件复句的主要区别是：设定的条件是假设性的，属于假设条件。"假设复句"也有多种生成方式，下面举例说明。

1. 基本假设复句

1.1 用"如果……就"连接前后分句

"如果"分句在前，代表假设条件，属于假设条件分句；"就"分句在后，说明假设条件的实现能够引发的结果，属于结果分句。语义重点在结果。例如：

① 如果主席｜不来，‖就由副主席｜主持会议。

② 如果党群关系搞│不好，‖社会主义制度│就不可能建成；……（毛泽东《一九五七年夏季的形势》）

如果分句中的"如果"也可以用"要是、假如"等；结果分句可以不用"就"。例如：

要是他稍有无礼，我就一剑自杀。（金庸《射雕英雄传》）

假如你│不上学，‖│肯定会出落成一个秤师傅。（鲁光《我的笔名叫鲁光》）

"如果……就"假设复句可以只用"就"分句代表结果，相呼应的分句不出现"如果"。例如：

他们│忘记了骆驼，‖他│**就**可以逃走。（老舍《骆驼祥子》）

1.2 用"就是……也"连接前后分句

"就是"分句在前，代表假设条件，是假设条件分句；"也"分句在后，说明定然的结果，是结果分句。语义重点在结果。例如：

① │**就是**到县里把官司打输了，‖│**也**要比这样子了场合算。（赵树理《李家庄的变迁》）

② **就是**大师│不来通知，‖我们兄弟知道了│**也**决不能干休……（金庸《射雕英雄传》）

2. 多重假设复句

大于基本假设复句的假设复句是"多重假设复句"。例如：

[**如果**从中国传统语言学入手的人│能在吸收西方语言学方面下点工夫，**如果**从西方语言学入手的人│能在结合中国语言实际上下点工夫，]（基本并列）‖那│**就**最好了。（假设分句是"基本并列复句"）（吕叔湘《把我国语言科学推向前进》）

"如果……就"假设复句可以只用"如果"分句代表假设条件，相呼应的分句不出现"就"。例如：

（反过来说，）**如果**他│用同样大的力量和同样多的时间，读点语言、文学或文化的资料，‖【他│至少能写成一篇像样的论文，‖[｜说不定还能拿到硕士学位，‖｜被提升一级哩。]（基本并列）】（多重并列）（结果分句是"多重并列复句"）（季羡林《牛棚杂忆》）

"如果"分句中的"如果"也可以说成或写成"假如、若是、即使"等。例如：

① 【[假若他｜有了自己的车，‖｜生活舒服了一些，]（基本并列）‖｜而且愿意娶亲的话，】（多重递进）‖他｜必定到乡下娶个年轻力壮，吃得苦，能洗能作的姑娘。（条件分句是"多重递进复句"）（老舍《骆驼祥子》）

② 若是他｜就是这么死去，‖[｜就是死后有知，‖他｜也不会记得自己是怎么坐下的，和为什么坐下的。]（基本假设）（结果分句是"基本假设复句"）（老舍《骆驼祥子》）

③ [即使他｜会看看星，‖｜调一调方向，]（基本并列）‖他｜也不敢从容地去这么办……（条件分句是"基本并列复句"）（老舍《骆驼祥子》）

④ [即使今天｜买上，明天｜就丢了，]（基本并列）‖他｜也得去买。（条件分句是"基本并列复句"）（老舍《骆驼祥子》）

上面例子中的"假如、若是"可以互相替换，替换后意思不变。"即使"有"退一步说"的意思，多半用于书面语。

第四节　连动复句、连锁复句、主述复句

> 一、连动复句
> 二、连锁复句
> 三、主述复句

一、连动复句

由同一主体发出两个或两个以上的连续动作，分句之间的组合关系为连动关系的复合句叫"连动复句"。"连动复句"也可以分为"基本连动复句"和"多重连动复句"。

1. 基本连动复句

① 他｜把大块切成些小月牙子，‖｜拿起来弯着脖子从这一角吃到那一角……（赵树理《李家庄的变迁》）

② 人们跟走路碰上蛇一样｜不约而同都吸了一口冷气，‖｜给他让开了一条路。（赵树理《李家庄的变迁》）

2. 多重连动复句

大于"基本连动复句"的连动复句是"多重连动复句"。例如：

① 叶老汉和妈妈｜吓得呆了，‖【｜扑将上去，‖｜搂住了儿子的死尸，‖｜放声大哭】。（多重连动）（由"基本句"和"多重连动复句"组合生成）（金庸《射雕英雄传》）

② 老宋｜把饭做成，‖｛【［｜盛在一个串门大碗里，‖｜端在手里，］（基本连动）［｜走出庙来，‖｜回手锁住庙门，］（基本连动）】（多重连动）｜去通知各项办公人员和事主。｝（**更大的多重连动**）（由"基本句"与"更大的多重连动复句"组合生成）（赵树理《李家庄的变迁》）

③【[这人｜叫小喜，‖｜官名叫继唐，]（基本并列）‖｜也是李如珍的本家侄子，】(多重并列)‖{[｜当年也是中学毕业，‖后来｜吸上了金丹，]（基本并列）【｜就常和邻近的光棍们来往，‖[｜当人贩、卖寡妇、贩金丹……无所｜不为，]（基本并列）】(多重并列)}（更大的多重因果）(由"多重并列复句"与"更大的因果复句"组合生成)（赵树理《李家庄的变迁》）

二、连锁复句

由不同的主体发出两个或两个以上语义相关的连续动作，分句之间的组合关系为连锁关系的复合句叫"连锁复句"。复合句中的"连锁关系"的特点是：分句之间语义承接，后面的分句语义指向前面的分句或前面分句的某一部分。"连锁复句"也有"基本连锁复句"和"多重连锁复句"之分。

1. 基本连锁复句

由两个基本句组合生成的连锁复句是"基本连锁复句"。例如：

茶几上｜有个铜盘，‖盘里｜放着颗切开了的西瓜。（后面的分句语义指向前面分句中的"铜盘"，"盘里"的"盘"即"铜盘"，与前面分句中的"铜盘"是同指关系）（赵树理《李家庄的变迁》）

2. 多重连锁复句

大于基本连锁复句的连锁复句是"多重连锁复句"。例如：

①【小狼脖子上的牛皮项圈｜扣在铁链上，‖铁链的另一端｜扣连在一个大铁环上，‖铁环｜又松松地套在一根胳膊粗的山榆木木桩上，】（由三个分句组合生成的**多重连锁**，前后分句有"铁链、铁环"相扣）‖[木桩｜砸进地面两尺深，‖｜露出地面部分有近一米高。]（**基本并列**）（由"多重连锁复句"与"基本并列复句"组合生成，"多重连锁复句"和"基本并列复句"有"木桩"相扣）（姜戎《狼图腾》）

②（编词典）从选词、注音、释义、举例到语法特点和语体风格的提示，乃至条目的编排和检字法这些技术性的工作，｜没有一处没有很多问题，‖[有的｜比较容易处理，‖有的｜比较难处理。]

(**基本并列**，其中的"有的……有的"语义指向前面分句中的"很多问题")(由"基本句"与"基本并列复句"组合生成)(吕叔湘《汉语研究工作者的当前任务》)

③ 修福老汉｜到庙里去跟铁锁商量，‖[铁锁自己｜知道翻不过了，‖｜也只好自认晦气。](**基本因果**，前面的分句的施动者是"修福老汉"，后面的分句的施动者是"铁锁"，前后分句中的"铁锁"是同指)(由基本句与基本因果复句组合生成)(赵树理《李家庄的变迁》)

④ 渺茫的他｜觉到一种比自己还更有力气的劲头儿，‖[｜把他要揉成一个圆球，‖｜抛到一团烈火里去……](**基本连动**)(前面分句的施动者是"渺茫的他"，后面分句中第一分句的主体是隐去了的"劲头儿"，与前面分句中的"劲头儿"相扣；第二分句隐去了"劲头儿把他"，与第一分句语义相扣)(由基本句与基本连动复句组合生成)(老舍《骆驼祥子》)

⑤ {[斗然间｜忽觉那道人的手滑如游鱼，‖｜竟从自己手掌中溜出，](基本连锁，后面复句中隐去的主体与前面分句中的"手"相扣)‖[｜知道不妙，‖｜正待退开，](基本并列)‖[突然手腕上｜一紧，｜已被那道人反手抓住，](基本连锁，后面分句隐去的主体与前面分句中的"手腕"相扣)}(**更大的多重连锁**)}‖{【霎时之间，‖[｜便似被一个铁圈牢牢箍住，‖｜又疼又热，](基本并列)(多重主述)……‖[｜疾忙运劲抵御，‖｜哪知整条右臂已然酸麻无力，腕上｜奇痛彻骨。](基本转折)}(**更大的多重连锁**)(金庸《射雕英雄传》)

⑥ {【[昨天｜太阳快落的时候，‖我家里｜去这桑树下摘叶，](基本主述)‖[张铁锁女人｜说是偷他们的桑叶，‖｜硬拦住不叫走，](基本连动)(多重并列)‖【恰好｜我放学回去碰上，‖[｜说了她几句，‖她｜才算丢开手，](基本条件)】(多重主述)}(**更大的多重并列**)‖{[本来｜我想去找张铁锁，‖｜叫他管教他女人，](基本连动)‖【后来｜一想，‖[些许小事｜走开算了，‖

|何必跟她一般计较，](基本并列)】(多重转折)‖ |因此也没有去找他。}(**更大的多重因果**)(由"更大的多重并列复句"和"更大的多重因果复句"组合生成)(赵树理《李家庄的变迁》)

三、主述复句

由主体分句和述体分句组合生成，分句之间的组合关系为主述关系的复合句叫"主述复句"。"主述复句"的语义结构特点是：主体分句代表动作、行为、事实、事件等，述体分句对其加以说明。主述复句也有"基本主述复句"和"多重主述复句"之分。下面分别举例说明，带下画线的是主体分句。

1. 基本主述复句

由一个主体分句和一个述体分句组合生成的主述复句是"基本主述复句"。下面举例说明"基本主述复句"的语义结构特点。

（1）主体分句代表事实或事件，述体分句说明其具体内容或表现。例如：

① <u>依我看，</u>‖科学技术｜是第一生产力。(邓小平《科学技术是第一生产力》)

② <u>现在回想，</u>‖我在这第二次生命开始的70岁时｜确是没有想到老之将至。(费孝通《我的第二次学术生命》)

③ <u>八字方针，</u>‖核心｜是调整。(邓小平《关于经济工作的几点意见》)

（2）主体分句代表事实或事件，述体分句对其加以补充、解说或评论。例如：

① <u>又发展又困难，</u>‖这｜就是矛盾。(毛泽东《关于正确处理人民内部矛盾的问题》)

② <u>要提倡科学，</u>‖靠科学｜才有希望。(邓小平《在武汉、深圳、珠海、上海等地的谈话要点》)

③ <u>一切有利于发展社会生产力的方法，包括利用外资和引进先进技术，</u>‖我们｜都采用。(邓小平《改革开放是很大的试验》)

④ <u>在分配问题上，</u>‖我们｜必须兼顾国家利益、集体利益和个人利益。(毛泽东《关于正确处理人民内部矛盾的问题》)

⑤ <u>同义词的研究，｜最近几年来很有些成绩，</u>‖这｜是值得庆幸的一件事。(吕叔湘《汉语研究工作者的当前任务》)

⑥ |须知我国是一个有六亿五千万人口的大国，‖ 吃饭|是第一件大事。(毛泽东《党内通信》)

（3）述体分句语义指向主体分句的主体，对该主体加以补充说明。例如：

① 你这道人|说话不三不四，‖ |快请出去吧。(金庸《射雕英雄传》)

② 这里|俗称寿山坑，‖ |是我儿时最爱去的地方。(鲁光《我的笔名叫鲁光》)

③ 这老屋|傍着大路，‖ 出门|就可以看到高耸的公婆岩。(鲁光《我的笔名叫鲁光》)

（4）述体分句语义指向主体分句的述体，对该述体或其中的相关成分加以评述。例如：

① 经济发展|是个基础，‖ 在这个基础上|工作就好做了。(邓小平《坚持四项基本原则》)

② 词章学|研究各种文体，‖ 这里面|应该包括翻译体。(吕叔湘《汉语研究工作者的当前任务》)

③ 沿海|如何帮助内地，‖ 这|是一个大问题。(邓小平《善于利用时机解决发展问题》)

（5）述体分句是主体分句的第二述体，与主体分句的第一述体语义平行。例如：

① 这|是一个很大的试验，‖ |是书本上没有的。(邓小平《改革开放是很大的试验》)

② 先贤胡公为民请命的精神，|深深烙印在我儿时的脑海里，‖ |影响着我的一生。(鲁光《我的笔名叫鲁光》)

（6）述体分句是主体分句的第二述体，又对主体分句的第一述体加以评述。例如：

① 我们从八十年代的第一年开始，|就必须一天也不耽误，‖ |专心致志地、聚精会神地搞四个现代化建设。(邓小平《目前的形势和任务》)

② 翻两番|还有一个重要意义，‖ |就是这是一个新的起点。(邓小平《在中央顾问委员会第三次全体会议上的讲话》)

③ 边缘学科│一般是跨学科的，‖│需要不同学科的人合作。（吕叔湘《把我国语言科学推向前进》）

④ 金融│很重要，‖│是现代经济的核心。（邓小平《视察上海时的谈话》）

⑤ 我们│不能走世界各国发展技术的老路，‖│跟在别人后面一步一步地爬行。（毛泽东《把我国建设成为社会主义的现代化强国》）

⑥ 观察事物和做实验│还有一点需要注意：‖│不可有成见。（吕叔湘《把我国语言科学推向前进》）

⑦ 我的一贯主张│是，让一部分人、一部分地区先富起来，‖ 大原则│是共同富裕。（邓小平《视察天津时的谈话》）

2. 多重主述复句

由复合句担任主体分句或述体分句的主述复句是"多重主述复句"。"多重主述复句"有多种生产方式和语义结构特点，分述如下：

（1）主体分句是时间、地点等，述体分句说明在这一时间或范围内发生的情况或存在的现象等。例如：

① 五年来，‖【我国语言学界│也展开过一些问题的讨论，‖[但是争鸣的气氛│还很不够，‖收获│也不算很大。]（基本并列）】**（多重转折）**（述体分句是"多重转折复句"）（吕叔湘《汉语研究工作者的当前任务》）

② │正议论间，‖{又从庙门外走进个人来，‖【│有二十多岁年纪，‖│披着一头短发，‖│穿了件青缎夹马褂，‖│手里提了根藤条手杖。】（多重并列）}**（更大的多重主述）**（述体分句是"更大的多重主述复句"）（赵树理《李家庄的变迁》）

③ │坐了一会儿，‖{【院中│出来个老者，‖[│蓝布小褂敞着怀，‖脸上│很亮，]（基本并列）（多重主述）‖│一看便知道是乡下的财主。}**（更大的多重主述）**（述体分句是"更大的多重主述复句"）（老舍《骆驼祥子》）

④ 现在，‖{[他│自由地走着路，‖│越走越光明，]（基本主述）‖【太阳│给草叶的露珠一点儿金光，‖[│也照亮了祥子的眉

发，‖｜照暖了他的心。]（基本连动）}（多重连动）}（**更大的多重并列**）（述体分句是"更大的多重并列复句"）（老舍《骆驼祥子》）

⑤ 晌午，｜铁锁和二妞｜正在家吃饭，‖【小喜｜领了一个人进来，‖[｜拿着绳，‖｜把铁锁的碗夺了，‖｜捆起来。]（多重连动）】（多重连锁）}（**更大的多重并列**）（述体分句是"更大的多重并列复句"）（赵树理《李家庄的变迁》）

⑥ 从这天晚上起，‖｜他｜觉着活在这种世界上实在没意思，‖【[每天｜虽然还给人家打地洞，‖｜可是做什么也没有劲了，]（基本转折）｜[有时｜想到应该回家去，‖有时｜又想着回去还不是一样的。]（基本并列）】（多重并列）}（**更大的多重主述**）（述体分句是"更大的多重主述复句"）（赵树理《李家庄的变迁》）

（2）主体分句是基本句，述体分句语义指向主体分句或主体分句的某一部分。例如：

① 社会主义原则，‖[第一｜是发展生产，‖第二｜是共同致富。]（**基本并列**）（述体分句是"基本并列复句"，语义指向主体分句）（邓小平《答美国记者迈克·华莱士问》）

② 居住在这个村子里的人，‖[徐氏｜是大姓，‖百来户人家｜差不多都姓徐。]（基本并列）（述体分句是"基本并列复句"，语义指向主体分句）（鲁光《我的笔名叫鲁光》）

③ 我国的语言研究的力量｜还很单薄，‖[｜离开雄厚二字还远得很，‖｜还需要大力培养。]（基本并列）（述体分句是"基本并列复句"，语义指向主体分句的主体）（吕叔湘《把我国语言科学推向前进》）

④ 靠西的凳子上，｜坐着个留着分头的年轻人，‖【[｜穿了件阴丹士林布大衫，‖｜把腰束得细细的，]（基本连动）‖[｜坐得直挺挺的，‖｜像一根柱子。]（基本主述）】（**多重并列**）（述体分句是"多重并列复句"，语义指向主体分句的述体中的"年轻人"）（赵树理《李家庄的变迁》）

⑤ 人们｜一见他，‖【｜跟走路碰上蛇一样，‖[｜不约而同都吸

了一口冷气，‖ ｜给他让开了一条路。]（基本连动）**（多重主述）**（述体分句是"多重主述复句"，语义指向主体分句的主体）（赵树理《李家庄的变迁》）

⑥ 杨铁心｜又窘又怒，‖{【｜走进内室，‖[｜在抽屉里取了一柄匕首，‖｜放在怀里，]（基本连锁）}（多重连动）‖【[｜这才回到内堂上，‖｜筛了三杯酒，]（基本连动）‖[自己｜干了一杯，‖｜默默不语。]（基本主述）**（多重连动）**}（述体分句是"更大的多重连动复句"，语义指向主体分句的主体）（金庸《射雕英雄传》）

⑦ 小酒店的主人｜是个跛子，‖{【｜撑着两根拐杖，‖｜慢慢烫了两壶黄酒，‖｜摆出一碟蚕豆、一碟咸花生、一碟豆腐干，‖｜另有三个切开的咸蛋，]（多重连动）【‖[自行｜在门口板凳上坐了，‖｜抬头瞧着天边正要落山的太阳，‖｜却更不向三人望上一眼。]（多重连动）}**（更大的多重连动）**（述体是"更大的多重连动复句"，语义指向主体分句的主体）（金庸《射雕英雄传》）

⑧ 那武官｜惨声长叫，‖{[单刀｜脱手飞出，‖双手｜乱舞，‖｜仰天缓缓倒下，]（多重连锁）‖[｜扭转了几下，‖｜就此不动，]（基本主述）‖｜眼见是不活了。】（多重主述）}**（更大的多重连锁）**（述体分句是"更大的多重连锁复句"，语义指向主体分句的主体）（金庸《射雕英雄传》）

（3）主体分句是基本复句，述体分句是基本句或复合句，语义指向主体分句或主体分句的某一部分。例如：

① [只见他｜双拐此起彼落，｜快速无伦，]**（基本主述）**‖【[虽然一拐｜须得撑地支持身子，‖只余一拐｜空出来对敌，]（基本并列）‖｜却是丝毫不落下风。】**（多重转折）**（述体分句是"多重转折复句"，语义指向主体分句）（金庸《射雕英雄传》）

② [｜抓住时机，‖｜发展自己，]**（基本并列）**‖关键｜是发展经济。（述体分句是"基本句"，语义指向主体分句的第二分句）（邓小平《在武汉、深圳、珠海、上海等地的谈话要点》）

③[马克思│说过，‖科学技术│是生产力，]**(基本主述)** ‖事实证明│这话讲得很对。(述体分句是"基本句"，语义指向主体分句的第二分句)(邓小平《科学技术是第一生产力》)

本书关于复合句的研究是极其初步的，希望通过与教学实践的互动，把复合句的研究推向深入。

附录 1

汉字笔画表

笔画类型		序号	名称	笔形	例字
基本笔画		1	横	一 ㇀	一 七
		2	竖	丨 丨	十 五
		3	撇	㇓ ノ 丿	各 八 月
		4	捺	㇏ ㇏ ㇏	八 人 这
		5	点	丶 丶	六 心
		6	提	㇀	氵 汪
复合笔画	基本复合笔画	7	横竖	㇕	口 五
		8	横撇	㇇ ㇇	今 又
		9	横钩	㇇	了
		10	竖横	㇗	山 四
		11	竖提	㇙	艮
		12	竖钩	㇚	小
		13	撇横	㇛	厶
		14	撇点	㇜	女
		15	弯钩	㇟	我 豕
	多重复合笔画	16	横竖横	㇍	殳
		17	横竖提	㇎	讠 (语)
		18	横竖钩	㇆	月 两
		19	横弯钩	㇉	飞
		20	竖横竖	㇞	鼎
		21	竖横撇	㇞	专
		22	竖横钩	㇌	儿 也
		23	横竖横竖	㇡	凸

续表

笔画类型		序号	名称	笔形	例字
复合笔画	多重复合笔画	24	横竖横钩	ᄂ	几 九
		25	横撇横撇	⼹	又（延）
		26	横撇弯钩	⼹	阝（陈 郑）
		27	竖横竖钩	㇉	马 号
		28	横撇横竖钩	⼹⼹	乃 汤

说明：

（1）本表把汉字的笔画分为基本笔画和复合笔画两类，把复合笔画分为基本复合笔画和多重复合笔画两类。笔画的走向基本不变的叫基本笔画，改变一次的叫基本复合笔画，改变两次以上的叫多重复合笔画。

（2）本表把汉字的笔画归结为28个，其中基本笔画6个，基本复合笔画9个，多重复合笔画13个。这28个笔画含有8个概念，即横、竖、撇、捺、点、提、弯、钩。这8个概念既是笔画的名称，也是笔画形状和笔画书写方法的名称。

（3）本表力求使笔画名称与笔画走向保持一致。例如，把一般所说的"横折"（㇁）称为"横竖"，"竖折"（㇄）称为"竖横"。

（4）本表把"斜"笔分别并入"横、竖、撇"。例如，"七"的第一笔为"横"，"五"的第二笔为"竖"，"专"的第三笔为"竖横撇"，"厶"的第一笔为"撇横"，"女"的第一笔为"撇点"。

（5）"乙"是个特殊的笔画，本表把它归入"横竖横钩"，作为"ᄂ"的变体。

（6）下面的三个笔画只在个别汉字中出现，属于罕用笔画。

笔画　　　　　例字

㇉（竖横竖）　　鼎

㇉（竖横撇）　　专

㇉（横竖横竖）　凸

林宁先生对本表的研制提出过宝贵的意见。本表关于使笔画名称与笔画走向保持一致的观念和笔画排序的原则等，都吸收了林宁先生的意见。特此致谢。

附录 2

组合汉语形成的教学背景和理论背景

我们介绍组合汉语形成的教学背景和理论背景，是为了用事实说明：组合汉语并非从天而降，也不是个人头脑发热的产物。组合汉语的形成反映了汉语二语教学发展的必然趋势，也是理论和实践互动、汉语研究和汉语教学研究互动的必然结果。

一、关于"组合"概念使用情况的粗略回顾

在中国语言学界和对外汉语教学界，人们对"组合"的概念并不陌生。

北京大学编写的《汉语教科书》（商务印书馆 1958）是新中国出版的第一部对外汉语教材，该书附录中有一项叫"汉字组合一览"，内容就是该书出现的汉字和由这些汉字"组合"而成的词语。这说明，早在 20 世纪 50 年代，中国对外汉语教学界就已经意识到书面汉语的词语是由汉字组合起来的，就已经把"组合"作为一种教学手段。

张志公先生（1982）主编的《现代汉语·中册》有一章专论"组合"。该书在举例说明了各级语言单位的组合特点之后，明确指出："汉语的五级语言单位，就是这样由小到大，一级一级的组合起来的。"该书所说的五级语言单位是语素、词、词组、句、句组。

陈贤纯（1986）在《学习汉语也并不难》一文中谈到了汉字和词的关系，认为：各种统计资料表明，常用汉字只有 3700 个左右，"几万个词只不过是这 3700 个字的交叉组合"；"汉字，除了极少数的以外，本身都是有意义的，组合成词以后，词的意思跟组合成分的意思虽然不同，但仍然有很密切的关系，至少是比较容易理解，比较容易记住"。这里讲到了汉字是词的组合成分，词是汉字交叉组合的产物，也讲到了只要按照这种组合特点进行教学，汉语学习就不难。

施光亨（1986）在《现代汉语语音琐谈——声韵组合的命名、规范和频率》一文中谈到：许多论著中把声韵组合和声韵调组合都叫作"音节"，这是自相矛盾的、不科学的。他提出把声母和韵母的组合叫作"声韵组合"，把声、韵、调的组合叫作

"音节"。这是讲音节的组合——由声母和韵母组合成声韵，再由声韵和声调组合成音节。

李忆民（1988）在评论《中级汉语教程》（陈田顺、刘镰力等，北京语言学院出版社1987～1988）的一篇文章中说："为了帮助学生提高成段表达的水平，教材从语法规则的角度，加强了对语段表达的科学指导，比如如何用关联词语或代词短语组合句子等。"这里实际上是说，语法规则就包括句与句的组合规则。

吕必松（1990）在评论《基础汉语》（商务印书馆1971～1972）时提到，该书"有些语法点用图表表示结构和组合规则，显得更加明了、简洁"。这里直接提到了"组合规则"。

邢福义（1997）的《汉语语法学》把汉语的语法规则分为"'构成'规则"和"'组合'规则"，指出："由小往大看，某个语法实体可以跟什么样的语法实体组合，有什么规律，这便表现为'组合'规则。"这里也把组合规则看作汉语语法的一种常态。

吕必松（1999）在《汉字教学与汉语教学》一文中指出："字的用法的教学实际上就是语法教学，主要是教字与字的组合规则，包括字组（复合词和词组）和句法规则。"这里直接提到了字与字的组合规则就属于语法规则。

吕必松（2001）在《我对汉语特点的几点初步认识》一文中集中论述了汉语的"组合"特点，指出："现代汉语中大量的句子成分虽然是由被称为"词"和"词组"的双字组合和多字组合充任的，但是这些'词'和'词组'都是由单字组合而成的。由单字到双字和多字的组合不是任意的，必须遵循一定的组合规则，这种组合规则也属于语法范畴，也是语法规则。""无论是双字组合还是多字组合，其句法作用都只相当于一个单字，可以用相关的单字进行替换。"该文具体论述了双字组合和多字组合不断增加的原因，指出："双字组合和多字组合的增加既有社会的原因，也有汉语自身的原因。社会的原因是外因，汉语自身的原因是内因。"

上面的回顾是举例性的。从挂一漏万的粗略回顾中可以看到，半个多世纪以来，我国语言学界和对外汉语教学界一直在使用"组合"的概念，早已在一定程度上认识到汉语的组合特点。虽然还没有从系统特征和类型学的高度看待组合，但是由声韵调到音节的组合、由字到词语再到句子的组合以及句子与句子的组合等，都已有所涉及。不过，从认识汉语的组合特点到揭示以组合为核心的类型学特征却经历了一个漫长的过程。要把汉语教学的立足点完全转移到以组合为核心的类型学特征上来，还需要一个认识的过程和一段磨合的时间。

二、跟汉字教学和书面汉语教学相关的几次讨论和试验

我们研究汉语教学，包括研究作为第一语言的汉语教学和作为第二语言的汉语教学，归根到底是为了提高教学的质量和效率。中国对外汉语教学界一直在围绕如何提高汉语二语教学的质量和效率的问题进行讨论和试验。讨论和试验的主要内容多半是如何处理听说训练和读写训练的关系以及听和说、读和写的训练的关系。如何处理这些关系就包括如何处理口头汉语教学和书面汉语教学的关系。在这个问题上的讨论和试验，都跟对汉字和汉字教学的认识有关。吕必松（1990）在《对外汉语教学发展概要》中对历年的讨论和试验有专门的记载，下面仅介绍20世纪50～80年代几次相关的讨论和试验，这些讨论和试验在一定程度上反映了组合汉语形成的教学背景。

1. 20 世纪 50 ～ 60 年代的讨论和试验

早在新中国对外汉语教学事业开创的初期，即20世纪50年代，就出现过"先语后文"和"语文并进"的讨论和试验。北京大学周祖谟教授（1953）在《教非汉族学生汉语的一些问题》中说，在听说读写这"四者之中，能听能说是基本的要求，能读能写是进一步的要求。……首先要重视口语的训练。口语训练有了好的基础以后，再针对同学将来所要从事的工作来订训练阅读和写作的目标的实施计划……""就上面提出的几项教学的内容来说，不妨分做两个大的阶段来进行。第一个阶段着重听话和说话的训练；第二个阶段着重阅读和写作的训练。"这就是"先语后文"的办法。北京语言学院钟梫先生（1965）在《十五年汉语教学总结》一文中谈到了"听、说、读、写、译的侧重问题"。他说："对文史哲和专修汉语的学生，我们说四会全面要求；对理工农医等正规大学生，我们说侧重听、读；对准备当翻译干部的，我们说五会全面要求。不论是全面要求的，还是有重点要求的，都存在一个侧重的问题：什么时候侧重什么，什么阶段侧重什么，整个说又侧重什么。"例如，对理工专业的学生"开始阶段要侧重听、说，继之以听、说、读，等到语言基础比较扎实，学生具备了一定的口头表达能力之后，就可以侧重听、读"。钟文也谈到，在如何处理听说和读写的关系问题上，这一阶段曾出现过"先语后文"和"语文并进"的两种做法和争论。"1950年开始教学的时候，我们用的基本上就是'先语后文'的办法。在五六个月内学生只接触拼音（当时用的是威妥玛式的注音法），不接触汉字。课

文全部是拼音写的。学生掌握了几百个生词以后,才开始同时学习汉字。一个学年以后,我们进行了总结,……否定了这个'先语后文'的办法,采用了'语文并进'的办法。""'祁建华速成识字法'推广以后,……决定重新试验'先语后文'的办法,当时就在蒙古班上作了试验。与1950年的做法不同的地方在于,学完七八百个生词和基本语法之后,我们停了十来天,专门突击七八十个汉字,根据速成识字的经验来看,应该并不吃力。可是实际上,学生学的是外语(汉语对他是外语),不是母语的文字,时间又有限,学生的语法、熟巧都还比较差,到突击汉字的阶段,猛一下从拼音过渡到汉字,不但集中出现了认写汉字的困难,而且有些词和语法又发生回生的现象。突击的结果,时间用得并不少,但是汉字掌握就比较其他班差得多,语言的熟巧程度也并不高。这样我们第二次否定了'先语后文'的办法。"

以上情况说明,我国对外汉语教学从一开始就十分重视关于听说训练与读写训练的关系的研究。20世纪50~60年代曾两次否定了"先语后文"的办法,坚持"语文并进"的办法。无论是"先语后文",还是"语文并进",前期都侧重于口头汉语教学。从口头汉语入手,从口头汉语逐渐向书面汉语过渡,是我国对外汉语教学历来的共识。这一共识源自对语言与文字的关系和言语技能习得顺序的一般认识,也说明对汉字的性质、特点和作用在认识上有误,还没有看到汉字就是书面汉语的基本构成单位和基本认知单位,所以没有把汉字作为基本教学单位。

2. 20世纪70~80年代的讨论和试验

2.1 关于直接用汉字教发音和说话的试验

1973年,北京语言学院(现北京语言大学)进行过一次直接用汉字教发音和说话的试验。一点汉语都没有学过的同一个国家(阿尔巴尼亚)的学生分为两个班,在两个星期的语音教学阶段(大约72课时,每课时50分钟),一个班完全用汉语拼音教语音,另一个班完全用汉字教语音,用汉字教语音的班在最后两天教《汉语拼音方案》。结果是:拼音班的学生虽然学会了《汉语拼音方案》,但是一个汉字都没有学;汉字班的学生不但学会了一百多个汉字和几十个句子,而且也学会了《汉语拼音方案》,发音至少不比拼音班的学生差。这次试验只涉及语音教学,没有从整体上考虑汉字教学与汉语教学的关系,也没有考虑如何有序地进行汉字教学。但是我们从中可以看到:用汉字教发音和说话是可行的。可惜的是,因为当时还处在"文化大革命"之中,教学人员在不停地流动,对这一试验无法进行总结,也未能继续试验。

2.2 关于把听说和读写分开教学的试验

20世纪50年代两次否定了"先语后文"的办法以后，我国对外汉语教学就一直使用"语文并进"的办法，通过一门综合课（一般叫"精读课"）对听、说、读、写进行综合训练的传统一直没有改变。20世纪70年代以后，大量增加的西方学生给对外汉语教学增加了新的压力，美国英语教学的"听说法"也开始影响到我国，我们的教学指导思想又开始活跃起来。北京语言学院有些教师认为，把听说和读写分开来教，教学效果可能更好。于是由王学作先生主持，在1975年进行了一次分听说和读写两种课型教学的试验。在"听说法"的影响下，我国对外汉语教学界也主张"听说领先"，甚至把"听说领先"看成语言教学的普遍规律。不过我们没有完全忽视汉字的作用，所以并没有改变"全面要求"的主张。当时有"全面要求、突出听说"和"全面要求、听说先行"等不同的说法。这次分听说和读写两种课型的教学试验，也采用了"听说先行"的办法。具体做法是：头两周用汉语拼音教学发音和简单的日常生活会话，只教少量的汉字。然后分听说和读写两种课型，每天上四节课，头两节教听说，后两节教读写。读写课教汉字认读、书写、朗读和阅读，后期教写作，增加了构字法和构词法的教学内容以及阅读速度训练。听说课结合语音、词汇和语法的教学进行听说训练，突出听力训练；前期不出现新汉字，只出现读写课中学过的汉字，读写课没有学过的汉字用汉语拼音代替；两三个月以后逐步过渡到听说课本也全部用汉字。学年考试的结果表明，这次试验也取得了预期的效果，尤其是听和读的能力，比对照班的学生强得多。这次试验出现的缺点是：准备教材的时间太短，大部分教材是一边上课一边编写的，一使用就发现有不少问题；由于采用了"听说先行"的办法，学过的拼音词语用汉字转写出来以后，学生不能把词形和词的音义联系起来，几乎要当作生词重学一遍。这个问题本来不难解决，但因人事变迁，这一试验也没有坚持下去。不过我们从中可以得到正反两个方面的经验：分听说和读写两种课型，读写课强调根据汉字的特点和规律教汉字，重视构字法和构词法的教学以及阅读速度的训练，在提高学生的阅读能力方面取得了明显的效果；只因为采用了"听说先行"的办法，才使教学效率的更大提高受到了限制，从而再一次暴露了"先语后文"的弊端。当时采用"听说先行"的办法有两个原因：一是思想深处有"汉字难学论"在作怪，这是内因；二是受了"听说法"的影响，这是外因。

2.3 关于改革精读课、加强听读训练的试验

在20世纪的整个70年代，我国对外汉语教学仍然以汉语预备教育为主。汉语

预备教育的任务是为学生学习专业打汉语基础。根据规定，准备学习理工和西医专业的学生要首先学习一年的汉语，准备学习文科和中医专业的学生，有一定汉语基础者要首先学习一年，零起点者要首先学习两年。外国学生学习专业对汉语的起码要求是能听懂专业课，能看懂专业教材。但是经过汉语预备教育的学生，尤其是只学了一年汉语的学生，一般都达不到要求，在专业学习中仍然有很大的语言障碍。承担汉语预备教育主要任务的北京语言学院有一部分教师认为，当时流行的"全面要求，突出听说"的教学原则不符合学生学习专业的需要，主张一年制的汉语预备教育在第一学期侧重听说训练，在第二学期侧重听读训练。（详见鲁健骥1983）经过一段时间的酝酿，从1979年2月开始，在鲁健骥的主持下，按上述设想编写试验教材，次年9月开始在两个班试用。编写试验教材的教师，有的参加过1975年分听说和读写两种课型教学的试验，所以这套试验教材参考了1975年分听说和读写两种课型教学的设计思路，也吸收了1975年教材的某些优点。系里当时统一的课型设置是以精读课为主，这样的课型设置不能适应使用新编试验教材的特点，在使用新编试验教材的过程中，不得不对原有的课型设置进行了调整。为了加强听、读训练，大大减少了精读课的课时，相应地增加了听力理解、汉字读写和阅读理解的课时。这是对以精读课为主的教学模式所做的一项重大改革。把汉字读写和阅读理解作为独立的课型并安排较多的课时，说明对汉字教学重要性的认识已经有所提高。20世纪70年代末开始的这项试验，经过多年的实践和修改，到80年代形成了下列课型和教材体系。

课型名称	周课时	教材
精读	10	初级汉语课本（1988，共3册）
听力理解	5	初级汉语课本·听力练习（1986，共3册）
汉字读写（第一学期）	5	初级汉语课本·汉字读写练习（1986～1987，共2册）
阅读理解（第二学期）	5	初级汉语课本·阅读理解（1989，1册）

上表反映的教学模式在我国对外汉语教学中产生了很大的影响，表中所列四种教材曾在国内外被广泛采用，其中的《初级汉语课本·汉字读写练习》(刘岚云执笔)对组合汉语教学路子的形成有很大的启发作用。《对外汉语教学发展概要》(吕必松1990)对该书有以下记载和评论：

《初级汉语课本·汉字读写练习》的目的是培养学生认读和书写汉字的能力及阅读能力。每课由汉字知识、生字表、阅读、练习等若干部分组成。"汉字知识"结合每一课学习的内容简要地介绍汉字的构成、汉字的笔画和笔顺以及偏旁部首等。有针对性地介绍汉字知识，可以使学生在理解的基础上认读和书写汉字，尽快掌握汉字规律，符合成年人学习的特点。生字表继承了汉字教学的传统方法，列出本课全部生字，对每个字的结构和笔画、笔顺加以分解，使学生容易学会书写方法。书后附有描写和临写练习。汉字的选择贯彻由易到难的原则，先出独体字，后出合体字，复杂而常用的汉字放在后期教，复杂而不常用的汉字不教。阅读内容与《初级汉语课本》不完全一致，只做适当配合。没有学过的汉字用拼音代替。练习形式多样，内容也比较丰富，有形体结构方面的练习，也有认读和书写方面的练习。《汉字读写练习》的最大特点是把汉字知识的教学同汉字的认读、书写和阅读教学有机地结合了起来，创造了一个崭新的汉字教学系统，即"理解—认读—书写—阅读"系统。

北京语言学院于20世纪80年代对汉语预备教育进行了一次综合性改革，这次改革的核心内容是分技能教学，形成了下列课型设置和教材体系：

教学类型	课型名称			周课时	教材名称
文科汉语班	读写			8	现代汉语教程·读写课本
		听力		4	现代汉语教程·听力课本
			说话	8	现代汉语教程·说话课本
中医汉语班	读写			8	中医汉语·读写课本
		说话		8	中医汉语·说话课本
			听力	4	中医汉语·听力课本
西医汉语班	读写			8	医学汉语教程·读写课本
		听说		8	医学汉语教程·听说课本
			听力	4	医学汉语教程·听力课本
理工汉语班	听说			8	科技汉语教程·听说课本
		阅读		8	科技汉语教程·阅读课本
			听力	4	科技汉语教程·听力练习本

从上表可以看到，当时对书面汉语教学的重视程度已大大提高。可惜的是，因为人事变迁，对这次改革也没有进行过系统的总结。不久，文科实验班不告而终，理工医等专业的汉语预备教育则被一刀砍去。

三、从"词本位"到"字本位"再到"组合汉语"

1. 从"词本位"到"字本位"

新中国的对外汉语教学自1950年开创以来，一直把"词"作为基本教学单位。词本位理论一统天下，词本位汉语观深入人心，无人对此表示质疑。直到20世纪七八十年代，情况才稍有变化。上面介绍的直接用汉字教发音和说话，把听说和读写分开来教，在读写课中增加了构字法和构词法的教学内容，专门开设汉字读写课并按照"理解→认读→书写→阅读"的程序把汉字教学跟书面汉语教学联系起来，都包含着字本位教学的苗头，已不是纯粹的词本位教学。出现字本位教学的苗头是教学经验使然，并没有语言学理论的支撑。教学经验告诉我们，只有通过改进汉字教学并把汉字教学跟书面汉语教学联系起来，才能提高教学效率。可是单凭教学经验还是无法挣脱词本位理论和听说领先教学模式的束缚，采用字本位的方法只是为了弥补词本位教学的不足。20世纪七八十年代的几次试验，就设计思路而言，离字本位和组合汉语仅剩一步之遥。这一步之遥之所以无法跨越，就是因为受词本位理论和听说领先教学模式的影响太深。听说领先教学模式之所以能在我国对外汉语教学中扎根，又因为有"汉字难学论"的支撑。"汉字难学论"是听说领先教学模式得以扎根的最佳土壤。

我自己也曾经以为，汉语教学中存在的听说训练与读写训练的矛盾是语言与文字的矛盾在汉语教学中的反映。例如，从听说训练的角度说，可以先教"你好、谢谢、再见"；但从读写训练的角度说，先教这些内容学生很难接受，他们都觉得每一个汉字都像一幅图画，因此一开始就产生了汉字难学的心理障碍。我由此得出结论：汉语教学中听说训练与读写训练的矛盾，归根到底是由于汉字形音脱离。这也是认为汉字难学——因为汉字难学，听说训练和读写训练才互相制约。上面介绍的20世纪七八十年代的教学试验和改革，都是在我的主持下进行的，我主持这些试验和改革只是为了从技术层面上协调好听说训练和读写训练以及听和说、读和写的训练的关系，希望能找到听、说、读、写全面发展的最大公约数。因循词本位理论，附和汉字难学论，把注意力集中在从技术层面上处理教学内部的各种关系，就忽视了对汉语特点的深入研究。

1994年，徐通锵先生在《世界汉语教学》杂志第2期上发表了《"字"和汉语的句法结构》的论文，指出："汉语语义句法的构成单位是'字'，而不是'语素'之类的东西。""'字'实际上是形、音、义三位一体的构成单位，仅仅把它看成一种文字的书写单位是没有道理的。""把'字'看成为汉语句法的基本构成单位，而把'词'置于一边或置于次要地位来考虑，这是汉语语言学观念的一次转变。"徐先生的论述让我意识到，汉语教学中听说训练与读写训练的矛盾，并不是汉字和汉语的固有特点所决定的，而是因为我们对汉字的特点以及汉字与汉语的关系在认识上有误。我们一直把"词"作为汉语教学的基本单位，而没有把"字"作为汉语教学的基本单位；我们一直把汉字当作单纯的书写符号和词汇的附属品，而没有按照汉字的性质、特点和规律进行汉字教学；我们只是从技能训练的角度研究怎样处理听说和读写的关系，而没有深入研究书面汉语教学与口头汉语教学的联系和区别。

在1996年举行的第五届国际汉语教学讨论会上，法国教授白乐桑（1997）尖锐地指出："从教学理论的角度看，尤其是在对外汉语教材编写原则这一最关键的问题上，笔者认为目前对外汉语教学面临着危机。""无论在语言学和教学理论方面，在教材的编写原则方面甚至在课程设置方面，不承认中国文字的特殊性以及不正确处理中国文字和语言所特有的关系，正是汉语教学危机的根源。"白乐桑教授用了"危机"二字，让我深受刺激；但他得出的"不承认中国文字的特殊性以及不正确处理中国文字和语言所特有的关系，正是汉语教学危机的根源"的结论，又让我不得不进一步思考。我们天天在讲汉字和汉语的特点，但是汉字到底有什么特点，汉字和汉语到底是什么关系，除了人们常常挂在口头上的那些套话以外，还有更深一层的思考吗？徐通锵先生提出的"字本位"理论为什么还没有引起对外汉语教学界的反响？

我逐渐认识到，汉字难学论就像一剂迷药，迷住了我们的心窍，使我们在提高汉语教学效率上束手无策。对我来说，徐通锵先生提出的"字本位"理论就像一剂解药，替我解开了"汉字难学"的心结。我对徐先生的字本位理论领会不深，但他关于"字"是汉语的基本结构单位的观点，可谓一"字"唤醒梦中人。我投字本位观念的赞成票，就是因为它让我认识到汉字教学是汉语教学的基础和基本组成部分，由此也认识到构建汉字教学系统的必要性。构建汉字教学系统，首先要把汉字教学作为书面汉语教学的基础和基本组成部分，这样，教汉字也就是教汉语。为什么无视汉字的特点先教"你好、谢谢、再见"才是教汉语，而从汉字的特点出发先教"一、二、三"就不是教汉语？我们一直把词作为汉语的基本单位，不能正确认识汉字在汉语中的地位和作用，不能正确处理汉字教学与汉语教学的关系，就是因为我们长期生活在词本位汉语观之中。基于词本位汉语观的汉语教学把词作为基本教学单位，就使汉字成了单纯的书写符号和词汇的附属品，就无法构建科学的汉字教学系统，就无法按照汉字的特点和规律进行汉字教学。不按汉字的特点和规律进行汉字教学，就使汉字成了难学的文字，就使听说训练与读写训练互相制约，就使汉语教学的质量和效率难以提高。追根溯源，词本位汉语观和词本位汉语教学才是造成汉字难学和汉语教学的质量和效率难以提高的真正原因。

2. 从"字本位"到"组合汉语"

为了克服我国对外汉语教学的"危机"，我从20世纪90年代开始，研究用字本位观念指导对外汉语教学的可能性。写了几篇文章，却没有引起多少人的注意。[1] 于是只好自己赤膊上阵，从2004年开始，试着根据字本位理论编写对外汉语教材。编写对外汉语教材必须根据汉语学习和习得的特点整合语言材料并对相关的语言现象进行解释。因为要以汉字为基本教学单位，所以尤其要对汉字加以解释。根据字本位理论整合语言材料和解释具体的语言现象，就不得不进一步研究汉字的内部结构特性以及汉语各个构成单位之间的相互关系。终于发现：汉字的内部结构特性以及汉语各个构成单位之间的相互关系包含着字本位、组合生成和"二合法"这三个基本特点，后来就把这三个基本特点概括为"以字为基本单位的二合机制"，又进一步发现这就是汉语的生成机制。"二合机制"实际上是徐通锵先生提出的概念。我曾请他审阅一篇关于"组合汉语"的论文，他对论文题目提出了如下修改意见："'组合汉语'有些费解，而且还有歧义，可否改成'二合的生成机制和组合汉语'。"根据徐先生的这一意见，我除了照改文章题目以外，还把原文中的"二合法"都改成了"二合机制"。（二合的生成机制和组合汉语，载《数字化汉语教学的研究与应用》，语文出版社2006）

---

[1] 笔者从20世纪末到21世纪初在书刊上发表的关于用字本位观念指导对外汉语教学的论文有：

　　1. 汉字教学与汉语教学，吕必松主编，《汉字与汉字教学研究论文选》，北京大学出版社1999。

　　2. 试论书面汉语教学，《华文教学与研究》2000年第1期。

　　3. 我对汉语特点的几点初步认识，《海外华文教育》2001年第1期。

　　4. 汉语教学路子研究刍议，《暨南大学华文学院学报》2003年第1期。

　　5. 汉语的特点与汉语教学路子，吕必松，《语言教育与对外汉语教学》，北京，外语教学与研究出版社2005。

笔者在论述"汉语的系统特征"时谈到:"我这个人一生的大部分时间是做行政工作的,理论研究只不过是业余爱好。……我的行政工作偏重于第二语言教育和教学管理,又偏重于汉语作为第二语言教育和教学管理,所以主要的研究领域是汉语作为第二语言教育和教学,对汉语本身谈不上有深入的研究。……一个年逾古稀的老人还要扩大自己的研究领域,去研究自己本不熟悉的问题,而且还要研究这样重大的问题,说是不自量力也好,说是胆大妄为也好,都是因为已经走到了这一步,不得不继续往前走。"(吕必松 2007)"不得不继续往前走",是指因为要攻克汉语教学研究上的难关而不得不涉足汉语本身的研究。汉语语言学是汉语教学的立足点,如果不涉足汉语本身的研究,不揭示汉语的特点,不阐明汉语的生成机制和组合特征,汉语教学研究就只能继续在原有的立足点上迷茫徘徊,就无法取得新的突破,就无法克服汉语教学的"危机"。

上面介绍的从词本位到字本位再到组合汉语的发展过程,就是理论和实践互动、汉语研究和汉语教学研究互动的过程,也是一个由量变到质变的过程。这一过程说明,组合汉语教学是从传统汉语教学脱胎而来,没有"十月怀胎",就没有"一朝分娩"。

引文目录

张志公(1982)《现代汉语·中册》,北京,人民教育出版社。

陈贤纯(1986)学习汉语也并不难,《语言教学与研究》第 1 期。

施光亨(1986)现代汉语语音琐谈——声韵组合的命名、规范和频率,《语言教学与研究》第 3 期。

李忆民(1988)试论中级汉语教学——兼析〈中级汉语教程〉》,《语言教学与研究》第 2 期。

吕必松(1990)《对外汉语教学发展概要》,北京语言学院出版社,第 1 版。北京语言大学出版社 2006,第 2 版。

邢福义(1997)《汉语语法学》,长春,东北师范大学出版社。

吕必松(1999)汉字教学与汉语教学,吕必松主编,《汉字与汉字教学研究论文选》,北京大学出版社 1999。又载《语言教育与对外汉语教学》,北京,外语教学与研究出版社 2005。

吕必松(2001)我对汉语特点的几点初步认识,《海外华文教育》第 1 期。《海外华文教育研究丛书·对外汉语教学论文集》,厦门大学出版社 2003。

周祖谟(1953)教非汉族学生汉语的一些问题,《中国语文》第 7 期。

钟　梫（1965）十五年汉语教学总结,《语言教学与研究》第 4 集, 1979 年 2 月。

鲁健骥（1983）基础汉语教学的一次新的尝试——教学试验报告, 中国对外汉语教学学会,《对外汉语教学论文集》, 内部印刷。

徐通锵（1994）"字"和汉语的句法结构,《世界汉语教学》第 2 期。

白乐桑（1997）汉语教材中的文、语领土之争：是合并, 还是自主, 抑或分离？《第五届国际汉语教学讨论会论文选》, 北京大学出版社。

吕必松（2007）《汉语和汉语作为第二语言教学》, 北京大学出版社。

参考文献

吕叔湘（1964）《语文常谈》,《文字改革》1964～1965 连载。北京, 三联书店 1980。《吕叔湘文集》第五卷, 北京, 商务印书馆 1993。

赵元任（1975）汉语词的概念及其结构和节奏,《赵元任语言学论文选》, 北京, 清华大学出版社 1992。

黎天睦（1978）声调起源：分析与启示,《汉语研究与语言教学——黎天睦汉译文选》, 北京语言大学出版社 2008。

吕叔湘（1984）教学与研究,《对外汉语教学》第 1 期。

王　力（1986）《实用解字组词词典·序》, 上海辞书出版社。

朱德熙（1986）在汉字问题学术讨论会上的讲话,《汉字问题学术讨论会论文集》, 北京, 语文出版社 1988。

黎天睦（1989）"着"还被关在门外呢——"着"的核心语义研究,《汉语研究与语言教学——黎天睦汉译文选》, 北京语言大学出版社 2008。

徐通锵（1991）语义句法刍议——语言的结构基础和语法研究的方法论初探,《语言教学与研究》第 3 期。

吕必松（1993）汉语词汇和词汇教学,《语言教育和对外汉语教学》, 北京, 外语教学与研究出版社 2005。

季羡林（1997）汉语语法学·序,《汉语语法学》, 邢福义著, 长春, 东北师范大学出版社。

徐　复（1997）现代说文解字字典·序,《现代说文解字字典》, 杨洪清、朱新兰编著, 北京, 群众出版社。

吕必松（2003）汉语教学路子研究刍议,《暨南大学华文学院学报》第 1 期。《语言教育与对外汉语教学》, 吕必松著, 北京, 外语教学与研究出版社 2005。

吕必松（2007）汉语的系统特征分析,《汉字文化》第 6 期。

附录 3

沉痛哀悼徐通锵先生

我一直把仅长我四岁的徐通锵先生视同长辈学者。近年来跟他有较多的交往，是因为他是现代汉语字本位理论的首创者，是这一领域理论研究的主帅和旗手，而我是他的字本位研究的积极追随者。字本位研究把我们紧紧地联系在一起。

我最早接触"字本位"概念还是在《世界汉语教学》杂志任职的时候。《世界汉语教学》杂志1992年第3期发表了张朋朋先生的《词本位教学法和字本位教学法的比较》，我当时只不过觉得有一些道理，却没有引起足够的重视。两年后，《世界汉语教学》杂志在1994年第2期和第3期连续发表了徐通锵先生关于"字本位"的两篇论文——《"字"和汉语的句法结构》《"字"和汉语研究的方法论——兼评汉语研究中的"印欧语的眼光"》，学习了这两篇论文之后，我有一种打开了天窗的感觉。长期缠绕着我的一个突出的问题——汉语作为第二语言教学中怎样处理语言与文字以及听说训练和读写训练的关系——似乎找到了答案。过去认为，汉语作为第二语言教学效率低的根本原因是汉语的语言与文字的矛盾使听说训练和读写训练互相制约。在字本位理论的启发下，我们才逐渐认识到：如果把汉字看成单纯的书写符号和词汇的附属品，必然会觉得汉语教学中怎样处理语言与文字、听说训练和读写训练的关系是一个难题；如果认为汉字是书面汉语的基本单位，就会得出"教汉字也是教汉语"的结论，就会觉得汉字不但不是提高汉语教学效率的障碍，而且还是提高汉语教学效率的有利因素。为什么脱离汉字的特点先教"你好、谢谢、再见"才是教汉语，而结合汉字的特点先教"一、二、三"就不是教汉语？

徐先生讲汉语和汉字的特点，讲汉语研究的新眼光、新思路、新方法，是一种发自内心的呼唤——呼唤我国的语言学研究除了要重视跟国际接轨之外，更要重视跟自己的传统接轨。他说："我们为什么要弃'词'而选'字'，倡导'字本位'呢？就是由于'词'是一种舶来品，在汉语中没有'根'，而形、音、义三位一体的字是汉语的载体，而且也是汉文化的'根'，因而需要以'字'这个'纲'为基础探索汉语的结构规律、演变规律、习得机制、学习规律和运用规律，不然就难以有效地实现语言研究的预期的目标,找到普遍有效的规律。百年来汉语研究的实践已为此积累了丰富的经验和教训。"("字本位"和语言研究,《语言教学与研究》2005 年第 6 期)这是寻根的呼唤,是崇尚科学真理的呼唤,体现了对中华传统文化的深厚感情和对科学真理的无私追求。一位知名的资深学者临到晚年还主动改变自己一生的研究思路,提出语言学研究的新主张并带头开展研究,需要多大的勇气!他为叶蜚声先生和他合著的《语言学纲要》还在继续作为大学教材而感到内疚和遗憾,这是怎样的责任心!

我曾把《汉语的特点与汉语教学路子》那篇文章(载吕必松《语言教育与对外汉语教学》,外语教学与研究出版社 2005)的初稿发给徐先生,请他指教。两天后他就发回,提出了修改意见,并嘱我文章发表后一定要送他一份。在关于音译外来词中的汉字没有义理可解的那一段,徐先生指出"实际上,任何规律都有例外",并且做了如下批注:"汉语借用外来辞也往往要用汉语的规律对其加以改造而使其汉化。汉语改造外来辞的基本办法就是从外来辞的音节中选取一个适当的音节并配以相应的汉字,使原本没有意义的音节具有表义的功能,或者实现'字化'。历史留下来的外来辞,如佛、塔、僧等,都是受汉语规律改造的结果。美、英、法、意、西、葡等都是外来辞的音节字化的结果。'奥林匹克'是外语辞的音译,其中的每一个字都无意义,但是'奥运会'、'申奥办公室'中的'奥'都具有'奥林匹克'的意义。'沙发'、'玛瑙'等现在还没有'字化',但是理论上完全有字化的潜能。"在文章定稿时,征得徐先生的同意,我把这段话一字不漏地作为"徐通锵先生对我说"的引文。大概是因为看过这篇文章的初稿,徐先生提名邀请我出席在青岛中国海洋大学举行的"全国首届字本位理论专题研讨会"。我请徐先生指导的另一篇文章是《二合的生成机制和组合汉语》(载张普等主编《数字化汉语教学的研究与应用》,语文出版社,2006),徐先生回函鼓励说:"大作拜读了,很好,说得很清楚,抓住了汉语结构的基本脉络。"初稿的题目是"试论组合汉语和二合法",徐先生指出:"'组合汉语'有些费解,而且还有歧义,可否改成'二合的生成机制和组合汉语'。"对这一点睛之笔我当然完全同意,并且在文章的其他几处补充了关键性的"机制"二字。

2006 年 10 月 14 日,徐先生在一封发给王韶松、潘文国、杨自俭和我的工作信函中以十分平静的心情顺便告诉了他得病的消息:"很遗憾,我要告诉你们一个不好的消息。我最近查体,发现大毛病,诊断为胰腺 Ca 扩散,需要住院治疗。我现在看起来还只是体重减轻比较快,精神还不错,'还不像一个病人',但据大夫说,它的发展可能很快，因而 11 月的会议我可能无法参加，也无法完成后续'丛书'的编辑任务，好在文国兄正当年富力强之际，完全可以承担后续的任务，而且会完成得更好。能看到'丛书'第一批出版的样书，我也就心满意足了。人总有'走'的一天，早'走'一天晚'走'一天，没有什么大的区别。晚年能与诸公结识，共论'字本位'问题，也是本人的一大幸事。希望还能在上海与诸公见一次面。我的心情很平静，诸公不必挂念，也不必回函，或转告他人，一切听其自然。敬礼！"看到这封催人泪下的信函，我真正感受到了徐先生平静面对人生、把生死置之度外、始终以事业为重的学者风范。这是一种高尚、伟大的风范。我立即回函安慰说："刚打开邮箱，看到先生的信，不敢相信自己的眼睛。震惊之余，又抱有希望；细想之后，更觉得抱有信心。一是先生的病，还有待进一步检查，误诊现象现在相当普遍——换几个医院进一步检查十分必要。二是即使确诊，治愈的可能也很大，科学技术毕竟进步了。我希望先生除了复查以外，还要保持好心情，这对保持健康和治愈疾病都非常重要。我一直坚持做气功，对意念的重要性深有体会。望先生不要认为自己是病人，要坚信任何疾病都是可以战胜的。我们都在为您祝福。工作的事先放一放，相信文国会努力的。"让人无比痛惜的是，徐先生竟未能出席并主持计划中的字本位理论丛书编委会会议，就这样匆匆地离开了我们。

得知徐先生住院后，我前去看他。那时他仍然清醒，对我说："你怎么来了？"我说："来看你呀。"他说："太远了，你又那么忙。"朴实、平易、真诚，总是首先为别人着想，这是我所感受到的徐先生的一贯作风。看到徐先生举着右臂，不停地伸展，我问："为什么要举着手臂，这样是不是舒服一点？"他说："燥热。"我把他的被掀开了一点，他说："这样好一点。"

虽然担心徐先生治愈无望，但是直到 2006 年 11 月 30 日在八宝山竹厅看到他那瘦弱的身躯一声不响地躺在灵台上，才不得不相信：汉语字本位理论研究的主帅和旗手、我心中一直崇敬的通锵先生真的离开了我们，与世长辞了！

我在向先生遗体九十度三鞠躬的时候，在心中默念："字本位理论的主帅虽去，旗手虽倒，但坚信后继有人。举旗者有，擂鼓者也有。字本位理论是不会倒的，放心去吧，先生。"

我听到跟我并肩鞠躬的鲁川先生的抽泣声，相信他怀有同样的心境。

让我们以字本位研究的丰硕成果告慰通锵先生的在天之灵！

2006 年 12 月 1 日

后　记

　　本人研究汉语语法，有一个逐渐介入的过程。曾写过一篇《现代汉语语法学史话》(《语言教学与研究》1980～1981，《吕必松自选集》，河南教育出版社1994)，也曾写过一部叫《现代汉语语法学史》的讲稿（可惜此讲稿的手稿和油印本均已遗失），不过都属于学习心得，不是对汉语本体的直接研究。后来发表过一些关于汉语语法的想法，都是为解决汉语教学中遇到的实际问题提出来的，多半散见于关于汉语教学的论文和著作中。首次较为系统的语法论述，也融合在讨论汉语教学的《华语教学新探》(北京语言大学出版社2012)之中。再后来就发现，笔者关于汉语语法的讨论，实际上都被湮没在关于教学问题的讨论之中，不足以引起读者对语法问题的关注，而要解决教学中的实际问题，就必须树立正确的汉语语法观，这个语法观必须与汉语的本来面貌相一致，这才决定专门写一部语法书。

　　就专门研究而言，笔者是语法学上的一名新兵。俗话说："初生牛犊不怕虎。"为了推动汉语研究和汉语教学的发展，笔者忘了自己的年迈力衰，竟鼓足"初生牛犊"的勇气，奋力向过于平静的湖面投进几粒石子。哪怕只能激起几丝波纹，也比躺在绿茵茵的草坪上享受和煦阳光的沐浴来得心安。《汉语语法新解》是笔者系统研究汉语语法的处女作，既要突破流行的语法观和语法体系，还要考虑便于在教学中应用，困难之多可想而知。因此，不可能达到完美无缺，要靠其他有志者加以补充和修正。我相信后来者。

　　本人过去发表的论文和著作，多半在发表前都向部分同行学者和一线老师征求过意见。包括对语法问题的认识，都得到过很多同行学者和老师的指导与帮助。《汉语语法新解》是笔者长期学习和研究心得的梳理、扩展和深化，其中就包含着同行学者和老师们的指导与帮助。此书得以写成，跟他们长期以来所给予的指导与帮助是分不开的，在此一并表示衷心感谢。

　　我要特别感谢潘文国先生。他在百忙中不但答应我的临时请求为本书做序，而且还在我的原稿上做了大约120项批注。他的"序"是对我的巨大鼓励，他的"批注"除了鼓励以外，还提出了不少十分宝贵的修改意见，其中多数意见已被本书所吸纳，使本书增色不少。例如，按照文国先生的意见，我对原稿中关于"语法定义"的解释及相关内容做了重要修改。又如，也是按照文国先生的意见，我取消了原稿中的"汉语音节是汉语的发音中心"的说法，代之以"汉语音节是汉语语音表达和识别的基本单位"。再如，还是按照文国先生的意见，我把原稿中的"言语音节"和"语言音节"分别改为"语言音节"和"语音音节"，把原稿中的"变换型语言"改为"变合型语言"，对区分"组合型语言"和"变合型语言"的语言类型学意义做了补充说明。还有，针对我谈到的汉语"二合机制"的例外情况，文国先生指出，"二合机制"在韵律上没有例外。我在修改稿中引用了他的意见，并举例进一步说明了"二合机制"在韵律上的强势。本书所说的"词"，大体上相当于徐通锵和潘文国等先生所说的"辞"，本打算按照文国先生的意见也改为"辞"，但是细想之后，觉得涉及面太大（本书和几部组合汉语教材用的都是"词"），也担心如果把"词法"改为"辞法"，可能会显得有些生疏，还担心本书对"词"的解释与其他学者对"辞"的解释不一定完全相同。因为顾虑太多，只好暂且保留"词"的说法。同时认为，用"辞"代替"词"可能更好。

  我更要感谢我的老伴林英贝老师。她是我工作上的好帮手，生活上的好后勤。她是本书的第一读者，也是本书实际上的作者之一，从初稿到每次修改稿，她都一字一句地仔细阅读和推敲，提出修改意见。她的职业生涯是在中学（初中、高中）从事语文教学，有丰富的教学经验，但对中学语文教学中的语法教学，一直感到不解和迷茫。因此，她对本书基本观点的强烈支持以及对本书语法体系和语法解释的科学性和实用性的充分肯定，让我深受鼓舞。全部家务都由她打点，我因总是"饭来张口，衣来伸手"，才得以集中全力从事研究和写作。

  《汉语语法新解》实际上是一部集体创作。我也不会忘记我们团队成员陈梅、贺丁丁、李方平、郑彩芬等对本书（以及《大学汉语》课本等）的写作所给予的帮助。

吕必松
2015年3月19日